人生的樂趣在學習
人生的收穫在奉獻
人生的意義在創造

錢煦

錢煦回憶錄

學習、奉獻、創造（全新增訂版）

錢煦——著

目錄

出版者的話

錢煦：跨領域與文化的大科學家

——「七心」的自我實踐

高希均

（一）「最高的典範」

(1)「他舉世聞名的學術成就與奉獻社會的熱誠，是最高的典範。他精彩的一生，更是年輕人學習的好榜樣。」

(2)「謙沖和藹的醫界泰斗與學術領袖，是他的最佳寫照。他是我學習的楷模典範。」

(3)「領導頂尖醫學科學團隊鑽研醫學生理，成就非凡。除獲得我國壹等衛生獎章及總統科學獎外，更囊括美國五大科學與藝術大獎；醫界完人，非他莫屬。」

(4)「他令人敬佩的人生哲學與學術成就，是立志於專業研究的年輕學者的典範。」

上述四個評語分別來自李遠哲院士、副總統陳建仁、監察院長張博雅及台大楊泮池校長。他們所稱讚的科學家，就是這本《錢煦回憶錄：學習、奉獻、創造》的作者：錢煦院士。

（二）錢家三傑

「遠見・天下文化」能有這個難得機會，出版錢院士親撰的回憶錄，是來自三十三年前《遠見》創刊時的一段緣分。擔任創刊總編輯的王力行，專程飛到哥倫比亞大學訪問錢煦教授，再飛到華府訪問駐美代表錢復，之後於台北訪問財政部長錢純。這篇華府、紐約、台北錢氏三兄弟的專訪，立刻引起國內外媒體的重視。王力行指出：「家學淵源也許是他們比大多數人占優勢的地方；但是後天的勤學、自律、責任感更是他們變成頂尖人物的重要因素。」

錢家三兄弟都自台大畢業，都留美而學有專長。他們在工作經歷中，都曾創下紀錄：錢純曾是最年輕的中央銀行副總裁，錢復曾是最年輕的新聞局長，錢煦是唯一與父親同榜的中央研究院院士。

傳播媒體在介紹他們時，常用「家世顯赫」來形容，因爲他們的父親錢思亮擔任過十九年台大校長和十三年中央研究院院長；母親張婉度是前經濟部長張茲闓的妹妹。熟識三兄弟的人都清楚，故錢院長謙恭內斂、待人誠懇、公私分明、正直愛國的身教，影響他們一生。

三兄弟中，錢煦從小最得母親喜愛；功課最好，經常跳級，十六歲就進了北京大學醫學院。一九四九年來台，二十二歲在台大醫學院畢業。二十六歲獲哥倫比亞大學博士。四十五歲當選中研院院士時，「父子同登國家最高學術榮榜」創紀錄，也傳為美談。

錢院士在哥大讀完博士，結婚後曾有一年住在胡適之先生紐約市東八十一街家中。他在回憶錄中說：「胡公公是中國近代最傑出的哲學家和教育家，學問淵廣，博古通今……從他那裡學到許多為人處事的原則。……我真是非常幸運，能夠從三位我最敬佩的長輩（父親、傅斯年校長和胡公公）受到直接教誨，這對我一生的思想行為有極大影響。」（詳見一五七至一六〇頁）。

胡適之先生一生提倡寫傳記，如果今天能讀到這位在揚子江邊度過童年，當年他疼愛的後輩，自己寫出這麼豐盛的自傳，他會高興地說：「真是長江後浪推前浪。」

（三）英文紀念本到中文傳記

錢院士分別在七十歲及八十歲生日時出版了師友撰述的英文紀念本。這本十二萬字、由錢院士親撰的中文自傳，終於在他八十五歲的四月在台北問世。這眞是華人世界的空前盛事。作者在書中指出：「要能把所學的知識和能力運用到不同的情況，超越時間和空間的限制，與人類分享共用。」

海內外的華文讀者，透過這本自傳可以研讀：爲什麼錢院士能成爲一位世界級的科學家？

全書分三部十二章，按時間順序：第一部「家世恩情」、第二部「學習、研究、教育和創業」、第三部「學術研究團體的活動與服務」，再以「回顧與前瞻」做結語。全書條理清晰，故事動人，學術成就令人仰望，並附有院士大事紀及李小媛博士的「後記」。

特別要學習及重視錢院士學術成就的讀者，應當細讀第二部及第三部，就能理解爲什麼他是一位跨醫學領域與跨中國文化的大科學家。

從書中，讀者不得不驚訝錢院士擁有的驚人執行力、說服力及整合力。他可以面對同樣重要的研究工作，有效率而又細密周全地主持國內外的重大研究計畫，參加重要的學術會議，出席不斷湧來的榮譽盛典，以及指導研究生發表論文，擔任主題演講，並且兼顧到美滿的家庭生活。

二〇一五年十一月，爲了支持前交大校長吳妍華教授主導在台灣的一項國際研究計畫（由交大、陽明、北榮和聖地牙哥的合作）：運用生醫工程解決台灣重要健康問題。他清晨飛抵台北，當天再飛回美國西岸。在台北十二小時停留，協助參加三小時面試，審查順利通過。回想起來，「當天往返很值得。」

（四）以「七心」為核心

錢院士是一位鍥而不捨地在鼓舞年輕一代的科學家。在中外各地演講，分享他的人生體驗時，常以七個「C」字爲要點：

1. Compassion 熱愛：「全心」熱愛。
2. Commitment 投入：「決心」投入。
3. Comprehension 學習：「用心」理解。
4. Creativity 創新：「精心」創新。
5. Cooperation 合作：「同心」合作。
6. Communication 溝通：「推心」溝通。
7. Consummation（Completion）完成：「盡心」完成。

錢院士無私地、語重心長地告訴大家：「一切事都是由『心』出發，我們用『心』來待人處事，一定會成功。」因此「七C」之中全有「心」字。

在最後一章，錢院士感性地總結：「我特別要感謝匡政（夫人）給我六十多年來的恩愛照顧……也要感謝師長們的盡心教導，同事們的推心合作，同學們的用心努力，親朋們的衷心愛護。」

當做人做事與誠心和專心結合時，就有機會產生像錢院士一樣輝煌的人生。

（本文作者為遠見．天下文化事業群創辦人）

推薦序　為人謙和，處事圓融的科學家典範

翁啓惠

讀完《錢煦回憶錄》，對錢院士的成長過程、學術生涯及貢獻社會的熱誠，心中充滿了感動與敬佩。

在回憶錄開始，錢煦院士非常細膩及感性地描述了他的父母親，錢思亮先生（前台大校長及中研院院長）及張婉度女士，兄長錢純（前中央銀行副總裁），及弟弟錢復（前駐美代表、外交部部長及監察院院長）家人之間的溫馨情誼，尤其錢思亮先生在錢煦院士心目中是一位完人典範。另外也細說他和夫人從認識到成爲神仙伴侶，最後升級爲祖父母的感人歷程。

第二部分描述他的學習、研究、教育及就業。在戰亂時的辛苦求學，從大陸到台灣的醫學養成教育，遠赴美國哥倫比亞大學進修生理學博士，畢業後逐步升爲教授，以及搬到加州大學聖地牙哥分校發展生物醫學工程，每個人生階段都是精彩的過程。錢院士除了在循環生理學有卓越的成就及貢獻外，在教學方面也非常出色，屢次獲得

最傑出教學獎。多年下來錢院士已桃李遍滿天下，甚至在最後一堂課，學生都自動起立鼓掌致意，向講台抛出多束玫瑰花，對華人科學家而言，實在是極爲特殊與不易。

第三部分解說他在學術方面的研究工作及相關的服務，不管是在華人的學術圈、美國生理學會（APS）、生醫工程學會（BMES）及實驗生物學聯盟（FASEB）等知名國際學術組織，錢院士皆積極參與且扮演領導者的角色，並協助在美國國家衛生研究院（NIH）創辦美國國家生物醫學影像和生物工程研究院（NIBIB）。由於他在學術上的貢獻及崇高地位，錢院士不僅成爲加州大學總校教授，也先後獲選爲美國國家醫學科學院、美國國家工程科學院、美國國家科學院及美國藝術與科學院的院士。在科學界，只有極少數的人能擁有各科學院的院士頭銜，這是一項最高的榮譽。

錢院士也獲得由美國總統頒發的美國國家科學獎章，及中國科學院外籍院士。對台灣的生物醫學發展，錢院士更是無私地奉獻，協助創辦了中央研究院生物醫學研究所及國家衛生研究院。他雖然在美國非常忙碌，卻經常返國推動各種學術活動，從院士會議到研討會及評鑑工作，也參與陽明大學及交通大學的卓越國際合作計畫，培養學術研究人才。爲表彰他的學術成就及對台灣的貢獻，二〇〇九年錢院士獲頒中華民國總統科學獎，他把兩百萬元的獎金捐做台大錢思亮先生紀念獎學金，以表達他對父親的崇敬與感恩。

我認識錢院士已有相當長的時間，記得在一九八九年我從德州搬到聖地牙哥的Scripps研究院服務時，即經常聽到院長Richard Lerner及同事稱讚錢院士。在聖地牙哥期間，與錢院士常有見面的機會，不管在學術活動、華人社團聚會，甚至在高爾夫球場彼此皆有美好的互動。他爲人處世的態度永遠是我的榜樣，從他身上讓我忍不住想起錢思亮院長，他們父子有非常類似的人格特質：爲人謙和，處世圓融。

在錢思亮先生擔任台大校長十九年期間，我有幸是台大學生，也親身經歷到自由學風下的薰陶。一九七二年我接到錢院長的聘書，擔任中研院生化所王光燦實驗室的助理員，心中充滿著興奮與期待；之後升爲助理研究員，在一九七九年留職留薪至MIT進修化學博士，一九八二年畢業後至哈佛大學擔任博士後研究員。一九八三年錢院長到波士頓與院士座談，特別安排我與他共進早餐，當時心裡不免有點緊張，但見面後，他那輕鬆且緩緩談及中研院生化所的狀況，以及希望我儘快回院繼續服務的期盼，讓我心情頓時放鬆，但也備感壓力。我向錢院長解釋希望能留在美國繼續發展，他也瞭解到我希望能繼續追求學術研究的渴望，交談中他給我很大的鼓舞，並勉勵我一定會有好的成就。這一次短暫的互動，讓我深切領受到他那長者的風範及提攜後進的眞誠。

後來我決定繼續留在美國發展，一直到二〇〇三年回台主持中研院基因體研究中心，並在二〇〇六年從李遠哲前院長手中接下院長職位，我的一生無形中受到錢煦院士及錢思亮院長的影響，也一直把他們父子兩位當作我為人處世的典範。這次有幸細讀錢煦院士回憶錄，不但勾起過去種種美好的記憶及對他們的敬佩，也慶幸我終於實踐了錢思亮院長當初對我回院服務的殷殷期盼。

（本文作者為中央研究院院士）

推薦序

謙沖的醫界泰斗，和藹的學術領袖

陳建仁

在中學和大學唸書的時候，就常常聽到國立台灣大學錢思亮校長「一門父子四傑」的佳話，當時社會各界也對於錢校長的教子有方，深表欽佩與仰慕。第一次和錢煦院士共事，是我在中央研究院生物醫學科學研究所（生醫所）擔任合聘研究員的時候。當時生醫所還在草創階段，錢院士毅然決然自美返台擔當重任，爲生醫所奠定堅強的基礎。在這堅固的磐石上，接任的吳成文所長也因此得以讓生醫所更加茁壯，成爲台灣最重要的醫藥衛生研究機構之一。

錢院士的領導風格是「以身作則，以德服人」。謙沖和藹的醫界泰斗與學術領袖，是錢院士的最佳寫照。多次與錢院士共事，無論在做人或爲學上，我都能夠經由見賢思齊而日益精進，他是我學習的楷模典範。在我心目中，錢院士眞正實踐了「立功、立言、立德」的三不朽。我很慶幸能認識錢院士，更有幸能爲這本回憶錄寫序文。

（本文作者爲中華民國副總統）

推薦序　一門皆國士，醫界有完人

張博雅

錢院士煦暨夫人的言行，總是令所有人欣羨。在春秋鼎盛之年，賢伉儷依然樂在學習、奉獻，並在創造中給予人們及團體，無限溫馨與感佩，眞是醫界完人。

錢院士的回憶錄，含括：成長與血脈親情；學習、研究、教育與就業的途程；相關服務與學術研究的心得與成就；及一生回顧等四個部分。他認爲：「人生的樂趣在學習；人生的收穫在奉獻；人生的意義在創造。」並以此爲書名。整本書，用字精準且簡練，在娓娓道來中，平和的語氣、溫馨的感覺、層次分明與無所不在的分享暨感恩，理所當然般的迎面而來。開卷怡然，獲益良多。

中央研究院生物醫學研究所的籌設，錢院士是當時的諮詢委員之一，更是主要挑大梁的第一任籌備處主任；後來的首任所長，也是國家衛生研究院首任院長的吳成文院士在其回憶錄中，對錢院士日以繼夜的扎根與對國家衛生研究院催生的貢獻，表達了無限欽敬之意。這是個人親炙，且足以見證的一段歷史。顯見，錢院士的貢獻不僅在中華民國，也是國際所公認。

欣見錢院士賢伉儷的康健照人，也深深領受令人如沐春風的謙和、智慧、愛己及人；領導頂尖醫學科學團隊鑽研醫學生理，成就非凡；除獲得我國壹等衛生獎章及總統科學獎外，更囊括美國五大科學與藝術大獎。錢院士對父祖的孺慕，對手足的珍視與對晚輩的慈愛，全都化作對專業與人類的貢獻。錢府一門可謂皆是國士，而院士亦爲醫界難得的完人。這本回憶錄，不僅是院士個人的傳記，大加推廣，更會是芬芳廣被的春風，嘉惠無限。

（本文作者爲監察院院長）

推薦序　作育春風，學者典範

楊泮池

錢煦院士長年致力於生物工程及醫學生理研究，是流體力學與微循環學的世界頂尖學者，在此領域有卓越的成就與深遠的影響。以往生理領域的研究多以生理刺激反應之流體動力學與動物研究爲主，錢煦院士卻先知卓見地了解到需要跨領域的研究才能有所突破。一九八八年我與錢煦院士參加同一研討會，當時錢院士演講生理刺激及流體力學如何影響細胞訊息傳遞的改變，新穎的理論造成現場的轟動並獲得許多讚賞，令人印象深刻。錢院士的研究闡明健康和疾病時的循環生理調控原理、血液流體力學的細胞與分子基礎及細胞信息傳遞和基因表達的生物力學與分子生物機制，錢院士實爲循環生理學之一代宗師。

錢煦院士爲學的態度令人欽佩，爲學處事風範，更是年輕學者的典範。錢煦院士雖然旅居國外，但是對於提昇國內生物醫學研究水準不遺餘力，延攬許多國外優秀學者歸國，目前台灣許多生醫領域之優秀學者，許多都是在錢煦院士直接或是間接的協助及引領下，歸國服務，他對於台灣生醫研究之人才培育，有很大的貢獻。
錢煦院士把他一生學習、奉獻、創造的寶貴經驗，寫成這本自傳。是我們（尤其年輕人）爲人處事的典範與楷模。

（本文作者爲台灣大學前校長）

推薦序　生命中美好的共事與友誼

吳成文

我很高興遠見・天下文化出版社邀請我爲錢煦院士的回憶錄寫序。錢院士用生動的文筆寫下他珍貴的人生經驗、爲人處事的態度，非常值得我們以此爲榜樣。

我與錢院士的友誼，是一點一滴累積起來的。從家庭的互動、家鄉學術理想的耕耘，甚而後來籌設國家衛生研究院（國衛院），到擔任國衛院院長十年，長長二十年奮鬥的日子，都得到錢院士鼎力相助，無論我遇到何種困難，需要奧援助力時，錢院士一定是我第一個諮詢以及請益的對象。這一段爲台灣開拓生命科學研究的流光，也是我們共有可以引吭擊掌的回憶。

往事歷歷，說之難以載卷。倒是有幾件我和錢院士的事情，可以在這裡特別一提。我在美國是以分子生物學的方法進行基因轉錄的研究，當時分子生物學方興未艾，錢院士也有高度興趣。他原本在微循環的研究已有很高的成就，錢院士爲了擴展研究領域至分子生物學，有時也到長島來跟我討論，有一年還特別去上了分子生物學暑期的課程。對一位已經知名的科學家，爲了進入另一新研究領域，依舊一絲不苟地重新學習，這樣的學術態度與精神，讓人欽佩。

錢院士處事圓融，與人相待，人如其名，溫煦如風。他的才思無礙，敏捷具條理，尤其是錢院士能一心二用，一邊聽演講、一邊在電腦上寫文章，如此聰穎過人，都是我難望其項背，最欽敬他的地方。

時間眞的飛快，算算我們自上一世紀一九八〇年代開始相識，悠忽半甲子。我對這一位老友有無限祝福與敬意。想想，我們的友誼已經走過了三十多年，期待未來如同這三十年一樣，情誼愈陳愈香。

（本文作者爲中央研究院院士）

推薦序　卓越醫師科學家的大師典範

吳妍華

錢煦院士在國際上的學術成就及影響力無人向其右，是首位榮膺美國五大國家學院（科學院、工程學院、醫學院、藝術與科學學院、發明家學院）院士的華裔人士。近年他亦獲美國總統頒授國家科學獎獎章，及中國科學院外籍院士的榮耀。除此之外，雖然他長期旅居國外，但是始終心繫台灣，對於台灣生醫研究與教育的推動不遺餘力，對現今台灣在國際生醫界的貢獻與地位扮演了關鍵的角色，因此獲頒二〇〇九年總統科學獎的殊榮。

在我服務於陽明大學期間，錢院士擔任校務諮詢委員會的召集人，爲校務發展提出很多重要的建言與協助，陽明大學這幾年的進步，錢院士的貢獻居功厥偉。二〇〇九年錢院士獲頒陽明大學榮譽博士學位，他當時以「在生醫科技領域發展生涯」爲題演講，與師生分享他的7C（Compassion、Commitment、Comprehension、Creativity、Cooperation、Communication、Consummation）人生觀，讓台下師生獲益良多。

二〇一〇年國科會創設跨國頂尖研究中心計畫（International Research-Intensive Centers of Excellence in Taiwan, I-RiCE），台聯大的交大與陽明兩校與加州大學聖地牙哥分校共同合作，申請以生醫工程爲研究主題的I-RiCE跨國頂尖研究中心，因此又有機會與錢院士一起工作，他對這研究中心有很高的期待；在中心的規劃與執行上他扮演領導的角色，而這個頂尖中心五年的研究成果及績效非常優異，被認定爲國際學術合作的楷模。此頂尖中心於二〇一五年底結束後，我們三校與北榮以「運用生醫工程解決台灣二大重要健康問題」爲題，再度申請科技部「自由型卓越學研計畫」，獲得通過四年期（二〇一六—二〇一九）的計畫。不可諱言，錢院士在台聯大邁向生醫工程的校務發展中，扮演非常重要的推手。

錢院士的回憶錄記載他成長過程、學術生涯及社會的貢獻，字字珠璣。文中呈現父子、兄弟、夫妻、子女與同事、後輩之愛與感念。我也藉此文章表達我與錢院士近十年的合作與學習中對他的無私奉獻精神之尊崇，並對這位溫文儒雅、親切謙和、寬以待人、嚴以律己的學者，獻上最眞誠的祝福。深信他的言行事蹟、光輝燦爛的一生足爲各界人士的典範。

（本文作者爲前陽明大學及交通大學校長）

自序

二〇〇一年我七十歲生日時，宋曾藍萍教授和內人匡政請親友寫了一百多篇珍貴的英文慶賀文章，編成一本書*Shu Chien*，由新加坡世界科學出版社在二〇〇三年出版。我在全書最後寫了一篇英文的感謝文，其中包括我那時的一些人生回憶。

二〇一一年八月中央研究院生物醫學科學研究所（生醫所）李小媛博士爲慶祝匡政和我的八十歲生日，請師友寫了六十六篇可貴的文章，由生醫所印製成爲一本紀念集。李博士和我商量以我七十歲時寫的英文文章爲起點，把我八十多年來的生平寫成一本中文自傳，找一家最好的出版公司來編印出版。我立即就想到遠見・天下文化出版公司，我和遠見・天下文化事業群創辦人高希均教授有幾十年深交；三十年前，遠見・天下文化事業群王力行發行人曾專程到紐約訪問我，寫文章在《遠見》雜誌創刊號登載。當我去問高教授時，他立即就慨允出版，承安排請副總編輯吳佩穎和編輯賴仕豪負責編纂，對編印進行給了極大幫助，並且建議把生醫所印製的六十六篇文章，以及我在本書內未列入的其他學術活動，刊在天下文化網站上（http://bookzone.cwgv.com.tw/books/details/BGB427）。此外我也設了一個網址（https://sites.google.com/a/eng.ucsd.edu/shu-chien/），其中包含有關照片、文件、報導等。在本書出版後，我將繼續登載資料。李小媛博士對這本書的編寫給了很多寶貴建議，數次陪同我至出版社討論本書出版事宜；文稿多次修改的版本也承她盡心校對，深爲感激。我也感謝匡政和復弟爲我詳細校讀修改，詹恭明教授和李怡萱博士分別對哥倫比亞大學及加州大學聖地牙哥分校時代作校對修正，以及王震邦先生的校讀建議。承陳建仁、張博雅、楊泮池、吳成文、吳妍華等各位賜寫序文，使本書大爲生色，並蒙賜厚譽，愧不敢當。敬此恭致最誠摯的謝意。

這本書有三部。第一部是講我的祖先、父母兄弟、妻女孫輩。我的祖先及父母給我先天的基因與後天的教養恩情；我長大時有兄弟親朋的友愛；成人後有匡政的恩愛、兒孫輩的孝愛；家庭五代使我有極幸福愉快的人生。第二部是我學習、研究、教育和創業的經歷。我幼年在北京上海長大，然後在北大和台大受醫學教育；在哥倫比亞大學讀博士學位後，在哥大和加州大學聖地牙哥分校任教，有極好的師長、同學、同事和學生，使我能不停地學習、成長、研究、創新和教育下一代。第二部內還有我在紐約和聖地牙哥的生活散記，包括一些趣事和我對人生的觀點。第三部是我參與學術研究團體的活動與服務。我認爲參與社團是我們的職責與人生的樂趣；這方面的努力有助於整個學術界。我幸有機遇在美國、國際、台灣和大陸，參與創建和發展學術團體，希望我少許的成果能有益於人群。最後一節，我回顧一生，感覺到非常幸運、無限感恩。我把求學就業的經驗心得寫下來，包括選擇方向、熱忱奉獻、迎接挑戰、保持樂觀、終身學習、把握時間、追求卓越、努力前進、尊重品格。這些是我一生處事的準則。在這一節內，我說：「人生的樂趣在學習；人生的收穫在奉獻；人生的意義在創造。」所以我就以《學習、奉獻、創造》爲書名。

這本書從我的祖先和父母起始，最後回到祖先的錢王祠。我珍惜祖先給我的生命、智慧和能力，也感激家人、社會及人群給我的啓發、愛護、機會和賜助。我把我一生的經歷心路與大家分享，希望能得到賜正共鳴，更希望能做爲年輕朋友的借鏡，如果對某些讀者將來的發展小有稗益，那就達到了寫這本書的目的。

增訂版序

二〇一六年四月，承高希均教授鼎力支持，王力行發行人及遠見・天下文化各位同仁傑出編輯，李小媛博士多方賜助，我八十五歲的自傳由「遠見・天下文化」出版。書名主標是《學習、奉獻、創造》，副標爲「錢煦回憶錄」。這主標是基於我在書內最後一章說：「人生的樂趣在學習」、「人生的收穫在奉獻」、「人生的意義在創造」。

二〇一九年初，承高教授盛情邀請，我將在十月赴台北接受首屆「君子科學家獎」，並邀我把回憶錄加上最近三年的資料，作成這次的增訂版。因爲要標明是我的回憶錄，依編輯同仁的建議，把主標和副標對換。非常感謝資深副總編輯吳佩穎和編輯賴仕豪在很短時間內完成增訂。

很榮幸這本書的原版有五位生物醫學界傑出領袖賜寫推薦序。我非常感謝翁啓惠院士在增訂版賜給一篇珍貴的序文。

我亦深深地感激高教授，爲這增訂版特別寫了一篇令我極爲感動的文章，承蒙厚譽，愧不敢當。

我在增訂版添加了這三年來在研究、教學、服務和生活上的進展。我們研究一些調控內皮細胞功能的新機制。教學方面，我獲得了美國生理學會的克勞伯納傑出教育獎，並主辦浙大和台聯大的本科生同學來加大聖校接受研究訓練。服務方面，繼續發展加大聖校醫學工程研究院及全加州的生物工程研究院，並主持唐獎審查。我和陽明大學合作，獲得三項龍門計畫。家庭和生活方面，在台灣、大陸及聖地牙哥辦了五次先父紀念展覽；兒孫輩事業和學業都在不停地進展，我則在準備退休。這增訂版使我能把一生的經歷延伸到即將退休的新階段。

我發現這幾些年的經歷加強了我的信念：「學習、奉獻、創造」。我更珍惜祖先給我的生命、智慧和能力，更感激家人、社會、人群給我的啓發、愛護、機會和幫助，也更希望這本書能做爲年輕朋友的借鏡，有助於他們的發展成長。

—第一部—

家世恩情

第一章　我的祖先與父母親

據說錢氏的始祖是黃帝父親少典，在繁衍六十多代之後遷到杭州附近的臨安，因此我的祖籍是浙江杭州。我的祖先錢鏐於公元八五二年在臨安出生，五代十國時在江浙地區創建吳越國。在位期間，他修建錢塘江堤、疏浚內湖，促進地方經濟發展與文化建設，保境安民，廉潔清明；逝世後被謚爲武肅王，現在杭州西湖有錢王祠紀念他的功績德政。

我的曾祖父錢繩祖是武肅王第三十三代傳人，曾任河南新野縣令八年，深受縣民愛戴。他生有二子，長子是伯祖父錢鴻猷，次子是我的祖父錢鴻業（字謹庵，圖一）。祖父在一九三〇年代擔任上海地方法院刑庭庭長。一九三七年中日戰爭爆發，上海淪陷後，他爲中國政府在上海租界地區維持法院運作，執行司法，拒絕交給敵僞政府，並且對漢奸嚴厲判刑；一九四一年被敵僞雇人槍殺，因流血過多去世。他臨終

圖一　曾祖父一家。中坐—曾祖母（抱哥哥錢純）、曾祖父。立—左起：母親、祖母、伯祖母；右起：父親、祖父、伯祖父。一九二九年。

時說：「我走了不要緊，思亮要為國家用他的科學來服務。」那時我只有十歲，可是祖父愛國家、愛民族，不顧自己生命危險、維護正義的精神，深深地印在腦海裡。

我的父親錢思亮

我的父親[1]字惠疇，於一九〇八年二月十五日在河南省新野縣出生。他是祖父母的獨子，雖然祖父母對他很是疼愛，卻也不因他是獨子而溺愛，反而對他管教非常嚴厲。父親曾告訴我們，有一次他在街上看到一輛很好的自行車，說以後要買一輛這樣的車，結果被祖母責罵並挨打，因為她認為小孩不應狂妄。這可能使得父親比較謹慎少言。

父親小時候左腿得了骨髓炎，皮膚肌肉都受發炎影響，創口外露，內外穿通，甚至可以插過一根筷子。醫生說需要鋸斷那條腿，但祖母堅決反對，幸而後來終於痊癒，但父親左腿較右腿從此短了約一吋。那時沒有任何特效藥，只有靜靜臥床休養。

這對他堅忍不拔的毅力恆心和不屈不撓的勇氣意志，一定很有影響。他甚至能克服身體上的困難，參與踢足球。至今我仍記得在讀小學時，他帶我們兄弟去公園踢小皮球的樂趣。

父親就讀國立清華大學化學系，於一九三一年畢業。在我出生兩個星期後，他就到美國伊利諾大學化學系研究所研讀有機化學，兩年八個月內就得到博士學位。他熱愛他的母校和老師，常常和我們談到清華大學的高崇熙教授和伊利諾大學的羅傑・亞當斯教授等老師；他也時常和我們談起他和伊利諾大學同學一起求學的樂趣。

他積極參與學校活動，和同學一起去看美式足球。父親時常對我們敘述那時伊利諾大學一位明星球員的驚人球技。他對球賽中場休息時的樂隊表演也非常有興趣，還會在家裡客廳拿著一根指揮棍，有韻律地上下推動；我們兄弟三人跟在後面，興奮地提高腿腳在客廳裡繞圈大步行走，想像我們是伊利諾大學足球賽的啦啦隊。

父親在伊利諾大學攻讀博士學位時，爲了學習英文會話，常在週末連看同一部電影三次。一九三二年他和幾位同學開車去美國東岸旅遊，那時連接紐澤西和紐約的華盛頓大橋才剛建好，他們就從紐澤西步行過橋走到紐約。父親在一九七〇至八〇年代回紐約時，還常和他的同學夫婦歡聚，我和匡政也有幸參加，深深感受到他們濃厚的同窗友誼。

•抗戰時期的顛沛生活

父親一九三四年回到北京大學受聘爲正教授，那時他只有二十六歲。一九三七年中日戰爭爆發，北大、清華和南開大學遷往昆明，成爲西南聯合大學。抗戰的前四年，日軍雖然占領上海，但不能進租界。那幾年父親在昆明的西南聯大繼續任教，只有每個寒暑假才能回上海。母親和我們三兄弟留在上海，跟著祖父住在法租界福煦路（現爲延安西路）的模範村（圖二）。祖父因爲住在福煦路的緣故，就把我的名字取作煦。一九四一年祖父被刺殺，接著發生珍珠港事變，父親就未能再回到昆明。

一九四一至一九四五年，父親留在上海，在當時的新亞化學製藥公司擔任研究員。這四年對他來說很辛苦，一方面是上海被日本占領，生活和經濟都變得很困難，另一方面是他喜歡在學校任教，不喜歡在藥廠工作。但他還是堅忍不拔地度過這段艱難時間，包括用他的化學知識在家製造雪花膏，嘗試做爲副業。晚上我們和近二十位鄰居親戚聚在一起，父親給大家朗讀莎士比亞的劇本或福爾摩斯的偵探故事，是我們這一群男女老幼每天嚮往的快樂時刻。我由此學到在有困難的時候如何順應情況，苦中取樂，共同團結熬過艱難，等待更好時刻的來臨。

一九四五年八月十五日日本投降，八年抗戰獲得最後勝利。我們在上海欣喜萬

圖二　祖孫三代。坐—祖父。後立—左起：母親、父親。前立—左起：復弟、煦、哥哥。上海，一九三七年。

分，歡騰慶祝。父親在上海做了一年經濟部特派員辦事處化學工程組組長後，於一九四六年五月從上海回到北大，擔任化學系教授和主任。父親很高興回到北大任教，最初一切安好。但不幸，兩年多後內戰演變迅速，北京被圍。一九四八年十二月政府派一架軍機接北大和清華教授南下。上午才接到通知，下午就要起飛。大部分教授都有牽掛，例如家庭、房產或其他因素，同時因爲時間緊迫，所以沒有幾位要走。

父親沒有任何政治立場，可是他有個感覺，如果繼續留在北京，以後似乎會有困難，再加上我家沒有產業、所以比較容易離開。那時北大校長胡適已經去了南京，還特別打電話請父親坐飛機南下。父親把我們兄弟三人從學校找回來，全家商量後決定當天就坐飛機走。每人只能帶一個手提小包。同機的還有毛子水、劉崇鋐、袁同禮、馬祖聖等幾位教授及他們的家屬，並未坐滿。

那時北京機場已經被炸毀，這架很小的軍用機就在天壇前面的水泥地上起飛往南京，然後全家轉赴上海。不久父親應傅斯年校長之邀先赴台灣，擔任台灣大學教務長。一九四九年一月我們才坐船到基隆，轉赴台北。

• 領導學術，維護自由

一九五〇年十二月二十日，傅校長在台灣省議會開會時不幸中風去世。父親在一九五一年二月被任命爲台大校長，那時他只有四十三歲，做爲一個一流大學（台灣當時唯一的大學）的校長，非常的年輕。他擔任台大校長十九年，是任期最長的一位。我們兄弟三人和內人匡政，都是在他當校長的任內於台大畢業（圖三）。

父親在任內對台大教學研究的進展有很多貢獻。台大李嗣涔前校長在《錢思亮校長傳》序文〔2〕中說：「在台大處於風雨飄搖、百廢待興的時期，他領導台大走過貧困匱乏的年代，逐步建設本校爲根基穩固、規模宏富的綜合性大學。台大有今天的發展與成就，錢校長居功厥偉。」台大出版中心出版的「台大校長錢思亮」DVD中〔3〕，幾位台大教授說：「台大的自由學風不是天上掉下來的。有一個人花了十九年心血守護台大，他就是錢思亮。他使台大維持一個自由的作風，世世代代都有錢校長教誨的影子。」

一九七〇年，父親被任命爲中央研究院第五任院長，到一九八三年逝世爲止，總共擔任十三年。他在任內致力加強發展這個全國最高學術研究機構。在此期間，中研院設立了美國文化研究所、三民主義研究所、地球科學研究所、生物化學研究所及資

圖三　台北市福州街二十號台大校長宿舍後院。左起一煦、母親、父親、復弟、哥哥，一九五三年。

訊科學研究所，並增設生物醫學、統計學、原子與分子科學及分子生物學等四個籌備處（後來都建成研究所）。他在中央研究院也像在台大時一樣，全力維護學術自由尊嚴不受政治干預。

從我有記憶、開始懂事起，所知父親的一生行事，無論大小，全以正直、公平、寬恕、忠誠為原則；父親一生為人有儒家的各種美德。我特別要提的是他的認眞、有恆、堅忍、儉樸、謙恭和好學。他是我心目中的完人。

父親對人謙恭眞誠，即使對下屬晚輩亦虛懷若谷，尊重他人意見。他在家對兒輩，在外對朋友、同事、學生，一概以公平為主；處事依理公正判斷，從不偏袒。他一生不求奢華，生活簡樸；他律己極嚴，待人卻寬。父親處事的認眞態度與科學精神，在他日常生活中就可以看到。我從他那裡學到如何把有限的時間和空間做最有效的應用。

我在北大醫預科讀書時，定性分析化學是必修科目之一，那時父親是北大化學系主任，也教這門課。我記得在一九四八年第一次上父親的課時，起初覺得很緊張，但父親用容易明瞭的比方講解複雜的原理，由淺入深、引人入勝。幾分鐘後我便已全神貫注，沉浸在他的講課中，原來的緊張心理煙消雲散。我從一九五七年起、在紐約哥倫比亞大學生理系開始教課，就遵照父親的教學方法，在解釋困難課業時，也學父親用淺近實際的例子來打比方，因此學生就很容易領悟。

這半世紀來我從事青年學子的教育，眞是人生樂事。飲水思源，這一切都要感謝父親在教室裡和在日常生活中給我的典範和訓誨。一九八三年，次女美恩進了哥倫比亞大學醫學院就讀。我那年教第一堂循環生理課，進入教室時，看到美恩和其他一百多位同學坐在教室裡，感覺到一種難以形容的喜悅。立即使我回憶到三十五年前，我在北大上父親定性分析課的情景，才使我眞正體會到他那時的心情。這是我有下一代以後更了解和感謝父母愛護養育我們的一個例子。現在美儀與美恩都各有三個可愛的女兒，她們對我和匡政說，做了母親後更能深深感覺父母對她們的愛護教養，這也正是我心中對我父母所要說的話。

•為人處事的原則

父親一般說話不多。他在台大校長任內，每次典禮演講都精賅簡短，同學們最爲欣賞。父親雖然說話不多，但其內心誠意盡表於不言中。他從不作長篇大論的訓誡，但是做爲他的兒孫或學生，我們都深切瞭解他的爲人原則及處世態度。我每次遇到困難的情況，就會想父親在這種情況下會如何處理，然後由這方向坦然去做，困難自然迎刃而解。我很幸運有父親做典範，但是「取法於上，僅得爲中」，我自認還不能達到他的境界。

一九八一年五月，我幸獲歐州臨床血液流變學會的首屆法瑞烏斯（Fahraeus）獎。同年八月我和匡政回台北參加會議，那年正是我們五十歲，也是我們結婚即將二十五載；父親非常高興，自己做了一首詩並親筆書寫。父親學的是化學，但他的文學基礎極好，雖然多年未涉及詩詞書文，但他提筆就用優美的書法寫下這一首最珍貴的詩（圖四）：

京華舊事一沉吟，入抱寧馨喜未盡；
煦若春陽應活世，匡其戒旦曰同心。
年皆大衍婚初半，譽播重洋事有歆；
須識老懷猶不惡，庭前蘭玉看森森。

三十多年後的現在，我還可以清晰回憶父親在寫這首詩時喜悅的神情。他最後兩句話表示出他對兒輩的滿意（雖然我們「僅得爲中」），使我們感到無限的欣慰。

我的父親給人一般的印象是嚴肅謹慎，但他亦極幽默有趣，感情豐富。他幼年求

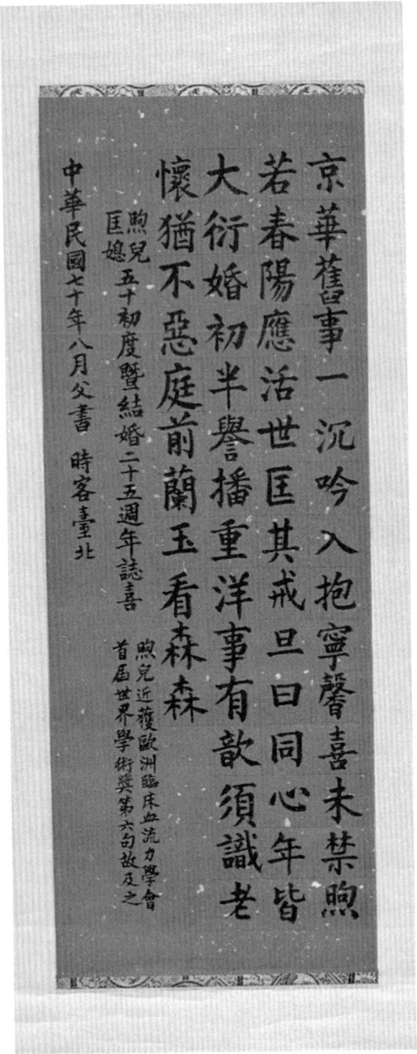
京華舊事一沉吟入抱寧馨喜未禁煦
若春陽應活世匡其戒旦曰同心年皆
大衍婚初半譽播重洋事有歆須識老
懷猶不惡庭前蘭玉看森森
煦兒近獲歐洲臨床血流力學會
首屆世界學術獎第六句故及之
煦兒五十初度暨結婚二十五週年誌喜
匡媳
中華民國七十年八月父書　時客臺北

圖四　父親賜予的詩字，一九八一年。

學時，最會替同學取外號。他不但給全班同學每人一個外號，而且還時常改換。一九八三年六月，他在紐約台大同學宴會上歡迎同學返國服務時說：「國內各方面進步很快，變化很多。但是台大的杜鵑花仍是開得像以前一樣鮮豔，台大傅園仍是一樣令人留連。各位出國多年，可能在夢中夢見過台大的杜鵑花，夢見過在傅園散步的情趣。希望各位能回來，重溫舊夢。」在座同學聽後無不動容。

父親處理任何一件事必遵照法規，公私分明。在台大校長及中研院院長任內，住屋的冷暖氣電費由公家支付，因此他對家中使用冷暖氣限制極嚴。他對錢財的處理更是極爲分明。他從來不用可以自由支用的主管特別辦公費，而把這筆錢做爲補助辦公室同仁的生活之用。父親自奉極儉，每月薪資除理髮外，全交給母親，但這也只能勉強應付家用。父親工作一生，擔任主管三十餘年，生活極爲簡樸，從未置產。

父親常說，生活中隨時隨地都是學習的機會，不論老師好壞，都可以學到知識。他在中學讀書時，一位好的數學老師引起他對數學很高的興趣；一位化學老師教得不好，所以他常不去上課。這位老師極爲不滿，說即使父親大考滿分，也不給予及格。父親因此努力研讀化學教科書，把習題補做交出，並寫信給老師道歉。後來大考時得到滿分，老師也就取消原意，讓他及格。

父親中學畢業報考大學時，覺得自己對化學瞭解最深，興趣亦最濃，就選爲主科，因而奠定他一生科研與教學的方向。他把這件事說給我們聽有很多涵意：不論環境條件如何不好，也應盡量努力上進，即使遇到不好的人或事也總有好的一面，後果如何全是事在人爲。其次是告訴我們凡事不可任性而爲，做錯了事應該知過並勇於改正。

父親在擔任中央研究院院長期間，每兩年一次的院士選舉，他都盡力做到公平公正，爲國家選出最好的人才。一九七二年王世濬院士（我在紐約哥倫比亞大學的老師，也是父親小學同學）請幾位院士共同提名我爲院士候選人。父親聽說後，認爲在他院長任內提我不合宜，立即勸阻，他們就沒有提名。兩年後，王院士把提名表直接送到院內祕書組，父親在院士會議上請大家一定不要投票給我，結果我沒有入選。

一九七六年王院士再提名時，請父親在選舉投票時迴避，結果我高票當選。各界不但沒有微詞，很多報紙更以父子同爲院士傳爲美談。我對父親遵守最高原則、處事恰當合適，而且對可能有權益衝突時總是敏感迴避（不論是實質的或是感覺上的），眞是十二萬分的尊崇。由於他早年的阻擋，到一九七六年我得到其他院士強大的支持被選上時，我就不會終生有個疑問：我是不是因爲我的父親而當選？

我從父親那裡學到「公私分明」的重要，也學到任何事情都有正負兩面。沒有私產，可以有更多活動性與更多選擇。老師不好，也可以自己學到很多知識，甚至決定一生事業的方向。不該得的獎譽，不但不應該去爭取，更應該像不義之財一樣的避開。用這樣的看法，人生就容易滿足快樂。西諺說：半杯水可以看爲半滿，也可以看爲半空。我從父親那裡學到總把它看爲半滿，甚至於更滿。

父親一生爲人處事的原則是寧可人負我，不可我負人，從來不用心機，不做計較。所以每分每刻、隨時隨地，他的心境一定是安樂平靜，有如止水。雖然他不信仰任何宗教，卻做到了宗教中最高的境界：道教的與世無爭、佛教的清心寡欲與基督教的眞誠助人。父親是他兒孫輩嚴祥慈藹的爸爸和爺爺；親友們眞誠平易的戚友；學生們萬世師表的尊長。他是世界上一位罕有的完人。

•母校獎譽，士林推崇

父親在一九八三年五月初赴歐洲參加會議；他在畢業五十年後的五月十五日，到伊利諾大學接受榮譽博士學位。這是母校對他一生傑出學術貢獻的讚譽。匡政和我都參加了這個珍貴的慶典、歡欣慶祝，親眼看見與體會到父親以前生動描述的母校校園。

其後父親又在芝加哥、紐約、華盛頓、舊金山、波士頓等地，分區舉行中央研究院院士座談會。由於長途旅行勞累而且飲食失調，導致血糖與血壓失控，六月十六日他回台北時就病倒，住進台大醫院。其後併發急性心肌梗塞及心臟衰竭、病情惡化，最終於九月十五日仙逝。

同年十月三日在台北市立第一殯儀館公祭，由嚴家淦前總統任治喪委員會主任委員，承當時總統蔣經國先生與行政院長孫運璿先生頒賜褒揚令。政府高級長官、台大師長同學、中研院同仁、各界人士、至親友好，親臨致祭哀悼，惠賜題匾輓聯，極盡哀榮。

十月二十三日，我在哥倫比亞大學爲父親辦了一個追悼會，由熊玠和虞華年主持，中央研究院院士吳健雄、余南庚、余英時、許倬雲、李遠哲，父親小學同學包新弟，研究院同學威廉．韓福德（William "Butch" Hanford）和美國科學院院長佛雷德里克．塞茨（Frederick Seitz）等都蒞臨致詞。他們讚揚父親的崇高品格，稟承中國傳統，開拓創新境界，溝通中美交流，獻身科研教育，在台大和中研院的三十年做出了巨大貢獻。

・台灣大學和中央研究院對父親貢獻的紀念

中央研究院和台灣大學每年舉辦「錢思亮先生學術講座」，邀請各學術領域的傑出人士作專題講演，每年二月於近父親誕辰之日，在中研院和台大輪流舉行。

二〇〇八年是父親的百歲冥誕，中研院和台大於二月十九日在中研院大禮堂共同舉辦「錢思亮先生百歲冥誕紀念會」。中研院翁啓惠院長及台大李嗣涔校長致詞開幕後，由哥哥錢純代表家族追念。然後我以「生物醫學、數理工程與人文社會的互動」爲題作專題講演。

此外還有兩個主題演講，分別是李遠哲講「天人合一」，談能源、環境與人類的未來，周昌弘講「芒草植物的遺傳、物種及生態多樣性」。下午有三場感言，由劉兆漢、劉翠溶、王惠鈞三位副院長主持，致詞者有羅銅壁、李亦園、孫震；陳維昭、劉兆玄、吳妍華、彭汪嘉康；陳定信、賴明詔、張建邦、楊思標等十一位。每位都講他們和父親的交往事蹟，以表他們對父親的崇敬，極爲動人。紀念會中間有優美的音樂會。最後由弟弟錢復結語，代表家族表示誠摯的感激。

在二〇〇六年底，承新加坡世界科技出版社總編輯潘家駒盛情建議，爲父親出一本百歲冥壽紀念書籍——《永恆的懷念：錢思亮先生百齡冥誕紀念文集》〔4〕。我們兄弟三人邀請歷任台大校長、中研院院長、父親生前的同事與門生故舊、親友賜寫紀念文章。承他們慨允寫下與父親交往的珍貴事蹟，共五十四篇。我們家人也忝在書尾，此外還有圖片及附錄。在二〇〇八年二月十九日冥誕紀念會上贈送給每一位來賓。

二〇一五年六月底，杭州錢氏宗親會和杭州僑聯向我盛情建議，與中央研究院、台灣大學和北京大學合作，為父親舉辦生平展示。我很感激中研院、台大和北大的熱忱同意。這展示在二〇一六年於兩岸舉行（詳見三四五至三四九頁）。

台灣大學的紀念

台大為了紀念父親的貢獻，把在一九八二年建成的理學院綜合實驗大樓命名為「思亮館」。思亮館總共有六層樓與地下一樓。除提供各項實驗室與研究室場地外，館內還設有國際會議廳，供院內研討會議及其他活動之用；院外的學術研討會等活動也可以借用。六樓原本有父親的紀念室，後移至台大校史館。

二〇一三年二月十八日，台大舉行「錢故校長思亮先生一〇五歲誕辰紀念學術講座暨科學教育發展中心揭碑典禮」。除了紀念父親的學術講座之外，同時也慶祝台大科學教育發展中心正式喬遷至整修煥然一新的台大思亮館國際會議中心。

一九八四年，台大設立了「錢思亮先生紀念獎學金」，紀念父親對教育的關心和貢獻，由校方、校友、家族參與贊助，同時每年舉行頒獎典禮。一〇三學年度的得獎者，在二〇一五年五月二十七日由楊泮池校長親臨主持頒獎，復弟也參加。得獎的是二十二位在文、理、法、醫、農、工、商等各科攻讀、品學兼優的同學。

台大醫學院畢業的萬祥玉在紐約大學任婦產科教授，我們在紐約時與她和她先生呂鳳岐時常相聚歡晤，鳳岐不幸在三年前去世。祥玉對我說他們一直想要捐款給台大，為紀念我父親建造一座大樓。我替她把這可敬可佩的建議轉告楊泮池校長，並請她與楊校長直接聯繫。祥玉在二〇一四年十月送郵件給泮池，告知「為紀念錢校長作育英才的教育家風範，並延續其大愛與關懷精神，發起設置『錢思亮紀念講堂』及建立『培育人才計畫』，捐贈美金六十萬元，並期望得到台大校友及各界的共鳴，共同攜手將台大打造成為世界一流的學術殿堂」。楊校長即與她電郵聯繫，表示願全力合作達成她的崇高意願，並赴紐約會面商談。校方積極合作，詳盡規劃，一切進展順利，已畫了極好的建築圖。由夏亞琍校友起始，各界校友熱烈響應，眾志成城。這五百多座位，莊嚴優雅的現代化多功能講堂，在二〇一八年四月十七日由楊泮池校長主持開幕。我們全家對祥玉及各位校友的真誠熱忱，為父親、為台大、為台灣教育的慷慨捐獻，真是無限感恩！

中央研究院的紀念

一九八三年七月，中研院化學所新大樓落成。該大樓落成時適逢我的父親逝世，爲感念父親對化學所的貢獻，中研院將該研究大樓命名爲「錢思亮館」，館內設有錢思亮紀念室，陳列其生前文物。化學所於一九九四年整修擴大，在二〇一三年重新整修錢思亮館，更名爲錢思亮紀念廳。籌備時期，當時的中央研究院彭旭明副院長和王寬所長，請復弟和姪子國維去看圖案及施工情形。二〇一四年二月八日紀念廳啓用典禮，匡政和我回國參加。由於化學所陳玉如所長和鄒德理、林質修等幾位研究員的盡心籌備，典禮極爲美滿。中研院翁院長和台大楊校長親臨致詞，中研院陳長謙、彭旭明、陳建仁、王汎森幾位副院長出席。嫂嫂、美明、吉人、婉孫，復弟、玲玲、國維、家琪、美端、至德及下一代都到了。紀念廳設計盡善盡美，展示極爲珍貴。這可愛的紀念廳就像是我們的家，給我們美好寶貴的回憶。

• 父親的家人們

父親沒有兄弟姊妹。伯祖父錢鴻猷生有三子（思永、思英、思光）二女（秀華、醒華）。五位叔姑中僅思英叔在一九四八年從中國大陸去台灣。他在中央信託局人壽保險處任職，因工作關係時常去台大醫院，所以我常有機會見他。雖然思英叔不是學醫的，但他醫學知識豐富，和院內醫師非常熟悉，親朋好友有病時他也常給予幫助。他生有二子俊興與俊彥，俊興是台北鞋麟貿易股份有限公司董事長，對台大紀念父親的獎學金熱心捐贈。秀華姑姑的外孫女諸文倩、外孫諸文衛，和醒華姑姑的孫女赫瑩、赫琳，在一九九〇年代來美國讀大學後，都已做事成家了。

我的母親張婉度

母親出生於一九〇九年十二月二十九日（農曆十一月十七日），是外祖父張昭芹二子三女中的第二個女兒，在家受私塾教育，沒有進學校。她極爲聰明，性格外向、非常健談、待人熱誠、處事精練。對一切事情都籌劃周全，總是爲別人著想。當年父母婚姻是由家長決定的。我聽說祖母去外祖母家時，一看到當時十六、七歲的母親就非常喜愛，當即與外祖母談論婚嫁、良緣永締。祖母與母親感情極好，眞是婆媳的表率。我很感激祖母，沒有她的睿選，我不會來到這世界上。

父母親兩位相敬相愛（圖五），家庭總是充滿快樂融合的氣氛。母親早父親七年去世，父親親寫行述，深更執筆，情溢於詞。他們兩人性格不同、但相輔相成，都是我們的表率。父親比較沉默寡言，處事考慮周全，長於用客觀方法找出最好的途徑。母親喜歡與人談話，她經常是各種聚會的中心人物，很快就能和人熟絡起來。她做事非常敏捷，決斷明晰，我的個性可能是他們兩位的綜合。例如我年輕時不多話，很像父親；後來開始在各種場合都能站起來講話，開始像母親。我做事一般很快，這點像母親；可是我也常把各種情況詳細分析、判斷利弊，這比較像父親。我非常感恩有他們先天的基因和後天的教養。

我出生後兩個星期父親就出國到伊利諾大學進修，哥哥跟著祖父在上海，所以一直到父親在三年後學成回國之前，母親身邊就是我一個小嬰兒，我得到特別的寵愛。母親常對人說我小的時候從來不吵，我想這大概是因爲得到很多母愛的關係吧！

父親對我們主要是身教，很少言教，母親則是兩者都用。我們做錯事時，她都會很清楚地告訴我們應該怎樣改正；錯誤嚴重的時候，她會嚴厲的訓誡，但從來不會體罰。兄弟吵架的時候，不論對錯，她都會叫我們同時面壁罰站，一直到我們都認錯爲止，因此我們很少吵架。雖然我們知道父親是一家之主，但是我總覺得母親才是眞正

圖五　父母親，一九五一年。

管家事的決策人，從小覺得母權的重要，沒有感覺到男女不平等。

母親很好客，親友都喜歡來我們家。我有些同學的家在中國大陸，台灣沒有親人，也很喜歡來我們家。我出國後，好幾位同學如石澂、劉彭壽、黃體信等都常去陪母親打牌。母親打牌非常迅速靈敏，在同一房間有兩桌牌時，她還能同時指點另一桌的牌友。

母親對所有的人，不論男女老幼，都是非常關心愛護。抗戰時期，胡適先生任中華民國駐美大使，胡夫人隻身住在上海。母親和李剛醫師的夫人（復弟的乾媽）對胡夫人多方照顧，似如母輩，無微不至。我們兄弟都和胡夫人很親，稱她爲胡婆婆。母親對人極爲熱忱，因爲她自己體弱多病，所以非常關心其他人的健康。親朋有病，她常陪他們去醫院，盡量使病人及親友感到溫情關懷。這對我選擇學醫很有影響。

雖然父親當時擔任台灣大學教務長與校長，收入卻非常微薄，母親還是必須自己做很多家事。到台灣不久後，不幸得了肺結核，在一九五二年因大量咳血住院，情況極爲嚴重。那時尚無特效藥，全靠休養和人工氣胸等療法。幸而我的老師楊思標教授、黃錦棠醫師及其他醫護人員盡心治療，最終度過危險階段，但肺組織產生很多纖維化，增加右心負荷；隨著年齡加重，引起心臟衰竭，不幸於一九七六年一月四日去世。

・母親的家人

外祖父張昭芹，字魯恂，祖籍廣東省樂昌縣，生於一八七三年。他是清末樂昌縣最後一位舉人，詩文高雅、造詣極深，爲士林推崇。一九一一年任四川省德陽縣知縣。當時清朝面臨崩潰，局勢混亂，有千餘人乘夜圍城，外祖父親自率民警抵禦，歷三晝夜未休息。外祖母親自登上城牆，當著衆人切斷左手指、獻出戒指，以誓共守。守軍因此士氣大振，最終擊退敵人，爲蜀中二十三城中唯一得以保全的縣城。

一九四〇年代，外祖父曾任抗戰第七戰區中將祕書長；一九四八年退休赴台。我有幸聽他訓教爲人處事的原則，受益至深。一九五七年他八十四歲時，寫了一張小楷恭體字，鼓勵我在美求學進步（圖六），我把這張字和父親賜寫的詩一起掛在起居室，得以天天瞻仰、懷念、感恩。他於一九六二年在台北逝世，享壽八十九歲。

我的大舅父張茲闓（字麗門）生於一九〇〇年，是母親的長兄，一九三一年和父親及吳大猷先生同船赴美。大舅父在紐約大學讀工商管理，回國後在財經界服務，貢獻至鉅。我們兩家關係非常密切。我在北京出生時兩家就住在一起，有大舅母麥萃穎、表姊初榮、表哥張彬、張彤及表妹初熙，以後又有表弟張彭、張彥。抗戰勝利後，大舅任經濟部上海特派員，負責接收日本及僞政府經濟工業單位。一九四五年至一九四七年，我們一起住在上海市峨眉月路二號。大舅一天工作極忙，但回家後常和哥哥、初熙和我打橋牌，我由此才學會。

後來我們於一九四九年從北京赴上海，以及剛到台北之初，又住過大舅家。大舅曾任台灣銀行董事長及經濟部部長等職，於一九八三年逝世，享年八十三歲。我未曾見過我的二舅父（外叔祖父之子，與外祖父生的大舅父、三舅父一同依年齡排序，稱爲大排行）。三舅父張茲闓（字慶門）在國畫方面深有造詣，曾送給我和匡政兩幅精美可貴的國畫，我們一直仰慕觀賞。三舅母陸氏生自名門，生表姊張明鈺（適程光蘅），他們都是台大同學，在台北有很長的一段時間與哥哥比鄰，很是熟悉。三舅又生有表弟張旃。

外祖父在二兒後有三女。長女靜嫻，我們稱她爲二姨母（因爲是大排行），與二姨父鄧宗培生有表姊瑞東、表妹瑞瑜、瑞琨及琰，和表弟鄧淦。一九五一年，二姨與三舅兩家由香港遷台，都先在我們家暫居，所以我們和兩位舅舅、二姨，包括表姊妹與表兄弟們都一同住過，後來也時常來往。我們在紐約期間，和初熙、華年、彭表弟夫婦、東表姊及表姊夫周子陵和我們的下一輩經常歡聚；其他表親也常來參加，所以我們之間有濃厚的親情，遠比一般表兄弟姊妹們要親密的多。由外祖父和他的後裔在台北合影（圖七）可看到三代歡聚，其樂融融。

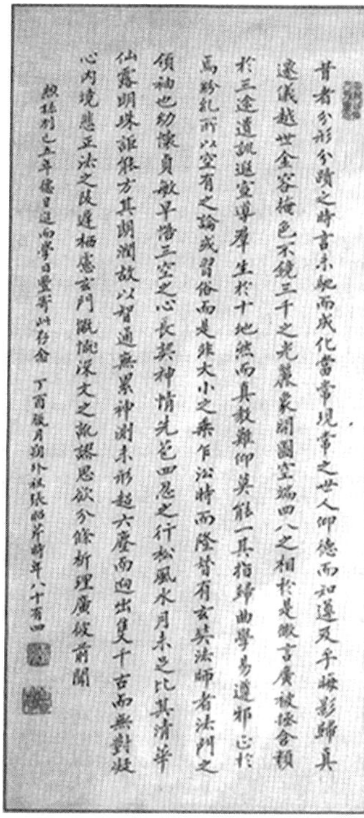

昔者分形分蹟之時言未馳而成化當常現常之世人仰德而知遵及乎晦影歸真
遷儀越世金容掩色不鏡三千之光麗象開圖空端四八之相於是微言廣被拯含類
於三途遺訓遐宣導羣生於十地然而真教難仰莫能一其指歸曲學易遵邪正於
焉紛糺所以空有之論或習俗而是非大小之乘乍沿時而隆替有玄奘法師者法門之
領袖也幼懷貞敏早悟三空之心長契神情先苞四忍之行松風水月未足比其清華
仙露明珠詎能方其朗潤故以智通無累神測未形超六塵而迥出隻千古而無對凝
心內境悲正法之陵遲栖慮玄門慨深文之訛謬思欲分條析理廣彼前聞
恕孫別已五年德日進而學日豐寄此存念　丁酉殘月朔外祖張昭芹時年八十有四

圖六　外祖父賜予的手跡，一九五七年。

圖七　外公三代於台北合影。中坐—左起：母親、父親、陳姑娘、三舅母、三舅父張茲闓、外公張昭芹、大舅父張茲闓、大舅母、二姨父鄧宗培、二姨母張靜嫻、五姨母。後立—錢復、張彥、錢純、張彭、錢煦、鄧瑞瑜、張初熙、張明鈺、鄧瑞東、鄧瑞琨。前坐—鄧琰、張旂、鄧淦。一九五四年。

第二章　我的兄弟

哥哥錢純

我的哥哥錢純生於一九二九年二月八日，大我兩歲（圖八），我們從小到大非常親近。我因爲沒有讀一年級，從幼稚園升到二年級，所以跟哥哥只差一班，常在一起踢足球。父母對我們的教導非常重要，但每天對我最有直接影響的是哥哥。他對我從小就知道的多而又深。

我一生受益於哥哥很多。當我在北京育英中學讀高二時，政府規定高二學生可以考大學，我就去報考。大學入學考試的一項重要科目是物理，但這是在高三才修的課程，哥哥於是自告奮勇來替我補習。他不但講解清晰，而且能判斷重要的課題，叫我對力學等項目要特別努力。後來大部分考試題目都在他所教的重點範圍之內，因此我錄取了中國頂尖的北京大學的醫預科，奠定我一生從事科研的基礎。後來我從生理學進入生物醫學工程領域，用到很多物理的力學基礎。飲水思源，這一切都要歸功於哥哥當年的教導。

哥哥和我在中學時差一班，後來我們都進北大就學，然後一同轉到台灣大學，一直很親近。我一九五四年赴美留學，然後定居美國。在這期間哥哥來美求學及後因公來美，常有機會在一起。一九五六年哥哥和嫂嫂在明尼蘇達結婚，我很高興從紐約去參加婚禮。一九六六年至一九六七年，我一家休假去台北，和父母兄弟能常見面，很是愉快。一九八七年至一九八八年第二次休假，在中央研究院創辦生物醫學科學研究所，受哥哥指點，得益極多。其後兄嫂移居北加州灣區，又有較多機會見面暢談。他們對我和匡政都寵愛有加，呵護備至（圖九）。

哥哥由美留學返台後一直在政府單位工作，歷任中央銀行副總裁、財政部長及行政院祕書長。他對台灣財政經濟改革有重大貢獻，例如降低所得稅率、減輕人民稅負；建立加值型營業稅制度、取消重覆課稅；廢除屠宰稅及田賦；修訂票據法等等。

哥哥的女兒女婿美明、劉吉人和婉孫、周凱英都極孝順。婉孫、凱英有子立揚，

圖八　哥哥和煦，一九三一年。

圖九　坐—左起：嫂嫂、匡政；立—左起：哥哥、煦，一九九六年。

他們住在舊金山。立揚已經大學畢業，現在在一家太陽能公司SolarBase Group工作，非常優秀。一九九九年哥哥嫂嫂從台灣搬到舊金山，美明也常住舊金山陪伴父母。吉人從事投資領域創業三十五年，曾任富蘭克林證券投資顧問股份有限公司董事長暨總經理。現任富坦中國私募基金公司合夥人、董事總經理。他也常去舊金山。哥哥嫂嫂在舊金山住了十多年，很是愉快。但幾年前哥哥查出有腎臟病需要洗腎。一年多前經由美明、吉人周到的籌劃，爲哥哥嫂嫂在台北準備了極好的住所，使他們比在美國有更好的照應，有更多的親友。但二〇一三年下半年哥哥健康情況逐漸變壞，時常住院。

二〇一四年一月初，我在電話中告訴哥哥我和匡政將在二月八日返台一週，幾天後哥哥回電話說他要在二月九日請親友過生日。他一般是不過生日的，而且當時他的生日已經過了。他說這將是他最後一次過生日，希望藉這個機會與很多老友親戚會面。我非常感恩能參與這可貴的聚會。那天到了六十多位親友，大家很是歡欣熱鬧。照顧哥哥的那位女士告訴我：「錢先生在夢中常叫『二興』，後來知道是他二弟，今天很高興見到你。」我聽了覺得無限感動。

二〇一四年三月二日接到美明電話，驚聞哥哥去世噩耗，我萬分的悲慟感傷。回憶我們八十多年的深厚情感，悲痛之餘，也非常感恩。哥哥一生爲人純眞、誠摯、愛家人、愛朋友；處事正直、公平、有條理、有遠見，深得父親眞傳。我們懷念他、惋惜他的離去，但也慶賀他光輝燦爛的一生，他的言行事蹟將有深遠的影響。

哥哥在我八十歲時，爲我和匡政寫了一篇極爲珍貴的賀文〔5〕，收錄在李小媛博士所編慶賀我們兩人八十歲生日的紀念集〔6〕內，敬錄如下：

煦弟政妹八十壽慶

煦是我的二弟，我們從小到大非常親近，從幼稚園到大學我們都同室共寢。我對他從小就知道的多而又深。我敢說一直到他結婚前，沒有人比我更了解他。他聰明、慷慨、仁慈、敏慧。學習極快，也非常用功。他現在是一個有名的科學家，在他領域裡是頂尖的。他是一個熱誠的教育家，也有極好的行政才能。

當煦弟在十六歲讀高中二年級時，他就有信心去報考大學。物理是大學入學考試的一項科目，但這是在高三才修的課程，所以他未曾學過物理。因爲一個月後就要考試，時間非常急迫。雖然我只讀過一年高中物理，對這學科知識有限；在這情況下，我只好自告奮勇去做一個不合格的業餘教師給他補習。由於煦弟的聰慧天資和努力用功，他在物理考試居然得了乙上，被錄取在當時中國最好的國立北京大學的醫預科。這就是我所說的聰明和敏慧。

一九四九年，煦弟隨全家去台北轉入國立台灣大學。在醫學院畢業後，得到李氏獎學金去美國哥倫比亞大學進修。約一年後我去明尼蘇達大學讀研究所。煦弟知道我經濟稍緊，需半工半讀。他沒有跟我商量，就把他獎學金近半的錢寫一張支票寄給我。他是多麼的慷慨和體貼！一九五八年我第一次去紐約，應煦弟之邀住在他家。那時他已和匡政在一年前結婚，我們就不再同住一室。在紐約期間，煦弟和匡政帶我在這世界第一大城盡興遊覽。雖然他工作很忙，他們帶我去看無線電城（Radio City）的舞台表演，電視巨星艾德．蘇利文（Ed Sullivan）的現場預演，麥迪遜廣場花園（Madison Square Garden）的馬戲團表演等。此後雖然我又曾去了紐約很多次，但再也沒有機會去這些值得回憶的地方觀賞遊覽。

我是讀經濟的，對生理學和生物工程是外行。但我從很多醫學界專家朋友那裡，知道煦弟在他領域的成就是卓越非凡的。他在一九九〇年代初被選爲美國生理學會會長和美國實驗生物學會聯盟主席，可見他不但有優異的學術成就，並且深受同仁愛載。煦弟被選爲美國學術界最崇高的四大研究院——國家科學院、國家工程學院、國家醫學科學院和美國藝術與科學學院——院士。他也是台北中央研究院的院士和北京中國科學院的外籍院士；擁有中美六大研究院院士榮銜的學者，世上可能僅他一人，可見他學術成就登峰造極。煦弟和匡政結褵五十四年，琴瑟和諧、舉案齊眉。現在欣逢他們八十雙壽，我們敬祝煦弟和匡政健康快樂，福壽雙全。

弟弟錢復

復弟小我四歲。他出生的時候母親得了產褥熱，住院半年多。在他出生前後，祖母和外祖母也先後去世，因此復弟幼小時比較辛苦，所幸有大舅母（母親長兄張茲闓夫人）和一個奶媽一起照顧。復弟極有天賦，對各種事情的判斷非常明確有見解。他有極好的工作習慣，例如每天寫日記、起居定時。對任何事件都能充分思考，很快找出最好的對策。

復弟小時比較內向，但進了高中後他變得很開朗，開始對政治有興趣。一九五二年考進台灣大學政治系，參與公共事務，立志從事外交報國。他在台大成績極好，被選為班代表和全校學生代聯會主席，以及暑期青年戰鬥訓練隊總隊長。大學畢業那年，他考取全國公務人員外交官領事官高等考試，奠定他一生的事業基礎。

復弟在台大畢業後受一年軍訓，隨即到美國耶魯大學進修國際關係，受教於國際知名學者饒大衛（David Rowe）教授。饒教授在台任駐華代表時曾在台大教過復弟，對他非常賞識，那時就要復弟在畢業後去他的研究所攻讀博士學位。因爲耶魯大學在康乃狄克州新港（New Haven），離紐約很近，他時常到我們家裡相聚。他每次來都帶了很多功課，除了與我和匡政談話及幫助一些家事外，全副精神都放在讀書研究，念參考書籍，寫畢業論文。他充分利用時間，孜孜不倦，在一九六一年秋以優異成績通過博士論文考試，成功絕非偶然。

一九六〇年初，匡政和我很高興我們未來的弟妹田玲玲從台灣來，經過紐約轉去田納西州納許維爾市讀書。她在我們家住了兩天，一見如故，大家相聚極爲快樂。復弟陪玲玲坐一天多的長途汽車送她到范德比大學，當晚再坐車趕回耶魯大學，可見愛慕之深。次年九月，他倆在紐約州波啓浦夕（Poughkeepsie）匡政大弟匡冀租的一所別墅完成訂婚，由胡適夫人福證。有三十多位親友到場參加，大家歡樂慶賀。此景至今五十多年後仍歷歷在目。

復弟回國後在外交部北美司從基層做起，曾爲陳誠副總統和先總統蔣公擔任英文翻譯，與國家領袖極爲接近，極受讚賞。他在部內工作勤奮，表現優異。一九八三年至一九八八年，他擔任北美事務協調委員會駐美代表（即是大使），那些年我們多次在華府雙橡園歡聚。一九九〇年至一九九六年擔任外交部部長，後來又任國民大會議長，監察院院長，對國家有重大貢獻。近年來，復弟在中國大陸也受到高度的尊重與推崇。

復弟和玲玲在一九六二年回國結婚後，一直陪伴父母同住，全心照顧無微不至，他們育有一子國維及一女美端，使父母親有極愉快的生活，家庭三代，其樂融融。一九七六年母親過世後，父親有復弟夫婦和國維美端陪伴，對他的精神身體都有極大幫助。我們遠在國外，只能在回台時探望雙親。我們對玲玲和復弟二十多年的孝順照應與盡心盡力，真是無限感激（圖十）。

國維現任摩根大通集團亞太區副主席兼台灣區總裁。他與胡家琪結婚，生有三子（錢裕揚、裕亮、裕恆）一女（裕恩）。美端與孫至德結婚，他們生有二女（聖安、聖霖）一子（聖連），都極聰慧可愛。至德是國泰金控資深副總經理暨國泰投顧董事長。

下面是復弟為我在七十歲和八十歲生日寫的兩篇非常可貴的賀文，其中七十歲生日這篇是由英文[7]翻譯過來的。

祝最慷慨的二哥七十歲生日快樂

二哥煦即將慶祝他的七十歲生日，他在世界各地的朋友和學生們都寫文章來向他

圖十　左起：匡政、煦，復弟、玲玲，二〇一一年。

祝賀。

二哥出生時就是我們母親的寵愛嬰兒。從小學到大學，他的老師都很高興有這麼一個聰慧的學生。他從事教育四十多年，多次被哥倫比亞大學醫學院學生選爲年度最佳教授。他的同事都很愛護與尊敬他。

他和我嫂嫂匡政結婚，從來都是一位專誠篤愛的丈夫。他是美儀、美恩和他們兩家關愛的父親和外公。

我比他年輕四歲，我想我可能是唯一可以稱他爲最慷慨的兄長的人。一九五八年，當我大學畢業結束軍訓時，一位與我關係極好的老師饒大衛教授，幫我在耶魯大學國際關係研究所得到一個全學雜費獎學金；亞洲基金會給我一個旅行獎學金，使我可以買台北到紐約的來回飛機票。但是我仍然需要經費來供給每日生活費用。父母親無法承擔，當時也沒有就學貸款方案。當二哥知道後，他即刻寫信給我說：「不要擔心，請即來耶魯大學，我會負擔這些需求。」有了這個承擔，我就去新港耶魯大學讀研究所。其後二哥每個月寄一張一百元美金的支票給我，一共九個月，使我能完成第一個學年。我知道這對他是很不容易的，因爲他那時才剛開始任教，而且美儀與美恩都很小。可是二哥卻由衷且毫無猶豫的這麼做。他的慷慨幫助使我能夠盡全力攻讀，在九個月後獲得碩士學位。我非常感激二哥的幫助，也因此使我能做在過去四十年內所做的事。

聖人孔夫子曾說：「七十而從心所欲，不逾矩。」二哥在過去七十年中，主要是在幫助別人和爲人服務。他現在達到七十歲，我誠摯地希望他能從心所欲。

約十五年前，我勸二哥西遷到氣候較好的地方去住。他現在住在聖地牙哥，其住處離高爾夫球場開車只要幾分鐘，我衷心希望他能打更多高爾夫球。在不久的將來，他的高球分數可以跟他的年齡一樣。

為二哥八秩榮壽祝嘏〔8〕

中央研究院生醫所同仁爲慶賀二哥八秩壽誕，準備出版祝壽專輯，請我撰文，實感榮幸。時間過得眞快，記得十年前也是同一時間，生醫所爲家兄慶祝七秩華誕，也曾囑我撰文，只是舉辦茶會時我因赴查德共和國參加總統就職大典，沒能參加，只能由內人代表並在茶會中致詞。

十年過去，但歲月的更移在家兄身上似乎沒有留下絲毫痕跡。俗諺說：「人生七十古來稀」，然而家兄以將近八十歲的年紀，除了教書，仍擔任繁重的行政工作；更受全球各地同儕的重視，不斷邀請他擔任榮譽教授、院士、評鑑委員、學會年會主講人等本職外的工作，而家兄秉性溫純，總是不願使朋友們失望，所以每個月幾乎有一至三次出城的旅行，足跡遍及全球。

今年六月上旬，家兄錢純和我們夫婦去拉荷亞（La Jolla）二哥二嫂的居所，爲他們預祝八秩雙壽，承兩位盛情款待，我們兄弟也向他建言：歲月不饒人，可否將各項活動稍爲減量，二哥也坦言應該如此，但是我們兄弟離開後，他的全球旅行似乎仍相當頻繁。

我們常說蒼天眷顧善人，二哥可能是蒙上蒼照顧特別多。以他經常返回台北的行程爲例：他常由美國西岸搭機於次日清晨飛抵台北，進城後不停的開會、演講、評鑑；當天午夜就飛回西岸。他常很欣喜的對我說：「我一上飛機就可以熟睡，不需要服用任何鎮靜劑，要降落前醒來，梳洗整理後，下機就工作，回美國時亦如此，根本不會有時差的問題」。他又說：「我由拉荷亞家中坐車赴洛杉磯機場，途中也常熟睡，經常是到達機場時被駕駛先生叫醒，告訴我目的地已到」。如此善於利用時間，調整工作和休息的時間，的確非常人所能做到，上蒼對二哥眞的是特別眷顧。

二〇一〇年十月，二哥家中發生一件大事，美恩姪女在紐澤西州翠登市火車站由於不明原因突然暈倒，頭部著地。當時她昏迷不醒，被路人送往翠登市醫院動腦部手術，之後聯絡家人轉至賓州大學醫院繼續治療，當時她昏迷不醒，全無記憶。二哥二嫂立即飛往費城，探視並照料愛女。美恩的夫婿是名心臟科醫師，也是虔誠的基督徒，他立即設立專屬網站，讓關心美恩的親友能瞭解她每天的狀況，並請代為禱告。內人的查經班、國維和家琪的教會都發動台北許多教友，為美恩的康復用心代禱。

奇蹟終於發生，她大概在年底就恢復頗多記憶。我每天上網看病情發展，印象最深的是當美恩可以離開病房後，經過走廊就進去病房醫務室查看病人病歷。因為美恩是醫師，這似乎是她的直覺。之後每天進步，現在已能做家事、開車，幾乎是完全恢復。我認為這一方面是神的恩典，同時也是二哥二嫂多年來對病患仁心仁術，對任何方面邀請協助無不盡心盡力的福報。所謂「積善人家有餘慶」，信矣哉！

最後我想特別提到，上個月去拉荷亞和二哥二嫂共處三天，發現二嫂的健康比上次見面時好了許多，原因是她的飲食完全符合健康原則，再者她也有不少新的休閒活動，非常投入，所以她的反應非常敏銳，記憶力也是驚人的好。我敬祝這對神仙眷屬長壽多福，對人群做更多的貢獻。

兄弟情樂無窮

我來美國以後，和兄弟見面的機會比以前少得多，但每次見面都極為愉快。我和匡政搬到聖地牙哥的拉荷亞後，請我們兄弟全家在一九九五年六月十七至十九日來團聚。兄嫂和美明、吉人，婉孫、凱英、立揚；復弟、玲玲和國維、家琪，美端、至德、聖安都來了。那時國維和家琪的小孩裕揚、裕亮、裕恆、裕恩；美端和至德的小孩聖霖、聖連；美儀的小孩娜麗；以及美恩的小孩樂瑞都還沒有出生。

六月十七日下午在後院照全家福（圖十一）和很多其他照片，然後在家中舉辦晚宴。十八日去打高爾夫球，十二個人分三組，到傍晚盡興歸來，晚上在飯店晚宴。那一次的家聚眞是值得紀念，不僅是三家難得聚在一起，而且我們同時慶祝兄嫂結婚四十週年、復弟六十壽辰，及美儀結婚十週年。我為他們寫了賀辭。哥哥和我極少唱歌，但三兄弟在一起運動唱歌，其樂無窮（圖十二、十三）。闔家歡樂同慶，二十多年後記憶猶新。

二〇一一年六月七至九日，哥哥、復弟和玲玲來聖地牙哥慶祝我八十歲生日。我

圖十一　純、煦、復全家，拉荷亞家後院，一九九五年七月。

圖十二　左起煦、哥哥、復弟。三人持高爾夫球桿，一九七〇年。

圖十三　左起煦、復弟、哥哥。三人歡樂高歌，一九九五年。

們在一起歡聚，回憶小時候在北京和上海與父母一起長大的快樂日子，和後來到台灣讀大學時的可貴記憶。對我們美滿的家庭，都覺得非常幸福和感恩。

我們兄弟三人都得到父母遺傳和他們的教養，有很多相似之處，但也有不同的地方。一九八六年經由台灣《遠見》雜誌和遠見．天下文化出版公司創辦人高希均教授安排，遠見．天下文化事業群發行人王力行訪問我們兄弟三人，在那年七月《遠見》雜誌創刊號登載一篇珍貴的文章〔9〕，對我們三人有仔細的分析描述。

文中說：「外人看錢氏三兄弟，曾有這樣的描繪：當錢復在美國各地演講時，有人把他當財經專家；當錢純侃侃而談財經政策時，許多人以為他是大學教授；當錢煦接受記者訪問時，他的有條不紊像個外交官。」我認為我的兩位兄弟都有極強的判斷力、創新力和執行力，這些都是科學家成功的要素。例如哥哥主導降低所得稅率，解決財經難題；復弟運用雙橡園，經由華府大學突破外交困境，都是把創新的理念經過詳細計劃，在困難的環境下實行成功。他們如果做科學家，也一定會有極卓越的成就。我對兩位傑出的兄弟衷心敬佩，引以為傲，更引以為榮。

第三章　我的婚姻和家庭

煦寫匡政：神仙伴侶〔10〕

我成人後，一生最重要的關鍵，是和匡政結褵。一九五一年我們在台大醫學院同學時認識，到現在超過六十年；我們在一九五七年結婚，有五十多年美滿的婚姻。恩愛情深，互相關懷體諒。二人同一心，甲子如一日。

我們兩人都是一九三二年在北京出生。匡政在抗戰期間舉家西遷到重慶（圖十四），我在上海長大，抗戰時上海是受敵偽政府統治。那段時間，不論是內地或淪陷區，生活都很艱苦，我們在成長階段經過這些困難，對人生是很重要的磨練，這使我們兩人對生活及處世有共同的理念。抗戰勝利後匡政到天津，我家遷到北京。在大陸即將易手前，我父母帶我們一家，匡政母親帶她們六兄弟中的四位（父親，大姊，二哥未同行）到了台灣，這奠定了匡政和我在台大認識的基礎。眞是感謝上天，在許多苦難中，千里姻緣一線牽。

我因爲跳級的緣故，沒有讀小一和高三，所以比一般同學早兩年進大學。我在台大醫學院五年級時，匡政讀完在校總區上課的兩年醫預科，到醫學院進入本科三年級，那時才開始認識。最初我們是很多同學一起相聚，參加各種課外活動，例如郊遊、打乒乓球、參加運動會等。匡政運動細胞極佳，我也喜歡運動。在台大全校運動會匡政參加短跑比賽，還打破台大紀錄。我參加五千公尺長跑僅得第六，但還是跑完了。我在短程追不上匡政，但不停努力還是可以追上。我最喜歡的一張照片是匡政練跑接力賽，充分表達了她的充沛活力與進取精神（圖十五）。六十年後，這仍是我心中的匡政，絲毫未變。

我那時就覺得匡政有極強的吸引力。她美麗大方、秀外慧中、對人眞誠、對事負責，是一個最理想的伴侶。但那個時代，男女同學除非已將定終生，很少單獨結對出遊。我在台大醫學院六年級的後半年（即將去受一年軍訓），才和匡政兩人出遊，看電影，划船，郊遊等等，很快就建立了感情。每次軍訓休假，一定迫不急待，馬上去

圖十四　匡政全家在重慶。後立左起：匡敏、母親、父親；中立左起：匡政、匡冀、匡琦、匡瑞；前立：匡九。一九四一年。

圖十五　匡政在台大醫學院接力賽跑，一九五二年。

找她。

匡政和我最初都認爲，我們是完全自由戀愛。後來才知道胡適夫人（胡婆婆）在背後一直促成我們的結合。她認識我們的母親，每次見到一位就稱讚另一位的小孩多麼好，在兩家都下了很多功夫，可以說是一位月下老人。

我一年的軍訓結束後，在一九五四年去紐約哥倫比亞大學（以下簡稱哥大）攻讀生理學博士學位。匡政在台大醫學院是七年制第一班，要兩年以後才畢業出國。在這兩年內，我們遠隔重洋，那時打電話太貴，也沒有電子郵件或傳眞，全靠一張張航空郵簡，千里傳達相思之情。當時覺得很苦，但現在回想起來，這對我們也是一個很好的考驗。

・濟人濟世博大愛

匡政在一九五六年畢業後，當年九月與大弟匡冀同乘貨船來美，兩個月後到美國西岸波特蘭，然後匡政坐火車橫貫美國去紐約，匡冀則是去明尼蘇達。十一月七日我興奮地去紐約火車站接她，見到後眞是萬分高興。漫長的兩年等待一瞬間就過去，帶來的是無限歡欣。

匡政在紐約一家離哥大醫學院很近的醫院做實習醫師，抵達後的第二天就開始上班，隔一天值一次夜班，非常忙碌，但很是高興。胡婆婆那時住在紐約，十一月她邀請親友參加我們的訂婚喜宴，請嫂嫂父親程天放伯伯主持（圖十六）。我們準備在次年春天結婚，訂教堂及招待賓客等事，又是由她老人家請她的朋友幫忙。

一九五七年四月七日，我們在紐約長老會教堂舉行婚禮（圖十七），那是我人生中除了出生之外，最重要的一天。婚禮莊重親切，有近百位親友參加。禮成後，胡婆婆請駐紐約的游建文總領事夫婦在他們家舉辦了一個極美好的酒會招待貴賓。那個年代越洋旅行很不容易，飛機票很貴，父親、母親和岳母（岳父那時身在大陸，無法聯絡）都沒能來紐約參加婚禮，他們於是在台灣宴請親友。我們在婚後將近十年，一九六六年第一次回台灣。結婚後一個月我通過博士論文考試，六月參加畢業典禮（圖十八），眞是「洞房花燭夜，金榜題名時」。

匡政愛小孩，因此在一年實習順利完成後，選擇去紐約市區醫院接受小兒科訓練，擔任了兩年半的住院醫師。一九五九年及一九六一年，美儀（May）和美恩（Ann）先後出生，我們得到兩個極可愛珍貴的掌上明珠，是一生極重要的大事（圖十九）。有了自已的小孩後，她覺得在她們小的時候，一定要自已帶，因此停了三年沒有工作。美恩三歲後，匡政在哥大醫學院從事研究工作，同時準備紐約醫師執照考

圖十六　煦和匡政訂婚，由程天放伯伯主持，一九五六年。
沙發左起：三姊魏慶萱抱子Phillip、胡婆婆、煦、匡政、程天放伯伯。

圖十七　煦和匡政結婚照片，一九五七年。

圖十八　哥大畢業典禮，煦和匡政，一九五七年。

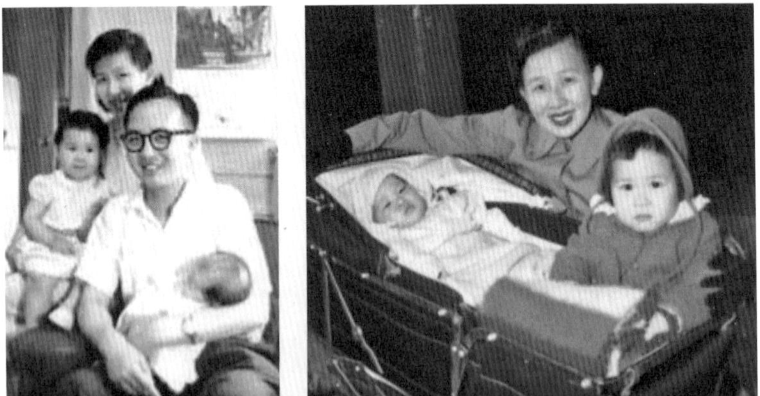

圖十九　左：美儀、匡政、煦抱美恩。右：美恩、匡政、美儀。一九六一年。

試。由於她努力不懈，終於在一九七一年通過考試，得到紐約及紐澤西州醫師執照，開始小兒科醫師的工作。

匡政學醫是爲了濟人濟世，她的目標是幫助弱勢民族及經濟貧困人家的兒童，因此她不自己開業賺錢，而到紐約市政府兒童健康診所去服務。她選擇去東哈林區的一個診所。那裡的環境很偏僻、不安全，所以我非常擔憂，跟她去看了幾次，最後同意讓她試試。匡政在那裡做得很高興，她給來看病的小孩和母親充分的照顧和愛護；看著他們滿意地離去，總是給她帶來無限快慰。

在那診所工作一個多月後，有一天回家時她跟我說：「我前些時候覺得很奇怪，每天到診所要找停車位時，總有一輛車離開讓我停進去，不必到處找。我今天才發現是小孩家長輪流每天替我占車位。」我聽後覺得非常感動。

人不論出身貧富都有良知。匡政這樣對人好，別人也對她好，對她關照；別人認爲不安全的地方，由於她的奉獻及大愛，變成最安全的地方。這件事對我啓發極大，也使我更加深對匡政的敬愛，向她學習。如果每個人都能像她這樣，這世界就不會有歧視，能眞正達到世界大同。

•匡政的家人

匡政的父親胡夢華和母親吳淑珍是東南大學西洋文學系同學，他們於一九二四年畢業，岳母是當年最早期的大學女生之一。匡政在抗戰期間於重慶長大；抗戰勝利後全家去天津，歡樂團聚了三年。一九四九年大陸變色時，岳母帶了大哥匡瑞、匡政、弟弟匡冀和匡九離開天津轉赴台灣；岳父因公未能同行，大姊匡敏，二哥匡琦也留在大陸，一家分處海峽兩岸，三十年無音信。在這段時間，岳母和匡瑞大哥共同擔負父親的責任，全家同心一致，度過這極困難的日子。

岳母的樂觀態度和積極行事，使全家能努力向前，年輕一代都完成高等教育，眞是値得敬佩。匡政從她母親那裡得到很多這些可貴的優點，對她的待人處事有很重要的影響。一九五六年匡政、匡冀和匡九都來到美國。一九六三年我們接岳母來美與兒孫同聚。匡政能每天侍候母親，與她盡興歡談，有將近一年極快樂的時光。但岳母因積勞成疾，有糖尿病及高血壓，最後導致心臟衰竭，於一九六四年不幸與世長辭。

一九七二年，美國總統尼克森訪問中國大陸後，中國大陸逐漸開放與美國交往；一九七六年我們才知道，岳父在過去近三十年都被拘留在一個戰犯營，後來才被釋放。匡政積極辦移民手續接岳父來美。一九七九年移民成功，岳父來美。匡政與他父親三十年未見又能再團圓，極度的歡欣與無限的辛酸，難以形容。

岳父在洛杉磯匡九與明秋家、明尼蘇達匡冀與家暄家，和我們安格屋（Englewood）家往返居住，很是高興，只是偶爾感歎與岳母無緣再見。他在我們家和匡政得以暢談以往三十多年的事。匡政盡她的孝心，使岳父有極愉快的時日，他遇到了數十年未見的老友和很多新朋友，岳父和父親也曾在我們安格屋家中歡聚。岳父中英文俱佳，很會與人交談，鄰居都很喜歡他。岳父在美國住了四年多，一九八三年春曾回大陸看看朋友們，但不幸在同年九月十二日病逝北京。我父親在同年九月十五日也在台北逝世；我們兩位父親去世前後只差三天。

匡政的父母、姊姊、兄弟以及再下一代，都對我極好。大姊匡敏和二哥匡琦都是在五十多歲才從中國大陸來美，讀了碩士學位，使我非常敬佩。他們來美國在洛杉磯附近住，常送給我們親自烹飪的可口食物。大哥匡瑞在我們每次去台灣時都盡心照顧，大哥大嫂知道我每次行程頗緊沒有時間打高爾夫球，總是在我離台返美那天清晨五點左右接我們去打球，午餐後再送我們去機場。匡瑞大哥不幸在二〇〇二年去世。

匡政的大弟匡冀和我們在紐約有很多年住得很近，我們常常歡聚。當我剛考到駕駛執照時，匡冀就讓我開他才買的新車，對我眞是信任，很不幸他在二〇一四年去世。匡政小弟匡九一直住在洛杉磯，當我們從紐約搬到聖地牙哥時，他們租了一輛小貨車親自送了一套中國式客廳家具和飯廳桌椅給我們，這二十多年來我們還一直在用。我很幸運有五位這麼好的內姊、內兄弟和他們的佳偶，以及他們的子女和佳偶。我很榮幸為大哥的幼子應培和匡九的兒子應全先後在洛杉磯證婚。

•工作與人生多采多姿

一九八八年，加州大學聖地牙哥分校（加大聖校）邀請我擔任生物工程及醫學教授。因為我們在紐約已三十多年，最初不想離開，但那時加大聖校的學術顯然即將起飛，前途無限；聖城氣候又舒適，是環境優美的理想住處。經過一年多的考慮，最後我們決定搬去加州。這對匡政是一個很大的變化，她不但要離開很喜歡的工作和許多朋友，而且加州不承認該州以外的醫師執照。她雖然有紐約和紐澤西的醫師執照，仍需重新考試。她從醫學院畢業後從事小兒科臨床工作，三十多年來對基礎醫學及其他臨床科目很少接觸；而且醫學進展一日千里，所考的課題與她當年所學的課程有極大差別。但匡政決心去參加考試，我對她也有極大信心。

她先去參加一個在聖地牙哥以北六十英里的複習班，為期六週，努力學習以前未學過的課程，同時溫故知新，在得到極多新知識後去參加考試。她在六十歲時考取加州醫師執照，眞是難能可貴。有志者事竟成，她的學習奮鬥精神，眞是值得敬佩。

匡政對工作努力進取，她在生活上也能調劑平衡，喜歡做各種娛樂運動。她在紐約時與朋友打網球，到聖地牙哥後開始打高爾夫球，不但鍛練身體、舒鬆心情，和親友共同享受歡樂友情。爲了在美儀婚禮時能夠跳舞，我們在五十歲開始學舞，雖然現在不常跳，但跳舞是很有趣的（圖二十）。

匡政退休後學唱歌及繪畫，她從小在家聽母親唱歌，知道很多歌，在任何情況下她都能自得其樂開心地唱起來。她也喜歡繪畫，而且很能自然發揮她的潛力，在多次藝術展覽中均獲得好評（圖二十一）。最近她開始與幾位友人打些衛生麻將，每週一次，也是一種極好的娛樂。

近年來匡政摔過幾次跤，加上她一向有些脊柱側彎，因此走路久了就很不舒服。骨科及復健科醫師囑咐她去做復健治療，並且有規律的做運動。她這幾年來幾乎每天去健身房運動，有很顯著的進步。這又是她持之以恆，堅毅努力的明證。

•眞誠待人、愛心無疆

我一千多年前的祖先吳越王錢鏐訂有《錢氏家訓》，其中〈家庭章〉說：「欲造優

圖二十　煦和匡政跳舞，二〇〇一年。

圖二十一　匡政畫「蘭質慧心」，煦題字，一九八八年。

美之家庭，須立良好之規則。內外門閭整潔，尊卑次序謹嚴。父母伯叔孝敬歡愉，妯娌弟兄和睦友愛」。雖然匡政和我都是最近才讀到此書，但她一生真是完全遵循這家訓。她對父母孝順尊敬，使伯叔姨嬸歡愉，與她家和我家的兄弟妯娌（圖二十二、二十三）都極為和睦友愛。父親來紐約開會時，總會在我們家小住。他每次來都非常愉快；匡政的盡心照顧，使父親感覺像在家一樣。母親也來住過數次，她也同樣的快樂喜悅（圖二十四）。我們每次回台灣，都與父母親快樂團聚，共享天倫之樂。父母親都很疼愛匡政，她對他們敬愛孝順，體貼入微，就像對待自己的父母一樣。

匡政對朋友從來都是真誠相待，熱心幫助，忠信為本，和諧同樂。據我所知，所有親友都喜歡她。任何場合只要有她在，大家都興致極好，其樂融融。每當系內或實驗室同仁在我們家聚會或在公園野餐時，匡政不但烹飪美味的食品，她還會準備很多玩具和禮物給小朋友，和他們一起玩；多年後，甚至他們長大後，都會記得這快樂的回憶。如果要用一個字來形容匡政，那就是「愛」。她愛家人、愛親友、愛國家民族、愛世界和平。美恩四歲時問媽媽愛她有多少，用兩個小手比劃，先張開半尺，再張開到一尺。匡政把她自己的兩手臂盡量張開，說媽媽的愛比這個更大，一直充滿整個房間，充滿整個世界。事實上匡政對家人、對世人的愛，都是大到充滿宇宙、無可限量的。

圖二十二　三兄弟夫婦合照。左起：煦、匡政，哥哥、嫂嫂、復弟、玲玲，攝於拉荷亞家後院，一九九五年七月。

圖二十三　匡政兄弟姊妹及佳偶。左起：胡匡瑞、林藹莉、胡匡冀、胡匡敏、施家暄、魏啓鳳、胡匡琦、胡匡政、錢煦、蔣明秋、胡匡九，一九九九年。

圖二十四　煦抱美儀，匡政抱美恩，父親，母親。紐澤西安格屋家，一九六二年。

上面說過，我一生最重要的關鍵是和匡政結褵。她使我感覺舒適愉快，心平意靜。常有人問我，保持健康長壽的祕訣是什麼？我想最重要的是心情愉快，沒有精神上的壓力，這要歸功於匡政給我平靜無憂的感覺。能和匡政結婚我感覺無限幸運，在超過半世紀的婚姻中，她一直給我毫無保留的愛護和支持。每天起居飲食，她都盡心照顧；給我無限的愛護幫助，使我感覺安心溫馨。這麼多年來她對我的全心關愛，我從來沒有絲毫猶豫，這是我極大的幸福。我事業上能稍有成就，都要感謝匡政給我的無條件支持；我所得的獎譽，她有一半以上的貢獻和功勞。我眞是非常幸運，能有匡政這位像神仙一樣的終身伴侶。

匡政寫煦：終身伴侶〔11〕

我在一女中高三下讀書的時候，有一天放學回到家中，看見一位翩翩少年，穿著一身白襯衫和白長褲坐在玄關。他看見我推腳踏車進入院子，就立刻站起來。我們打個照面，也沒有互相介紹，他就手上拿著一個大包離開了。我進去後知道那是母親交給他的麻將牌；他是胡婆婆派來我家借麻將牌的，大概是讓我母親看看他。那時我們都只有十七歲。

我知道胡婆婆喜歡我，她常來我家跟母親打麻將，看我幫忙母親做飯洗衣，她就拍手稱讚我，笑得滿臉歡喜。她在我們家總是不斷地稱讚錢家的老二讀書好、爲人好、性格好，會騎腳踏車，幫家裡買菜，捉雞，打蜘蛛等。

父親常說：「職業與事業可以融合爲一，自己要有一技之長，可以有生活的保障，又做自己所愛所嗜的事業！」這樣的想法使我決定學醫。一女中畢業後，我考進了台大醫學院。先在校本部讀醫預科兩年，第三年開始去醫學院修醫學本科課程。在中午時候，高年級同學在醫學院進門的半樓上打乒乓球，我們經過那兒去第七講堂教室可以看見他們。同學們叫其中一位老錢，就是我在家門口玄關遇見的少年，但是我仍未找出錢家老二的名字。

台大每班前百分之四的優秀學生可以得到五十元的書卷獎。我在醫學院優秀學生的榜上找到錢家老二的名字，原來他是單名「煦」。他得八十六點四分，比第二名高出將近四分；後來每學期他都是第一名。當時全校每班的優秀學生可以參加爭取「李氏獎學金」。最終煦得到獎學金，決定去美國哥倫比亞大學進修生理學博士。當我在讀五年級時煦已畢業；接受一年軍訓結束後，於一九五四年九月赴美。

我是七年制醫學院的第一班，還要兩年才能畢業。記得煦動身赴美的那一天，我跟他全家去機場送行，那天晚上曾一度轉輾不能成眠。雖然我們心中都有默默的承諾，但當時那失落感與無力感是很難克服的；又想到對自己的承諾——要有一技之長，要能自食其力——是現實的。目前我有把握要完成醫學院，得到自立的本事。

• 在紐約締結良緣

我和煦分開兩年，與他來往信件是最大的期望和生活中的維他命。在畢業前，我很高興申請到去哥大醫學院附近的卡布利尼聖母紀念醫院擔任實習醫師。一九五六年九月，我從台灣坐船到美國波特蘭，然後坐火車到紐約。煦在車站接我去醫院，住在實習醫師宿舍，第二天就開始上班了。實習醫師每隔一天值夜班，週末是一連三天值班，眞是忙極了。不值班的週末，煦會帶我出去。來醫院看我的就是喜歡我的，也是我心中永遠只有的煦。我的注意力像賽馬之駒：目不斜視，只是向前。

到紐約兩個月後，胡婆婆在她家爲我們舉行訂婚典禮，宴請很多親友。典禮由煦的哥哥錢純的岳父程天放伯伯主持，很是熱鬧。訂婚後不久，我們開始準備婚禮。

我們的婚禮在一九五七年四月七日舉行。婚禮前煦的母親特別說要蘇君瑾給我化妝。君瑾不但爲我化妝，還把她自己做的新娘禮服借給我穿。照美國規矩，新郎新娘在結婚前夕會分開，到婚禮時才見面。煦那晚到他伴郎王學善的哥哥家去住，把他租的公寓讓我住。陳華琴、蘇君瑾來陪我聊天，她們都說我嫁給錢煦會很幸福。

胡婆婆爲我們的婚禮做了很多準備，她給我們買了全套床褥用品，包括各式被單、毯子、罩單、枕頭等等。她爲我們準備婚禮後的茶點酒會，在紐約游總領事家舉行。她還爲我們安排在紐約市長老教會舉行婚禮。懷特牧師要我們在婚禮前去見他，跟我們談婚姻裡的「計畫」。他要我們了解家庭經濟計畫的重要，並說兩個人一定要同意誰管經濟，這方面的問題往往是婚姻破裂最大的原因。他這一席話很有幫助，因爲我們從未有過經濟上的矛盾。

一九五六年十一月，我開始在卡布利尼聖母紀念醫院擔任實習醫師。結婚時才工作五個月，還沒有假期，所以結婚後第二天就要回去上班。煦說家庭雖然重要，但在有小孩之前應該是工作第一。我聽了很高興。

•家庭事業內外兼顧

新婚生活是和諧快樂的。有了家，日子就更有調劑、更有樂趣。煦在婚前已在哥倫比亞大學醫學院附近向一位退休老醫生分租他的公寓，有臥室、書房、客廳和另一間小臥室，有客人來時可以住；廚房共用。那時我們同學友人中很少有家，因此他們週末常在我們家相聚。老師、同學從台灣或外埠到紐約來，煦也都請來家中歡聚。我們結婚一個月後，我的同學闕新萍、劉瑾熙從台灣來美當實習醫師，到我們家不到半天就說：「你們才結婚一個月，怎麼就像老夫老妻了？」

我在結婚兩年後生下第一胎美儀，她的來臨帶給我們無限幸福。有了小孩，家就更溫暖了。再過兩年美恩出世，我們又一次大喜。兩個女兒可愛貼心，眞是掌上明珠、珍貴無比，給我們永久的溫馨。那時我在紐約市都會醫院擔任醫師，每天上班都捨不得離開孩子。有時老朋友問：「胡匡政，你到那裡去了?怎麼每次我週末去你家，都是錢煦在帶孩子？」我們公寓樓下有一位重聽的老太太告訴我：「聽見孩子哭得很久，很傷心。」我非常心疼我們的小孩。

魚與熊掌不可得兼，在美儀十個月大時、我決定停下來完全不工作。當我停止工作家居時，看報上有公司要找人把中文科學論文譯成英文。我想可以有些收入，以爲自己可以勝任，就接過這份工作，結果還是煦幫我完成。這公司非常欣賞煦的翻譯，其後多年不斷要求他繼續做，但他教研太忙、未能接受。

我停止工作三年多後，才到哥大醫學院內科教授布來德雷（Stanley Bradley）教授的研究室做研究，在小孩放學前先到家照顧她們。直到小孩進入初中後，我才去紐約市政府兒童健康診所做小兒科醫生。那裡的待遇不高，但爲貧民服務，在生活條件不太好而需要醫師照顧的地方工作，是我一向的志願；煦非常支持。診所工作時間是固定的，上下午各兩個半小時，這很適合我內外兼顧的生活，每天可定時到家照顧自己的小孩。我在這診所工作很愉快，很快地十五年就過去了。

煦在哥大醫學院生理系任教三十年，領導循環生理研究，有很多重要發現。除了自己的研究傑出外，他也領導很多優秀同事做多領域與科際間的共同研究。他創始了血液與血管的群體研究計畫，又創導心血管訓練計畫，從美國國家衛生研究院（NIH）申請到大量經費，對研究教學有重大貢獻。後來他這些計畫申請書都被其他同事借去，做爲他們申請計畫的藍圖。

一九八七年一月，煦被選去在台北南港的中央研究院創設生物醫學科學研究所（生醫所）。雖然我在紐約工作得心應手，駕輕就熟，還是決定陪煦一同回台灣。我那時正是五十五歲，可以提早退休，所以我辦了退休，跟煦在一九八七及一九八八年返台住了一年半。台灣是我們相識、做朋友、訂終身的地方，眞正是我們愛情的寶島、相識的源頭。位在南港的生醫所從無到有，平地起高樓，所內人員由幾個人增長到近百人，是我們人生事業上歡欣鼓舞、有成就感的又一高潮。事隔四分之一個世紀，興奮快樂的時刻仍清晰在眼前。每次回南港見到與我們一同打拚的夥伴，看到當年播種耕耘的豐碩成果，眞是無比興奮。

當煦在生醫所時，他被加大聖校延聘爲生物工程與醫學教授。幾經考量，最終我們從紐約搬到四季如春的拉荷亞。因爲加州不承認美國其他州的醫師執照，我來到這裡要重考醫師執照。我先上了六個星期的複習班然後才去考試。煦一直都爲我鼓勵加油，還親自開了近兩小時的車陪我去考試。考取後，我帶領實習醫師及教三年級的學生看門診病人。後來又到聖地牙哥東邊的市政府衛生所去看家境不好的小孩。我的樂觀達觀、堅韌進取的精神，幫助弱小、熱心助人的心，都是從父母那裡得來的。

• 研究教學和「鮮花力量」

煦到加大聖校後，充分發揮他的領導才能，除了又從美國國家衛生研究院申請到群體研究計畫和訓練計畫經費外，他同時在加大聖校創設了醫學工程研究所和生物工程系，結合校內各有關領域傑出人才共同合作。他從惠特克基金會（Whitaker Foundation）申請到兩千萬美元，加上其他基金會資金，建成一座十萬多平方英呎的生物工程大樓，延攬一流教授人才，使加大聖校的生物工程大幅前進，現已達到全美領先的地位。

煦在事業上能夠成功有很多因素，包括他的天資、見地、努力和精神。其中一個很重要的原因是他的人和。他跟所有同事都融洽相處，在遇到困難問題時，他會找出一個大家都能接受的做法，因此很多學術團體都請他出來領導主持。煦的傑出，在他一生中有很多實例。煦的母親曾說過：「煦如果知道百分之八十，回答就會像百分之百；如果他知道百分之百，回答就會到百分之一百二十。」他從北京到上海申請進小學一年級時，老師面試後就讓他上二年級。他在小學讀書時，有一次同學在上課時和他在下面講話，不注意聽講。老師對那位同學說：「錢煦上課不聽是不要緊的，他還是能考一百分；你上課不注意聽講，就會不及格了。」

錢煦在讀高二時，因爲同等學力可以考大學，他就去報考，進了北京大學醫預科。沒有讀高三，加上他又跳了一班，因此在大學期間比他同班同學小兩歲，但成績還是全班第一。當他到台灣轉入台大醫學院時，他那班是六年制，比北大的七年制又少了一年，所以他的求學生涯中有「三級跳」，二十二歲就從醫學院畢業。

我們在台大醫學院讀書時，林天賜副院長教我們耳鼻喉科。我們畢業多年後，林夫人王彩霞醫師來紐約看她的女兒林雅惠及女婿楊思勝（兩位也都是台大畢業的醫師）。我們被邀去見林師母，談話不久後，雅惠告訴煦一則她八、九歲時，父親打分數的趣事。「父親改完考卷後，有幾位分數只差一點就及格。父親說有一位叫錢煦的學生實在太好，從他那裡拿掉十分他還是第一；把這十分分給那幾位同學，大家就都及格了。原來你就是我父親所說的傑出的學生」。林老師可能是以此說笑，說給女兒聽。但這故事也有它眞實的一面。

大家都知道煦在研究上的卓越成就，他是美國四大國家學院院士、中央研究院院士和中國科學院外籍院士，還有很多其他榮譽。他在教學上也是極爲傑出，在哥大得過五次最佳教師獎。一九六七年我在布來德雷教授的研究室做研究時，有一天聽到隔壁的第七講堂歡呼叫好、掌聲如雷。幾分鐘後，我經過內科主任辦公室時，女祕書書桌上有很多朵各種顏色的玫瑰花。祕書說：「這是一位華裔教授講課完畢後，全體同學爲了表示感謝欣賞，把很多打玫瑰花扔向講台。祕書們聽說後都紛紛去拿了幾朵放在書桌上。」煦也帶了一把回家送給我。那是鮮花力量（Flower Power）的年代，學生特別能表達他們的感情，但這樣的事以前是從來沒有過的。

我二〇一〇年在加州退休後，對煦的認識和跟他的學習，比過去四十多年更多。

煦助人克己、愛惜光陰，他做每一件事都是全力以赴，不會鬆懈。他每換一件事做，就是他的渡假。我最大的發現是：「當煦來到世上時，老天爺給他的多於給一般人的。」所以他應該不停地貢獻與奉獻。我從煦那裡學到煩惱沒有用，要面對現實，解決問題。有一天我說自己精神體力不如從前，眞覺得老了。煦立刻回答說：「不要緊，我們一起變老。」講得多麼貼心！

有朋友問我的婚姻如何？我說：「我的媽媽說我嫁得好。」朋友接著說：「我是問你自己覺得怎麼樣？」我回答說：「我只要能嫁給煦，其他一切都不重要。」我們從來都是先替對方著想。煦總是將我放在他自己之前，我也是一樣。

我們有限的人生，生存在這無限的時空中。我和煦認識六十年，結婚五十四年，我可確證煦的優秀傑出。優秀傑出的人用百分之百的努力，可以有超過百分之百的成就，甚至超越時空。我倆很高興在八十歲時還能這麼快樂健康、互相恩愛，在世界各地有那麼多知心的親友。我們有極多的幸福，無限的感恩。

女兒美儀、美恩和她們的家庭

匡政和我結婚後，最高興的就是有了兩個可愛的女兒美儀和美恩，她們都在紐約出生。因爲覺得紐約市區的公寓沒有地方給小孩奔跑遊戲，於是我們在一九六三年搬到哈德遜河對面的紐澤西州安格屋，買了一座獨棟的房子，這可能是錢家幾代以來第一次有房產。這棟房子有前後院草地，美儀與美恩有很多活動的空間，鄰居中有許多與她們年齡相似的小朋友可以一同遊玩，而且只要幾分鐘就可走到她們的小學。我的岳母和我們同住，美儀與美恩有外婆的關愛，三代同堂，其樂融融。

安格屋是一個中小型的城市，它的公立學校有各色人種學生。有些亞裔家長會送他們的小孩去私立學校，但我和匡政認爲小孩應進能代表廣泛社會的公立學校，與各種族合群交往。美儀與美恩在公立中小學校受到極好的教育，認識了不同種族的風俗習慣，知道如何跟他們相處交往，更學到如何待人處世。她們在小學與中學的成績都極好，名列前茅，品德兼優，是同學的表率，也參與很多課外活動。美儀喜歡彈鋼琴，得到過很多鋼琴比賽錦標；美恩從小就對數字與幾何形態有興趣，加上她手非常穩，所以後來做眼科手術非常精巧。

一九八七年四月七日是我和匡政結婚三十週年紀念，美儀和美恩爲我們在紐澤西州辦了一個盛大的慶祝會，有一百六十位親友參加慶祝。匡政和我表演了華爾滋和探戈舞。晚餐很豐富精緻，大家唱歌跳舞，極爲愉快。

在我七十歲生日時，宋曾藍萍博士和匡政合編的慶賀書內〔12〕，美儀和美恩各寫了一篇賀文，表達她們的眞誠情感，珍貴無比。這兩篇文章已譯成中文，列在後文。

・美儀和她的家庭

美儀在高中畢業後進入哈佛大學經濟系，大學畢業後在摩根士丹利（Morgan Stanley）公司實習兩年，回到哈佛大學商學院獲企業管理碩士，再回到原公司工作；一九九八年被公司派赴倫敦，任歐洲的運營總裁，負責公司歐洲、中東和非洲的商業策略。她在二〇〇八年退休，成立May Busch & Associates Ltd公司，經由網站諮詢，幫助上百萬人加速成功和提升領導力，並任亞利桑那州立大學的校長特別顧問及交叉創新理念公司董事長，策劃講解領導、創業和職業戰略。她在哈佛大學讀書時，認識經濟系同學布藍納（Leonard Busch），兩人情投意合，於一九八五年六月二十九日在安格屋長老會教堂結婚，然後在紐澤西州薩德布洛克鎮（SaddleBrook）的萬豪酒店歡宴慶賀，有兩百餘位至親好友光臨。布藍納在紐約時是中學老師，在倫敦是英國十八歲女子國家籃球隊總教練。二〇一七年至二〇一九年，他的球隊連得三屆全英國冠軍，他連三次被選爲最佳教練。

美儀和布藍納有三個可愛的女兒：桂思（Kristen）、瑞耐（Renee）和娜麗（Natalie）。桂思在二〇一三年自雪城大學畢業後，先在紐約爲家境不好的學前小朋友做「躍進開始」（Jump Start）服務，然後在上海做英文老師，現在在聖地牙哥做中學老師。瑞耐二〇一三年返美進賓州大學（University of Pennsylvania），她是該校女子籃球校隊隊員。畢業後在GAP國際公司做成效顧問一年後，回倫敦爲母親美儀做助理，並且是職業籃球隊員。娜麗在英國被選入超過她年齡的國家籃球代表隊，二〇一五年返美進波士頓的艾慕生（Emerson）大學，二〇一九年畢業。三個外孫女都是美麗聰慧，成績優異的好青年。

我的爸爸〔13〕

我眞幸運我的父親是錢煦。當我做高中作業時，被問及誰是我最欽佩的人，我選擇了我的父親。對此，我有四十二年的充足數據來支持我的結論。我很樂意藉此機會分享一些給大家。

首先，父親總是隨時爲我著想，給我全心的支持；爲了我的事情，他總是有時間，他不會感覺到被打擾。

我喜歡闖入爸爸的書房。他通常會在辦公桌上寫論文或申請計畫，或準備講演的幻燈片。後來他給了我這張桌子，我就是在這張桌子上寫這篇文章。我會問他各種問題，譬如「你忙嗎？」（事實上他忙，但他會說不忙）、「你在幹甚麼啊？」（他會耐心的以我能理解的方式解釋那些與紅血球細胞有關的研究）。然後我會提出那天使我煩惱的事情，和他談完後就感覺舒服多了。

我的父親和母親參加了我的每一場芭蕾、小提琴和鋼琴獨奏會。他們會載我和妹妹去參加我的鋼琴比賽，在開車去比賽現場的路上他們給我充分鼓勵，減緩我的緊張情緒。

我生病時，爸爸下班後會來到樓上我的臥房和我坐在一起，給我講中國的古典小說和武俠故事，比如我喜歡的諸葛亮和美猴王。

我們去購物時，爸爸會開車送我們到百貨公司，然後坐在試衣間的外面等三個女人完成購物，這通常需要好幾個小時。當然，他會聰明地利用這段等候時間，例如寫論文，或者偶爾打個小盹。

我在二〇〇〇年四月去拉荷亞，在到達之前傷到了膝蓋，父親幫我在加大聖校運動醫療科安排預約，並陪我一起去看病，就像小時候和爸爸媽媽一起坐在小兒科候診室一樣。除了膝蓋之外，我感覺我就像回到了少年時代。

當我在準備哈佛大學四年級的榮譽論文時，我錯估了準備、寫作、編繕和打字所需的時間。因此，我和妹妹只好整個星期都待在父親的研究室，爸爸幫我輪流打字編繕，媽媽給我們送飯。爸爸並沒有指責我，他看了我的論文進度後，就幫我提出切實可行的計畫建議，我們就此用高速進行。

其次，爸爸使我們的成長充滿了樂趣。爸爸使我和妹妹可以像男孩子們一樣，可以經常參與和欣賞各種運動。我們會一起去麥迪遜花園廣場體育館看紐約尼克隊的比賽；我們在家裡的車道上打籃球，來回傳球上籃以及反手上籃等動作，因此變得相當精通。爸爸教我們中國執筆式的乒乓球打法，包括正手、反手、上旋、扣殺。爸爸乒乓球打得很好，他可以連續的把球打到適合的地方，使我們能連續殺球；直到我與別的對手打球時，我才瞭解是父親的供球，才使我有比我眞實水平更高的表現。我們也常參加爸爸實驗室的聚會，他和媽媽還會舉辦我們很喜歡的網球聚會。我記得有一次爸爸打得太高興，直到腿抽筋，不得不被攙出場地停下來休息！

最重要的是，父親教會我們人生和生活中重要的事情。我們從父母身上學到許多人生道理，他們互補的智慧是我們生活的基石。回顧往事，我現在才瞭解在成長的過程中，處處是學習的機會。有時僅是觀察父母的互動和對應，對我們以後的一生都極有意義。下面是幾個重點：

只說積極的話。父親很少批評人，反之，他總會找到一個積極的方式來傳遞信息。我記得他幫我準備一個報告，建議我「只用積極的字句」，這一點我也分享給我辦公室所有的人。我的父親至今仍是我的榜樣。當我處理我事業上的問題時，經常會想父親會怎樣處理。

認知就是事實。我記得年少時和父親有過一個爭論。我堅持認爲「那不是我說的話」，而父親冷靜地回答說：「重點不是說話的人認爲自己說的是什麼，而是你的話被別人理解成什麼意思。」這當然是對的。你必須應對相互的認知，因爲這些認知會成爲現實。

機會總是留給有準備的人。這在我和高層管理和捐助者一起參加無預期的緊急會議時特別有用。因爲父親總是預先設想，所以他可以有奇妙的方法和知識去把握機會。

不要太在意別人的想法。我還記得爸爸在我遭受「尷尬危機情況」後安慰我的話，他說：「這不要緊，一年之後、你都不會記得這件事；應該把這當作一個學習的機會，繼續前進。人的眼睛之所以長在前面，就是讓我們盡量向前看。」

做事要實際，在壓力下沉著冷靜。父親總是知道在每一個項目上他應花多少時間，因此對特定時間內能做的事情總是很實際地去計劃。他可以難以置信地充分利用每一分時間。事實上，他需要做的事情愈多他愈冷靜，他的成就似乎也就愈大。

做事認眞。如果一件事是值得做的，就全心全力去做，付出百分之百努力，所有方面都要考慮周到。

放手去做。一旦決定方向，就要竭盡全力，放手去做，就如同打網球時放手抽球，不要猶豫不決或顧慮成敗。

我的父親在所有方面都是個富有的人，我很幸運他與我分享他的經驗、智慧和愛。祝他七十歲生日快樂！

• 美恩和她的家庭

美恩在耶魯大學畢業後，到哥大讀醫學，遇到蓋思迪（Steve Guidera），互相鍾情，一九八八年五月六日在安格屋長老會教堂結婚，然後在紐澤西州哈斯布洛克鎮（Hasbrouck Heights）的喜來登飯店歡宴，有至親好友兩百餘位到場慶賀。

當美恩和思迪在哥大上生理學課時，我教他們循環生理學。我前面說過，我在北大讀書時，上過父親教的定性分析化學課。我想很少人曾經在百餘人的大學課堂上被自己的父母教過，又教自己的子女，這是極可貴的經驗。

美恩與思迪於哥大醫學院畢業後，在哥大接受內科住院醫師訓練。然後，美恩在費城的威爾士眼科中心接受專業訓練，成爲眼科醫師。思迪在賓州大學接受心臟科專業訓練。由於思迪在醫學院讀書時獲得空軍獎學金，所以去聖安東尼城的空軍威爾福特醫院服務訓練四年，成爲心臟科專科醫師。思迪和美恩在紐約長島開業四年後，全家在二〇〇一年赴賓州道耶司城（Doylestown），分別在道耶司城醫院內科及一家眼科診所開業，在那裡安居樂業。思迪的專業是介入性心血管治療，用支架及其他導管技術醫治心腦血管疾病，被選爲最佳醫師。

美恩和思迪有凱蒂（Katie）、珍妮（Jenny）和樂瑞（Laura）三個美麗聰明、秀外慧中的女兒。匡政和我因此有六個極可愛的外孫女。

凱蒂在二〇一四年自杜克大學畢業，二〇一九年自哈佛大學工商管理學院畢業。在校時參加南非和平團隊（Peace Corps）服務，幫助防止瘧疾。她和桂思兩個人都繼承了匡政的理念，立志幫助弱勢的年輕一代成長。珍妮在二〇一五年六月由哈佛大學畢業，她讀生物系，對化學及神經科學研究有興趣，現在在加州大學舊金山分校讀醫學及哲學博士（MD-PhD），主修生物醫學工程。同時她也是越野賽跑的健將。樂瑞與她大姊一樣是杜克大學的畢業生，現在在一家房地產公司服務，是騎馬的能手。三姊妹都是品學兼優、名列前茅的好學生。

我們很幸運全家健康都很好，但在二〇一〇年十月二日我們家中遭遇了一個巨大的災難[1]。美恩送二女兒珍妮到紐澤西州翠登市去坐火車，在車中談話時忽然發現火車即將開動，於是馬上到車門跳下來。但車已開始向前行駛，結果她向後摔倒，頭部跌撞在月台上。車站上的人立即叫急救車送她到翠登醫院急救室。思迪得到消息後立即趕去醫院；我那時正在波士頓開會，就從那裡搭飛機去翠登；匡政從聖地牙哥坐飛機去。

我們趕到醫院後感到非常震驚，美恩已完全失去知覺，她的重要生命現象（心跳、血壓、呼吸、體溫）都不規則。溫度時常會忽然上升、發高燒；同時她有肺炎，而白血球數量很低。爲了紓解由於腦水腫引起的過高腦壓，醫師動了一個緊急手術拿掉一塊顱骨（保存在低溫冰櫃），這才免除因腦壓太高而造成腦損傷。

三天後，美恩被送到賓州大學醫院，那裡有更完善的神經外科、神經科和復健科的設備和照顧。轉院後，美恩仍在昏迷狀態，直到一星期後才逐漸恢復神智，對周圍環境有些反應。一個多月後醫師把那塊顱骨放回頭上，美恩漸漸可以在有人幫助下站起來，甚至被扶著走幾步路。此後幾個月，她持續的進步，可以開始說話，記得不少往事，甚至漸漸可以自己走路。

美恩神奇的復原，醫院裡的醫師、護士、理療師及所有的醫院工作人員都有重要貢獻，我們都非常感恩。另一個很重要的因素是她有家人極強的支持和愛護。思迪對她的關愛照顧眞是全心全力、無微不至，達到超人的地步。他每天清早和晚上兩次，從家裡開一個多小時的車去醫院看美恩、照顧她，並和醫師討論病情和治療方針；在這中間他還是要在自己任職的醫院擔任心臟科醫師，有極忙碌的日程。這絕不是常人可以做到的！這也顯示他對美恩眞誠深刻的愛。

在美恩受傷後，思迪設了一個網站「關注橋梁」（caringbridges.com），每天半夜從醫院回到家中後，就把美恩當日病情報告寫在網站上，讓親友可以即時知道美恩的現況。

凱蒂、珍妮和樂瑞在這段困難期間，給她們的母親很多愛護和幫助。匡政在賓州醫院和道耶司城家中住了五個月陪伴照顧美恩，美儀和我也經常去。我們非常感激親友對美恩的關愛，爲她禱告。不但是在美國，也在世界各地，特別是台灣和英國。這

1　復弟在第二章曾提及。

一切和傑出的醫藥復建照顧，對美恩在遭逢巨大災難後能神奇的恢復，都有重要貢獻。此外，我認爲美恩內在的恢復意志和能力也是她復原的一個重要因素。

由於這些因素，美恩已經完全恢復到受傷前的情況：快樂、明朗、對事前瞻、對人關懷。她能夠駕駛汽車，打網球，照顧別人，管理每件事，就像她受傷以前一樣。這是我有生以來所見到的最大奇蹟。我沒有別的可說，只有深深無限的衷心感恩。

美恩受傷恢復後，就不再從事眼科開業，而在道耶司城醫院志願服務。因爲她對患者的關心照護，加上她的專業知識，病人們非常感激，同仁們極爲讚賞，在二〇一九年被選爲「最佳志願服務者」。

我的爸爸錢煦教授〔14〕

我的父親是一個天賦極高且具有偉大成就的人，我們都以他爲榮。我很高興我對科學和醫學感興趣，這使我可以近距離觀察爸爸的研究和教學世界。

在我高中時，我曾在父親的實驗室工作過一段時間，我發現爸爸不僅是一個傑出的科學家，也是一個極佳的溝通者和一個天生的領導者。他創造了一個像家庭般的實驗室；他辦公室的門永遠是開著的。大家公認他是優良建議和指導的來源；他的實驗室氣氛活躍且多產。實驗室的每個人都得到充分的尊重和鼓勵，竭盡所能做他們的工作，不論是在實驗室早會上，還是在實驗室集體野餐中打壘球（打排球時競爭性會更強些）時，大家都會有志同道合的感受。

在我讀醫學院時，我父親恰好是我的生理學教授之一。他講課充滿能量、激情，極具感染力。他的講課風格極能吸引並啓發學生。我現在仍記得他講紅血球在微血管內的流動時，他用華盛頓大橋上的車流情況打的比方。他在生理學實驗課程上讓學生研討憋氣時的生理反應，我們都很喜歡。在這實驗中，我的一個同學（他後來成了我的丈夫）在憋氣前先深呼吸，結果居然贏得了憋氣最久的比賽。那不是我嫁給他的理由，但我現在懷疑，當時那樣憋氣是否對他身心會有不良的影響。當班上同學選我父親爲一九八四年度的最佳老師時，他們清楚地表達了他們的感受。父親還獲得過多次其他班級的醫學和牙科的學生給他的榮譽。

這麼多年來父親有許多令人欽佩的成就，這些成就太多，無法一一列出，但不管怎樣，對我來說，他就是我的爸爸。

我的父親有超人的智慧。他用智慧溫和地指引我。在我這一生許多的經驗教訓中，爸爸告訴我：人要爲自己的幸福負責。他教導我要把握現在，充分利用現有的機會，靈活應對人生。

父親是個前瞻的人。他用開明的思想，在一個與他生長環境完全不同的文化中，教育撫養兩個女兒成人，這使我感受相當深刻。父親在事業上的前瞻性，表現在他將前所未學的分子生物學引入他的實驗室，並且比我們這些經過這方面訓練的後輩，更快進入了這個新領域。

父親極有啓發性。他在經過七十歲走向八十歲時，甚至八十歲以後，一定仍會繼續他個人和事業上的成長，而且會毫無疑問地繼續產出優良的科研成果。就如多年前他對網球和交際舞入迷一樣，現在他對許多新的喜好，如高爾夫和卡拉OK，同樣表現出熱愛。

爸爸很慷慨地給別人時間和他的稟賦。在我成長的年代，即使當他是一個年輕教授，經濟並不充裕時，他和媽媽總是熱忱地幫助從台灣和中國大陸來的親友，包括請他們住在家中，讓他們能有機會追求「美國夢」。爸爸是個專情的人，他是個極好的父親和丈夫。熟悉我媽媽的人都會瞭解我這句話：「認識錢胡匡政就會喜愛她」，爸爸就是最愛她的人。他們倆在一起，在家裡、在社會上、在生活中都是天作之合。我感謝上天賞賜他們二位，做爲我婚姻、爲人父母和生活的榜樣。

謝謝你，爸爸！謝謝你與我分享你的智慧、愛、和人生經驗。它們將在我整個人生中都與我同在。

三代美滿家庭

我們真高興有兩個可愛貼心的女兒。她們接受媽媽的教養，很多地方像匡政，稟承她的品德，也有不少地方像我。我們很幸運有兩個好女婿，兩對夫婦相親相愛、美滿婚姻都逾二十年。每家各有三個極可愛的外孫女（圖二十五）。匡政在每一個外孫女出生前，都趕去幫她們的媽媽做月子、照顧新生兒。此後在她們成長過程中，也一直跟她們保持密切聯繫，有極好的互動，與她們時常見面，也作筆友相互通信。

雖然隔了兩代，但我們不覺得彼此之間有代溝。每個外孫女都美麗聰明，爽朗大方，對人關心，努力學習前進，智德體群俱佳。我們非常感恩有美好親愛的三代家庭。

圖二十五　坐一左起：布藍納（Leonard Busch）、美儀，煦、匡政，美恩、蓋思迪（Steve Guidera）。立一娜麗（Natalie）、瑞耐（Renee）、桂思（Kristen），凱蒂（Katie），珍妮（Jenny）、樂瑞（Laura）。在賓州道耶司城美恩和思迪家，二〇一三年十二月二十四日。

進入退休

我在二〇一八年開始準備退休。匡政和我在六月購買了一所離學校和家都很近的退休公寓，有兩個臥房和浴室、客廳、飯廳、廚房和洗衣房，很是合用。公寓有兩個餐廳和一個咖啡廳，我們搬進去之後就很少自己燒飯。公寓有很多公用設施，像是健身房、游泳池、健康照顧室、演講廳、交誼室、圖書館等，並且有一個疾病照顧中心，如果有病從醫院回來後可以有很好的修養病房、醫護照顧，這是一個極佳的保障優點。我將在二〇一九年十一月一日從UCSD退休，主要是不教課及不擔任行政職務，但還是會繼續做研究，這是一個很好的逐漸退休的方式。加大聖校將在二〇一九年十月初，爲我舉行爲期兩天的慶祝終生成就研討會。

在中國大陸和台灣的友人也將在十月下旬分別在北京和台北舉行類似的慶祝會。我對這三次熱忱的慶賀，眞是感覺非常愧不敢當，萬分由衷感激。

第二部

學習、研究、教育和創業

第四章　兒童時代和早年教育

我從出生到六歲都在北京，但我對這段時間的記憶很模糊。一九三七年搬到上海，那時在上海一般都是說上海話，很少人說國語。年紀小的時候學話很快，不到一個星期我就會跟小朋友們一起玩、說上海話。我六歲時被覺民小學收進初小二年級，跳了一班。四年級轉到古柏小學進高小。那時上海學校所有課程都是用上海話教，包括國文文章的背誦。因爲在學校沒有人說國語，所以我在學校從來不說國語；我年紀小的時候不願意跟別人不同。父母在家則是說國語，所以我在學校和家裡用兩種不同語言，可以迅速地互換思考。我認爲這對我以後學英語很有幫助。

小學畢業後，我進入育才中學讀初中。因爲抗戰期間的經濟很困難，學校只能教基本的主課，沒有藝術和音樂等方面的教育，因此我不認識五線譜，唱歌也總是走音。雖然喜歡繪畫，但沒有機會學習訓練。學校每天清晨要練寫大、小字楷書兩小時，這對我以後寫字很有幫助。我最喜歡的娛樂是運動，特別是不需要多少器材的運動，例如乒乓球和足球。我們用的都是簡單克難的設備，例如用兩塊磚和一根竹竿做乒乓球網；用兩堆衣服或幾本書放在地上，代表足球門的門柱。我在上海時，因爲身處戰爭時代，所去之處主要是在家和學校之間（走路約二十五分鐘），很少去其他地方。我走路時常去踢路上的石子當足球練習，這有助我的球技，但很傷鞋子。雖然一切因陋就簡，但我們都玩得很快樂，到現在還記憶猶新。

我在小學和初中時發現自己非常喜歡數學，對數字、代數、幾何極有興趣。我對各種事情都很容易看到數量、位置和時間的關係，這些似乎是天生的。我也喜歡盤算猜測時間，當時我沒有手錶，但我一路看路邊店鋪裡的時鐘來判定改進我的推測，這對我的時間觀念極有幫助。

人生成長最關鍵的六歲到十五歲我在上海，這個國際城市給我廣闊的眼界與各種經驗，對我的成長影響很大。那是一個很困難的時代，抗戰期間生活非常艱苦。一九四四年至一九四五年上海被中美空軍轟炸，一則以喜，因爲這表示可以達到抗戰勝利；一則以憂，因爲很怕我們的家會被炸到。那段時間上海經濟環境非常壞，我們家後來一天只能吃一頓飯，常常吃番薯。那是很困難的時日，可是我很喜歡那段時間，因爲我跟父母親和兄弟一起生活，同甘共苦。有過這樣困難的經驗，對任何較好的情況都會特別珍惜，特別感恩，容易滿足、容易快樂。

抗戰勝利後，父親在一九四六年六月從上海回北大做化學系教授和主任。我們一家陸續跟著分批回去。哥哥八月先去，然後我在九月去。那時我只有十五歲，父母不放心我一個人旅行，於是安排我和父親好友張國仁伯伯的夫人及三位子女同船去秦皇島轉北京，以期有大人照應。沒想到張伯母暈船非常厲害，上船後一直躺著不能起來。她的子女都比我小，所以我要照顧他們四位，包括飲食起居等等都要一手包辦。這次的旅行給我無限信心，發覺自己不但能夠出遠門，還能照顧別人。這對一個十五歲的年輕人來說是極大的鼓勵。

我到北京後，轉學到育英中學（現在改名爲北京第二十五中學）讀高二。育英中學的二年級有甲乙丙丁四班，因爲我從上海轉來，校方怕我跟不上課程，把我放在丁班。丁班雖然成績一般不好，但很多同學都是體育健將。因爲我喜歡運動，所以很高興被安插在丁班。一九四七年政府有一個特別規定，那就是讓高二的學生能參加全國大學的入學考試。我是對任何好機會都要去試探，所以就去報名考試。本來想以數學爲第一志願，但是在報考時發現選數學爲第一志願的學生要考解析幾何，那是我們在高三才讀的一門課。因此我就看有什麼我有興趣而不需要考解析幾何的科目。

我覺得醫生能幫助病人，給他們很多舒服的感覺，所以就選了醫預科做爲第一志願。在考試放榜時，我很驚喜居然被錄取，因此高二讀完後就進了北京大學讀醫預科。從中學進到大學是人生一個很重要的里程牌，我至今還記得第一天去北大上課時的興奮心情，好像開始了一個新的生命，有無限的希望，充滿了信心。

第五章　北大與台大：我的大學教育

北京大學

我沒有念小學一年級和高三，所以在一九四七年十六歲時進北大讀醫預科的時候，比我同班同學要小兩歲。我在前面說過，北大醫預科的課程有一門必修課是定性分析化學，是我父親教的。我很幸運能夠上他的課，他是一位極好的老師，花很多時間來準備課程。他會用很簡單的例子來解釋複雜的概念，讓學生容易理解。我想這激發了我對科學和教育的興趣，導致我決定了終生的方向。北大有很多極好的教授，例如教比較解剖的醫預科主任李汝祺教授、教英文的夏濟安教授、教有機化學的袁翰青教授等。

我在北大讀書的時候國共內戰激烈，時局非常不穩定，幾乎每兩週就有一次罷課遊行，雖然對我們學習有影響，但也因此使我這個跳班的學生很容易跟上所有課程。本來我在醫預科讀兩年後，應該到醫學院繼續再讀五年的醫本科，但一九四八年十二月，我們全家坐最後一架飛機離開北京到南京，最後轉至台北。

那時我如果沒有離開北京，我這一生就不會和現在一樣；但是我相信如果我留在大陸，我也會在環境許可之內盡量保持快樂。一個人能不能做他想做的事，是會被環境所限制，但在某種程度之內，我們還是應該在困難環境下使自己快樂。我的原則是既然選擇了一條路，就朝那個方向盡力去做，而不去想如果不這麼做會怎麼樣。在任何情形下，盡我的能力，努力向前。

北大醫預科同學韓伯平是我同班同學中，唯一另一位從北京來到台灣的人。他和我一樣可以到台大轉入醫學院，但當時他的父親不幸中風。伯平是兄弟姐妹中的老大，所以他就決定開始做事養家，扶植弟妹求學。他在其後幾年的大學聯考，每次都考進台大醫學院，那是非常難的事。但他因爲需要賺錢養家，不能去讀課程很重的醫學院，因此進了台灣省立行政專科學校（現在是國立台北大學），晚上上課，白天做事，努力勤奮地從大專畢業，讓弟妹都完成學業、成家立業。我對伯平眞是由衷的崇敬欽佩，他是爲人的表率。伯平在中華航空公司做事，遇到匡政在中學和大學的好友郭吉光，情投意合，締結良緣。匡政和我雖然沒有介紹之功，但是非常高興我們兩位好友佳偶天成。

台灣大學

一九四九年一月我到台北後，轉學就讀台大醫學院二年級。那時台大的醫學院課程只有六年，包括一年預科、四年本科和一年實習。這次轉學使我在醫學院的課程縮短了一年，所以我在受教育的階段中一共跳了三年。有幾位同學是在二次大戰時做了多年的事才回來讀大學，所以他們比我要大好幾歲，但我們大家在一起都很融洽快樂（圖二十六）。

台大醫學院有很好的老師，可是那時有些教授還不能用國語講課，而用台語或日語。我用鋼板蠟紙抄寫好幾位教授的講義發給同學，這對我的學習有很大的幫助。那

圖二十六　煦與台大醫學院同學郊遊。最後排五人中，右起第二靠在塔上的是煦，一九五二年。

時學校研究經費很少，但教授都潛心努力，用很少的資源做優良的研究，對我有很大啓發。

台大醫學院學生在畢業前要寫一篇學術論文，我選了原發性肝癌（Primary Carcinoma of the Liver）爲題，由內科宋瑞樓老師指導，寫了一篇英文論文。這是我在台大醫學院唯一的研究經驗，當時並沒有在實驗室做過研究。台大醫學院教授陣容極強[2]，杜聰明先生是醫學院院長，他是台大前身台北帝大的第一位台灣籍畢業生，精通中西醫藥，而且甲骨文寫得極好。我們那班一百位畢業生，每人都得到杜院長親自寫的精美珍貴的甲骨文字。

在台大念書時我很喜歡球類運動，我是桌球和足球校隊的一員，籃球則是醫學院的院隊。我和許森貴、吳季成、黃慶鍾、王學善曾代表台大桌球隊環島旅行，到各縣市進行友誼比賽。除了賽球之外，也和各處很多球友相識交誼，其樂融融。我對足球和籃球特別有興趣，因爲那是團隊的運動，可以與很多隊友一起玩，給我機會學習和隊友合作，共同爲團體努力。

我在台大足球隊與沈君山和王主德一起踢過球。畢業後王主德與我搭同一班飛機由台赴美。後來他從明尼蘇達，我從紐約都搬來聖地牙哥，都是仁社的社友。在台大醫學院，我那一班籃球隊隊員主要是林鼎禮、孫如星、劉彭壽、李紹祖和我。我們一起打球，像兄弟一樣，有極深的默契與無限的快樂。我們班隊在醫學院很強，但代表醫學院到全校比賽時，總是輸多贏少。

我在失敗中學習到很多，特別是學到如何接受失敗，不要互相抱怨，而要互相鼓勵；不停的進取，把失敗做爲成功之母。我把這些經驗用在後來的學習和工作中，這是我在受教育過程中一個很重要的收穫。個人優秀是不夠的，一定要有團隊合作才能把事情做好。此外，不爭太多，我是願意做百分之六十的事，得百分之四十的認可就夠了。愈是願意多給別人，從長遠來看，自己也得到愈多；大我和小我之間，常常要想到大我。

2 例如在基礎科學方面有生理的方懷時、彭明聰、黃廷飛，藥理的杜聰明、李鎮源，病理的葉曙，生物化學的董大成、黃伯超，細菌的嚴智鍾、楊照雄等各位教授。在臨床方面有內科的宋瑞樓、楊思標、陳萬裕，外科的高天成、林天佑，婦產科的魏炳炎、邱仕榮，小兒科的魏火曜、陳炯霖，耳鼻喉科的林天賜、杜詩綿，皮膚泌尿科的謝有福、陳登科，放射線科的姜藍章，精神科的林宗義，牙科的郭水等各位教授。

•忘年之交：傅斯年校長

我們一家到台灣時，台大沒有空的教授宿舍，於是一家分兩處暫住。父母和復弟住在永康街大舅父母家，哥哥和我住在福州街傅斯年校長夫婦家將近一年。在這期間我很幸運能和傅校長住在一起，常有機會和他談天、得到他的薰陶教導，受益無窮。他是一位國際領先的歷史學家，也有實驗心理學和比較語文學的訓練，學識廣博高深，見解敏銳新穎。我從他那裡學到了很多處事的原則和方法。他做任何事情都有最高的原則，絕不因爲外來壓力而妥協。他眞是自反而縮，雖千萬人，吾往矣！

他有崇高的理想，制定了「敦品勵學，愛國愛人」的珍貴台大校訓。因爲他有高血壓和糖尿病，所以對醫學很有興趣，常和我討論醫學問題。那時我只是醫學院二年級的學生，還沒有進入臨床，常常要去讀參考書才能回答他的問題，但也因此學到很多知識。傅校長喜歡買書，他常去買英文的醫學教科書送給我，我眞是非常感激。那時他要把台大醫學院和醫院的教學醫療從日治時代的德日體系改爲英美體系，所以常和我談台大醫學院和醫院，他要從一個學生那裡得到第一手了解。我很幸運跟傅校長成了忘年之交。

因爲傅校長有慢性疾病，傅夫人烹飪都放很少的鹽或油，菜餚也以素食爲主。傅校長常忍不住在校長官邸附近的小攤上，偷吃牛肉麵等有滋味的食品。我回家看到時就遠遠繞道而行，不影響他的享受。傅校長時常要我幫他量血壓，每次我告訴他血壓偏高時，他總是說這和在台大醫院量得一樣，不要緊。有一天他的血壓居然超過兩百以上，我大爲驚恐，馬上請他司機送他去台大醫院，幸好住院兩天後又恢復到一般的程度，可以回家。但他的高血壓實在是潛在的嚴重危機。

一九五〇年十二月二十日，傅校長在回答一位省議員的尖銳問題時，情緒激動，不幸中風去世。我感覺非常哀痛，在台大醫學院學生雜誌《駝鈴》上寫了一篇紀念他的文章，可惜現在已找不到了。傅夫人看了後非常感動，認我爲義子。傅校長去世後，父親在一九五一年二月受聘爲台大校長。

•預備軍官訓練

我在台大醫院做完一年實習醫師後，接受大學畢業生必經的預備軍官訓練一年，然後正式畢業（圖二十七）。預備軍官訓練的前四個月是在高雄鳳山軍校受基本訓練，和各大專院校不同科系的同學在一起，對團隊活動、生活規律、鍛鍊身體、增進健康很有幫助（圖二十八）。

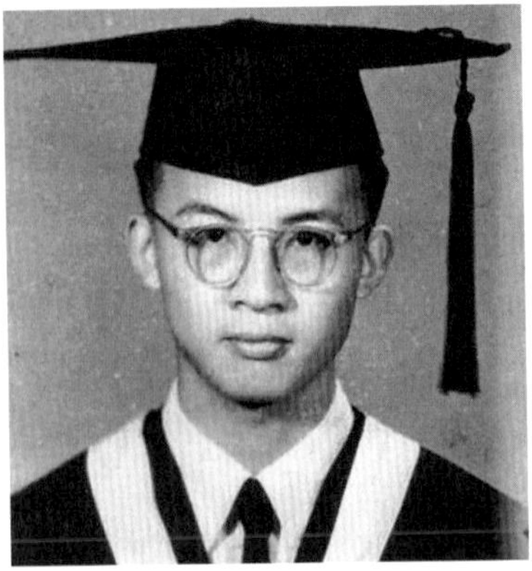

圖二十七　煦大學畢業照，一九五三年。

圖二十八　鳳山陸軍官校軍訓，左前為煦，一九五三年。

受訓時每逢週日可以外出，我就到高雄的堂叔祖父錢祿卿家。叔祖母總是做了極好的菜餚和雞鴨魚肉，讓我可以大吃一餐，眞是非常感激。因爲我是學醫的，每次有隊內同學需到高雄的醫院看病，都由我陪送，其他同學都很羨慕。

其後七個月，我們醫學院同學都到士林接受軍醫訓練，老同學又聚在一起。除了學習如何設置及管理野戰醫院等軍醫知識外，也受一般醫學教育，例如受傷急救、治療高血壓等。在那一年裡，我仔細地思考未來方向，最後決定訓練結束後去美國進修。當時我身上帶了一本袖珍英文字典，有空就學習新字與新詞彙，增進英語能力。

最後一個月又回鳳山受綜合訓練，結業後吃了一頓大餐，然後大家很高興的上火車，一起回台北。上車後我覺得腸胃非常不舒服，那時就有同學到我這節車箱來找我去看幾位腸胃發病、躺在車內走道上的同學，才發現我也有同樣的問題，顯然我們都是食物中毒。我回到台北後好幾位同學到家裡來看我，認爲我失水太多，好意給我在家裡打葡萄糖點滴。但那時台灣的葡萄糖液純度不佳，注射後我覺得全身發冷發抖，虧得我立刻把針頭拔掉，但身體裡已經有了不少毒質，發高燒、忽冷忽熱，知覺漸不清醒、亂說話，情況危急，即刻被送到台大醫院急診室急救。約三小時後才逐漸醒來。我那時只有二十三歲，眞是在生死邊緣，逃過大難。

•出國進修，學習新知

我在醫學院讀書時就準備去美國進修，但還未決定是去大學研究所讀博士，或是去醫院接受臨床訓練，因爲兩者我都喜歡。做研究可以解決有興趣的問題，創造新知識，由此能夠促進人類的健康。做醫生可以醫治病人，這樣能和病人直接接觸，很快可以看到醫療成果。我兩個方向同時進行，向美國幾個大學申請研究助教或獎學金，也向美國幾個醫院申請實習醫師的機會。我本來想讓申請的結果來決定我未來的方向，但每一個申請都成功了，最後我必須自己做決定。結果我選擇讀研究所，攻讀生理學的博士學位。我在台大時有很多極好的生理學老師，特別是方懷時和彭明聰兩位，對我很有啓發。

我對腦神經和心血管系統的生理學特別感興趣，所以我申請了這兩個領域的生理學研究所。哥倫比亞大學葛古森（Magnus Gregersen）教授來台訪問時我有機會見到他，他說服我去哥大跟他學循環生理，他後來成爲我的導師。

回想我一生的教育和事業，很多都是一個機緣。我有可能學數學或者臨床醫學，也可能是神經生理學，那我的職業和人生都會與現在不同。我們在分叉的地方必須選擇一個方向。人生似乎有一種機緣讓我們向某一條路走去。我覺得不管什麼樣的路線，一定要盡力去做，做到自我能力範圍之內最好的境界，人生就有意義。

鎢業和桐油巨子李國欽先生設的李氏基金會，每年都在台大甄選兩位畢業生給與包括飛機票、學費和生活費的李氏獎學金出國深造。我在一九五四年得到李氏獎學金的資助，九月搭飛機從台北去紐約。父親的好友葉良才伯伯親自開車到機場接我，送我去離哥大總校區很近的紐約市國際學舍。路上經過穿插多層的高速公路、看到那時台灣還沒有的無數高樓大廈，嘆爲觀止。到紐約進哥大生理學系去做研究生，是我人生一個新的里程碑，新的激動、新的興奮、新的前瞻。

第六章　美國哥倫比亞大學：研究生教育

研究生涯

一九五四年九月我一到哥大，葛教授就立即派我在牙科學生的生理學實驗室課程擔任助教，這給了我一個很好的機會加強我的英語會話能力，也增進我生理學的知識。我在哥大除了唸生理學的課程外，也選修了一些工程學的課程，例如我在紐約市立大學選了一門「電子線路分析」的工學院課程。這反映出我對數學的濃厚興趣，也幫助我以後成為一個生物工程學者。

我的博士論文題目是「交感神經系統在失血時扮演的角色」[15]。這個題目顯示我對循環系統和神經生理學都有興趣，所以把這兩個領域結合在一起。熱愛是任何事情的動力，我們總離不開自己喜愛的事情。

我的博士論文研究，需要把實驗動物的交感神經系統完全用外科手術去除，然後比較它們與正常動物對失血以後循環系統反應的異同。這是一個相當複雜的外科手術，幸好我在台大有外科實習的經驗，而且我很幸運的有哥大生理學和藥理學老師王世濬院士教我。後來我才知道他和父親在天津是小學同學，世界上就有這麼巧合的事！

葛古森是美國生理學大師肯能（Walter B. Cannon）的學生，他三十七歲就當上哥大生理系主任，我到系內做研究生時，他已做了十五年的主任；因爲其他事務頗多，經常不在校內，使我在畢業前就養成了獨立研究的能力，包括研究構想與實驗方法等，必要時則請教系內外教授，如王世濬院士、路特（Walter Root）、瓦科特（William Walcott）等。凡事都有利弊，葛教授不太管我的實驗，反而給了我很多一般研究生沒有的發展機會。

我的研究進行的相當順利，實驗在一九五七年初完成，寫好畢業論文後，匡政還幫我打字，我在一九五七年五月通過論文口試。像父親一樣，不到三年就得到博士學位；我在台大醫學院修的幾門生理學必修課程幫助很大，否則會需要更長的時間。

・一九五七年至一九八〇年的研究方向

我讀完博士學位後留在哥大生理系擔任講師，一九五八年升爲助理教授（圖二十九）。我的博士研究論文結果顯示，當交感神經系統被完全去除的時候，還有其他的因素對失血有代償作用，包括內分泌、化學和物理等因素。當葛古森教授在一九五九年去歐洲參加一個會議時，他聽了哥德堡大學外科教授蓋林（Lars Gelin）的演講，提到血液的流變性能對循環系統在休克時的反應有很重要的影響，給他極深刻的印象，回到哥大後就開始以血液流變學做爲新的研究方向。我們在一九六〇年代初開始，進入已往沒有經驗的新領域〔16〕。葛古森教授、宇佐美駿一、德倫貝克（Bob Dellenback）和我開始測定血液黏度對健康及疾病的影響（圖三十）。

一九六七年，我們有一個極大的突破，就是在有名的《科學》期刊上同時發表三篇文章，闡明紅血球變型性和聚合性對血液黏度的影響〔17、18、19〕。這三篇文章建立了血液黏度的基本決定因素，使我們這些新手變成該研究領域的主流，並且奠定了我和史開拉克（Richard Skalak，我稱他爲迪克）合作三十年的基礎。迪克是哥大土木與機械工程系教授，在一九六七年至一九六八年休假去瑞典哥德堡大學，與伯蘭馬克教授（Per-Ingvar Brånemark）合作研究血球在人體微血管中變形的機理。

圖二十九　哥大教授合影。前排左起Martin Blank、宇佐美駿一、Elizabeth Gertz、Walter Root、Magnus Gregersen、William Nastuk、Louis Cizek、William Walcott、煦，一九六〇年。

圖三十　研究討論。左起：葛古森、煦和宇佐美駿一，在哥倫比亞大學醫學院生理學系研究室，一九六五年。

雖然迪克和我都是哥大教授，但是我們從未見過面。我一九六八年第一次去歐洲，參加在哥德堡舉行的歐洲微循環學會會議，才和他初次見面，眞是有緣千里來相會、無緣對面不相識。這次見面導致我們三十年極可貴的合作，我們訓練了很多傑出的青年學者，共同發表了六十篇論文，並且合編了一本生物工程學手冊[20]。從與迪克合作和自修閱讀，我學到很多生物流變學和工程理論模擬的知識，這使我可以把數學方面的興趣實際應用於生命科學。

我們兩家都搬到拉荷亞之後，我才發現迪克和他太太安娜於一九五三年在紐約市麥迪遜長老會教堂結婚，我和匡政是一九五七年在同一個教堂結婚，世界上眞有那麼巧合的事！我很感恩可以與迪克這麼好的一位摯友，共事三十年（圖三十一）。我也很高興在他逝世前四年的一九九三年時，爲他舉辦了七十歲的慶生會。

一九六九年葛古森去世後，我創設了自己的實驗團隊（圖三十二），從事多領域的循環生理研究，包含生物、醫學和工程。因爲我的研究室同仁大部分是先受生物醫學科學的訓練，對工程學一般不熟悉，所以在一九七〇年代後葉到一九八〇年代初期，在研究室內辦了一系列的生物黏彈學討論會，由迪克和他的學生（特別是Aydin Tözeren）、詹恭明和我，輪流對這個題目講解，大家一起參加討論，使我們有一個極有效益的生物流變學和生物力學的再教育課程。

圖三十一　Dick Skalak 和煦，攝於紐約餐館，一九七八年。

圖三十二　哥大實驗室同仁合影，一九七八年。

在一九七〇至一九八〇年代，我們從血液流變學開始，發展了四個新的研究方向。首先，我們的研究從把血液當作一個懸液體開始[21]，進入到細胞階層。我們從血液中分離出紅血球和白血球，用實驗方法來測定單個血球細胞的流變反應，迪克和他的學生用理論模擬，導出它們的變形性能[22]；宋國立建立用微吸管方法來測定紅血球的變形性[23]；葛特（Geert Schmid-Schönbein）和董承後來用這方法來研究白血球的流變學[24]。

第二個方向是研究紅血球聚合的機理。迪克、恭明和我用實驗測量及理論分析並進的方式，研究紅血球聚合時的能量平衡[25、26]。證實聚集的整體能量是由結合能量（由於大分子駕橋）與分散能量（由於靜電排斥和流體剪應力）的幾何總結而定。這個整體聚集能量儲存在細胞膜內，成為一個應力能量，可使細胞變形[27]。

我把這兩個新的研究領域和夏克特（David Schachter）紅血球膜脂肪的研究及伯特斯（Jack Bertles）鐮狀紅血球的研究結合在一起，再加上迪克的理論模擬，以我為主持人組成一個集體的研究計畫（Program Project Grant, PPG），以「紅血球流變學和細胞膜力學」為題向美國國家衛生研究院（NIH）申請研究基金。這個研究計畫包含五個有共同主題的子計畫，還有幾項核心設施，包括微結構、電腦、儀器和行政。我們精心準備，包括研究計畫的繕寫和多次集合討論，為美國國家衛生研究院審核專家來現場審查做預習準備。審核結果非常圓滿，我們一次就成功，得到美國國家衛生研究院批准一九七四年至一九七九年的五年經費，每年美金一百萬元。給我們的研究奠定了一個很重要的基礎。

這計畫每五年的延續審核都順利通過，一直延伸到一九八八年我和迪克去加州為止。一九七五年，我又順利得到美國國家衛生研究院的心臟血管生理和生物物理的研究生和博士後訓練計畫基金，這訓練計畫有很多哥大其他學系和研究中心教授的參與。這兩個研究和訓練的群體計畫不但對我的實驗室是很重要的支持，也促進很多同仁做科際間的心血管研究和訓練。哥大多位同仁都用這兩個計畫的申請書做為他們申請群體研究和訓練計畫的藍圖，使我感到很高興和榮幸。

第三個新方向是微循環。宇佐美和我認為要了解血球變形與聚合對整個人體血液流動的影響，我們必須直接探測體內血液流動的情況。一九七二年，宇佐美到加大聖校用三個月的時間跟茨韋法克教授（Ben Zweifach）學習微循環研究。

一九七六年，我們很高興從加大聖校請到兩位剛讀完博士學位的年輕學者利波斯基（Herb Lipowsky，茨韋法克的學生）和葛特（馮元楨教授的學生）。茨韋法克和馮元楨兩位傑出學者，是加大聖校生物工程學科的創始人。茨韋法克的研究重點是生物學，他被公認為微循環學之父。元楨最初是研究航太工程，後來專攻生物工程，被公認爲生物力學工程之父。加大聖校是世界上微循環研究的中心。利波斯基和葛特兩人在一九七六年來到哥大，使我們的微循環研究很快的起步，發表了好幾篇關於血球對微循環動力學影響的重要研究論文[28、29]。由於他們兩人的加入，我們從美國國家衛生研究院又得到研究計畫補助基金，並且把微循環學加爲群體計畫的一個新方向。

第四個新的研究方向是血管壁內皮細胞大分子運送與動脈硬化的影響。這個研究計畫，是由我和紐約市立大學的兩位教授薛雷・魏鮑姆（Shelly Weinbaum）和費佛（Bob Pfeffer）合作開始。他們在倫敦帝國大學卡羅（Colin Caro）教授實驗室休假做內皮細胞研究，回來後就找我合作，共同研究內皮細胞和動脈硬化[30至33]。我們向美國國家衛生研究院申請了一個研究計畫，題目是「內皮細胞對動脈硬化產生的影響」。我們邀請諾貝爾獎得主帕拉蒂（George Palade）做爲顧問。這計畫在一九七六年第一次申請時就通過，其後更得到三十年持續不斷的支持，奠定內皮細胞訊息傳遞研究的重要基礎。當我們進入內皮細胞生物學和血液流動力學關係的新領域時，我用卡羅教授所寫的《動脈血流》（*Blood Flow in Arteries*）一書，在實驗室組織一個新的讀書會，給同仁在這個重要生物工程領域充分的知識。

・一九八〇年代的研究方向：整合性生理學

當我們開始細胞和微循環方向的研究時，我就覺得必須把不同階層的生物領域組合起來，這包括用工程學的網路控制理論來了解生理系統是如何調控它的功能。我在哥大電機系跟伯恩斯坦（Robert Bernstein）學了「控制理論」一門課，這再度反映我對用量化方法來從事生理研究的興趣。

不久之後，我用從這門電機系課程上所學到的知識，在生理學系開了一門研究生課程：「用控制理論來了解生理學系統功能」。這是生理系唯一的量化課程，研究生和博士後研究員對這門課都非常感興趣，不論是研究神經、內分泌、循環、腎臟、或呼吸系統的生理研究人員，都來參加這門有共同興趣的前沿科目。

在一九七〇年代後葉及一九八〇年代初期，當我看到把生理知識綜合到系統階層之重要性的同時，我也覺得分子生物學的迅速發展，可以爲深入研究探討生理學的一項極重要的工具。當時的生理學和生物工程學界並未感受到分子生物學的重要性。爲了要學分子生物學，我開始旁聽一些課程，也讀這方面的教科書。

在一九八〇年中期，我在實驗室內開始一個分子與細胞生物學的讀書會，讀阿爾伯茲（Bruce Alberts）編的《細胞分子生物學》，這是又一次開始新的再教育；我們同時也開始這方面的研究。那時曾藍萍剛在哥大基因與發育系卡巴特教授（Elvin Kabat）指導下，獲得分子生物學的博士學位，回到我實驗室來。她對我們的分子生物研究有極大幫助。

她研究紅血球膜蛋白質的分子結構與細胞力學的關係，開展一個新的方向〔34、35〕。我一方面開拓自己實驗室的分子生物學研究，同時也經由美國生理學會，把這個新領域引進到其他生理學研究室，使整個生理學領域能有更大的擴展。

當我在推動用分子生物方法解決生理學問題時，我就提倡用分子和細胞知識來了解組織、器官、系統和全身的功能，推動用整合性方法來從事研究。我們把研究對象縮小到分子和基因階層的目的，是要把這些結果綜合爲整體。我們要用實驗和理論來整合知識，把生物醫學和工程科學連結在一起。我爲這個整合觀念所畫的圖表（圖三十三），被美國生理學會用來做爲會刊和網路標誌。加大聖校生物工程系的系冊也用它做爲封面。

我認爲工程學的量化研究方式不僅可用在身體系統和器官，也可以用在其他生命層次。量化方法（例如生物訊息學）可以用來了解分子間及基因間的相互作用和動態，以期協調它們之間的控制與整合，達成最有效的系統功能。這是「系統生物學」的要訣，是現在生物工程和生理學研究的前沿。

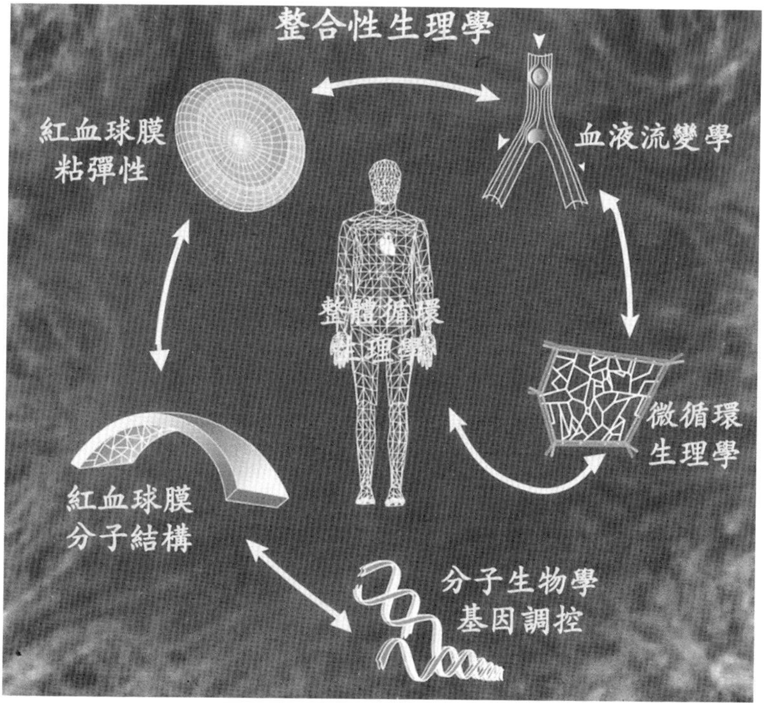

圖三十三　整合性生理學示意圖。

雖然我們的研究大部分是基礎研究，但同時也會把這些研究轉移到臨床，以期對疾病診治有所幫助。我的醫學教育在這方面很有用，我們用血液流變學的專長來探討很多種疾病，例如和血液病專家合作，研究鐮狀貧血病〔36至38〕；和心臟學家共同研究血液流變學在心肌梗塞〔39〕、高血壓〔40、41〕和頸動脈阻塞〔42〕等疾病時的病理影響和臨床意義。

此外我們也對癌症〔43〕、一般外科手術〔44、45〕、腦神經手術〔46至48〕、小兒及新生兒科〔49、50〕、痲醉科〔51、52〕、肌肉衰退〔53〕、牙科病〔54〕和瘧疾〔55、56〕等疾病時的血液流變學做有系統的研究。

我能進入這些新的研究方向，主要是因爲我有生物醫學和工程學的傑出同事。我和迪克有一組頂尖的年輕工程力學科學家[3]。我也和紐約市立大學（CCNY）[4]以及透過紐約市立大學而合作的傑出同事一起研究[5]。我在哥大的實驗室有一群優異的博士後研究員，包括生物科學學家、分子生物學家、電子顯微學家及生理學家[6]，以及臨床研究學者[7]。我們也有很多卓越的訪問學者[8]。我們研究團隊中另一個重要的成員就是研究生；下一節將提到，我也很幸運有極佳的技術和行政工作人員。

教育與訓練

在哥倫比亞大學我有非常優秀的博士班學生[9]，我也是好幾位博士班學生的共同指導教授[10]。他們對於研究進展有重要貢獻，也提供很多創新的理念和靈感。前面提到，我們在一九七五年得到美國國家衛生研究院心臟血管生理和生物物理訓練計畫基

3 Anthony Benis、Steve Gallik、Tom Impelluso、Herb Lipowsky、Geert Schmid-Schönbein、George Schuessler、Tim Secomb、Lou Soslowsky、Aydin Tözeren、Hüsnü Tözeren、Richard Zarda、溫功碧、馮思慎、朱承和董澄。

4 Peter Ganatos、Dan Lemons、Bob Pfeffer、David Rumschitzki和Shelly Weinbaum.

5 Colin Caro 和 Larry Crawshaw.

6 Ann Baldwin、John Firrell、Steve Gallik、Dean Handley、Steve House、Lee Laufer、Mary Lee、Bob Schmukler.

7 Stuart Danoff、Anne Kaperonis、Lee Letcher、Tom Starc、Emily Schmalzer、Peter Scholz、George Tietjen、Bill Young、陳源金、詹恭明和樊豐忠。

8 Ann Chabanel、Vojislav Magazinovic、Branko Peric、Walter Reinhart、王雄和張鎮。

9 詹恭明、曾藍萍、林幸榮、Ron Carlin、Shlomoh Simchon、Syngcuk Kim、Ann Thurn、Margaret Vayo.

10 Peter Butler、Richard Zarda、Aydin Tözeren、朱承、袁凡、馮思慎、黃亞奇和董澄。

金，這訓練計畫對研究生和博士後教育訓練有極大助益。

我在哥大那些年，一方面在學習和發展我的研究，同時也獻身於教育。當我開始準備講課時，我會先把要講的每一個字都寫下來，做很多次練習，包括如何運用黑板上的部位和寫黑板的順序。當我用幻燈片來講課或做研究報告時，我會先安排如何用最適宜的順序來講解幻燈片的內容，計算講解每張幻燈片所需的時間，這些有計畫的準備對我講課和演講非常有幫助。

後來我有了一個錄音機，就把我的練習錄下來，然後再聽，這樣重覆錄聽大約五次，增進講解清晰度，包括層次、用字、音量、速度等等。這也使我知道每一個子題所需要的時間。我把最後一段的內容留些彈性，因此我總是可以在準確的時間內結束我的講課。

經過那麼多年的盡心準備，我學會了從看一張幻燈片的內容來判斷大致所需的時間，現在我講課或演講就不必花那麼多的時間準備了。好多位醫學院的學生在臨床實習時告訴我，他們兩年前所學的循環生理學對心臟病科實習非常有用，我聽了感覺非常欣慰。

我極爲珍惜哥大醫學院學生給我的四次最佳教師獎，和牙科學生給我的首屆教授金牙獎。一九八一年我在生理學最後一堂課講完時，聽課的一百多位醫學院學生全部起立歡呼，把大批玫瑰花丟到講台前面。這個極動人的場面，我會永記不忘。

我也很榮幸被母校哥大頒贈獎譽。一九九六年我得到哥倫比亞大學傑出校友研究Joseph Mather Smith獎。二〇一二年五月十六日，承母校頒授榮譽博士學位。在那天和前後幾天，很多以前的學生都向我道賀，感謝我二、三十年前給他們的教育，這是爲師一生最大的欣慰和喜悅。

二〇一二年諾貝爾獎得主萊夫科維茨（Robert Lefkowitz，哥大醫學院一九六六年畢業）告訴我說，他至今還記得四十多年前我對學生做的現場示範，講解交感神經去除後所引起細胞受體對腎上腺素過度敏感的現象。他一生研究的主題，就是腎上腺素受體的分子結構和功能。

第七章　紐約生活散記

我們結婚後住在離學校很近的一個公寓。那時治安極好，我們雖然住在一樓，但出門都不鎖窗戶。有一次忘記帶鑰匙，就從外面打開窗戶進了房間，眞的是「夜不閉戶」。但好景不常，幾年以後治安愈來愈壞。每家窗外（包括樓上各層，因爲有火梯可到窗口）都裝了鐵欄杆。後來我們搬到紐澤西就安全得多。在最近一、二十年，我很高興紐約市在各方面有很多進步，包括市容及安全等；我在紐約讀書工作三十多年，對它是很有情感的。

實驗室同仁的活動

我實驗室同事之間的感情非常融洽。我在哥大研究室有一個會議室，除了經常舉辦學術演講及研究室定期討論等學術活動之外，也在那裡舉行各種交誼聚會，例如慶生會等。匡政和我每年至少一次請實驗室全體同仁和他們的家屬來我們家歡聚餐敘。隨著實驗室增長，我們正好搬到一個比較大的房子，所以一直能有適當的地方招待近六十位的來賓。匡政非常好客，她烹飪技術極佳，美儀、美恩也很能幫忙，以此爲樂。每次都是賓主盡歡，餘樂至今繞梁。

實驗室每年都有一次野餐聚會，我們最常去的地方，是紐約市北面開車約半小時的哥大地球研究所拉蒙特（Lamont）天文台。那裡有很好的野餐設備，包括烤爐與桌椅等，還有寬廣的園地可以踢足球，打排球、棒球、羽毛球等，非常適合家庭歡聚。那時才開始學習奔跑的小朋友現在都已成家立業，回想那些寶貴的時刻，眞是人生一大樂趣。

我初到紐約時還常在哥大及國際學舍打桌球，第一年在這兩處的桌球比賽都得到冠軍。但第二年之後由於研究需要很多時間，就很少打桌球了。讀完學位後覺得需要運動，就開始打網球，常和哥大同事宇佐美、樊豐忠、王勝濤及其他幾位朋友一起打，極爲愉快。我們都住在紐澤西北部的伯根郡（Bergen County），天氣好時在室外打，另外每週日都固定在室內打，風雨無阻；每年舉辦兩、三次網球派對，不但打球，也飲食歡談、家庭共聚，連不打球的人都非常快樂。

與親友聚會

匡政和我在紐約時，表妹初熙與華年夫婦、表姊瑞東與子陵夫婦、表弟張彭夫婦、匡冀、茵芝、陳華琴、曾立人、林本芝、徐裕芬等很多親友亦在大紐約區，我們在週末時常歡聚。逢年過節更是熱鬧，小孩也都玩得非常高興。有時其他親友也會來參加，有很多美好的回憶。

我們住在紐約時有很多親友來訪，那時我們是一群從台灣去的人中唯一有家的，所以大家常常來我們家聚會。有幾位就是在我們家初次認識，以後永結同心的，例如工學院的高祖燾（匡冀的同學）和醫學院的余德潤，現已結婚五十多年。台大醫學院的老師來到紐約，我們總會請他們到家裡來做客。我們結婚後不久，有一次幾位老師到我們家來吃飯，我幫匡政做一個雞湯，把買來的雞洗好以後，加了蔥薑、料酒和鹽，就放在湯鍋煮裡煮，味道很鮮。吃到一半當我切開雞胸時，忽然發現有一包透明紙包的雞肝、雞肫在內。我立即把鍋子從桌上拿到廚房把這紙包拿掉，再把湯鍋放回桌上。大家繼續高興地吃，大概是視而不見，君子之風。

一九五六年，我的乾爹胡濈（字季和）從台灣來紐約考察，我們因此有機會歡聚。乾爹家與我母親家很熟，當他在燕京大學讀書時（我只有一歲）認我為乾兒子。一九三四年父親由美國返回北京後，父母親就租了乾爹父親的房子住，大舅一家也住在一起。乾爹是學法律的，專長是有關銀行業務的法律，曾與大舅合寫《國際貿易與外匯》一書。退休後來美與長女胡美、次子祖同、媳孫台雲、幼女胡嫦、婿黃人壽同住在洛杉磯。他們還有長子祖安、媳曹香育，和次女胡平、婿朱耀壽。乾爹與乾媽都喜歡平劇。目前乾爹已過世，乾媽仍很健旺，二〇一五年十月十日在洛杉磯慶賀百齡大壽，匡政和我都參加了盛典，還帶去馬英九總統寫的「期頤眉壽」賀軸。乾媽還唱了三段京劇，音色美妙，精神矍鑠。大家欣賞讚揚，歡樂無比。

一九七一年，哥大物理系的劉源俊和商學系的符寶玲兩位同學情投意和，在哥大的伯爵廳（Earl Hall）舉行了一場中式婚禮。經詹恭明介紹，請我去證婚，我欣然答應。婚禮在七月三日舉行，有很多同學參加，包括後來我們在聖地牙哥的鄰居劉華祥、金蓉蓉夫婦。那天正巧父親來紐約開會，所以他也被源俊和寶玲邀請去參加；事前我們都不知道會有這樣的巧合，不然他們一定會請父親證婚。以前我看過好幾次我父親做證婚人，但這是我第一次證婚。我在致證婚辭的時候，引用了好幾句父親證婚時說的話，例如：「我們結婚前同意以後小事由匡政決定，大事則都由我來決定；結婚二十多年來，還從來沒有遇到過任何大事。」父親坐在下面微笑認可。我說完後，父親也應邀做來賓致詞，典禮美滿完成。

仁社（Phi Lambda）是九位中國留美同學於一九一九年，在哥倫比亞大學建立，其宗旨爲「努力福國利民，增進同仁友愛」，英文名字是「Phi Lambda」，這是兩個希臘字母——Phi（ϕ）、Lambda（λ）——的組合，形似「中人」，簡稱「PL」。仁社主址現在在台灣，美國分社的英文簡稱則是「PLUS」。我在一九七三年加入美國分社的 Twin States 分社，包括紐約市和紐澤西州。會員中有趙曾珏、許邦友、鄭鴻、俞益元、喻德基、樂家裕、朱永昌、黃宏仁、朱賢裕、張矩懷、樊培等。我們每兩個月輪流在各家開會，和各位仁長仁嫂及家庭歡聚，討論促進華人福利。我搬到聖地牙哥後，在那裡組織了新的仁社分會。

受長輩的薰陶

我在哥大讀博士的時候常去胡婆婆家，和胡適校長（胡公公）常有機會見面（圖三十四）。我和匡政結婚後生美儀之前，在他們紐約市東八十一街家裡住了一年。胡公公是中國近代最傑出的哲學家和教育家，學問淵廣，博古通今。他非常平易近人，喜歡提攜後進，我從他那裡學到許多為人處事的原則。他教我很多研究的奧祕，例如選擇題目、尋找資料、綜結知識、創新構思以及如何善用時間、追求卓越、流暢寫作和積極完成等。

在和他的談話中，我領悟到他很多名言的眞諦。例如「為學當如金字塔，要能廣大要能高」和「要怎麼收穫，先那麼栽」等。胡公公不但教我如何做學問，也教我如何為人處事，特別是如何與美國及其他國家的人交往。我們固然要保持發揚中華文

圖三十四　與胡適先生暨夫人（中坐）及親友在紐約胡府歡聚，一九五七年。

化，但同時也要盡力增強英語說寫表達的能力，要吸收學習西方習俗理念，要能互相了解、增進友誼、共求世界大同。這些教導對我後來能在各項學會組織參與主流社會極有幫助。

胡婆婆雖然不會說英文，但她知事明理，在紐約過得很好。她常去朋友家打牌，每次帶一張紙出門，上面寫著朋友家的地址，可以用來叫計程車；另外也帶一張回家的紙。雖然朋友大多會接送，但她有備無患。

事實上胡婆婆也知道紐約的公共汽車路線。有一次她教我如何搭公車去一個地方，不坐公車的胡公公聽了很著急，怕這路線不對，輕輕用英文跟我說不要聽她的。我出門後照胡婆婆指點的方向去搭公車，居然順利到達。

胡婆婆對小輩非常關照，每次都給我們做很多好吃的菜，吃不完就分給大家帶回去。有一次她給我和匡政帶一鍋蘿蔔湯，裝在一個袋子裡帶回去。我們坐在公車最後一排，把這個袋子放在腳前。沒想到一個緊急剎車，那個鍋子就從袋子裡翻出來，沿著中間走道一直滾向司機位置。我們急忙起來盡量把蘿蔔撿起，用所有的紙巾手帕拚命擦地，但味道就沒有辦法了。當我們大致清理到車前端時，正好到站。我們臉紅耳赤，含糊地說了些道歉的話就匆匆下車了。這件事我們始終不敢告訴胡婆婆。

我真是非常幸運，能夠從三位我最敬佩的長輩（父親、傅校長和胡公公）受到直接教誨，這對我一生的思想行爲有極大影響。此外，我也很有幸能受到很多位其他長者大師的教導，例如袁家騮和吳健雄院士夫婦（圖三十五），他們是華人科學家中的神仙眷侶。袁先生在紐約長島布魯克黑文國立實驗室（Brookhaven National Lab）工作，而吳院士是哥大物理系教授，我和她見面的機會較多。她在核子物理有世界頂級的成就，被稱爲「中國居里夫人」。她的實驗室做核子物理最尖端的研究，規模極大。她親自對每一位研究人員給予個別的指導，幾乎晝夜不分。她潛心研究、熱誠教導的風格，給我很大的影響。

在實驗室之外，她則像平常人一樣，做家事，和朋友學生聊天，沒有任何架子，令人覺得如沐春風。除了以身作則，給我很多榜樣之外，吳院士也給我很多直接鼓勵。每次我得到一些對她來說應該是微不足道的獎譽時，她都會親筆寫賀函給我，這對我來說比獎譽本身更有意義，更有價值。她對匡政也極爲愛護，一九八七年她在義大利帕多瓦（Padua）大學榮獲 Elena Lucrezia Cornaro Piscopia 獎章，紀念全義大利第一位女性獲得博士學位三百週年，那是一個極高的榮譽。因爲匡政是一位醫師，吳院士回到紐約後便把那可貴的獎章贈送給她，讚揚鼓勵匡政熱忱的醫學服務，使我們萬分感動。

我在紐約以及台灣有幸跟很多父執長輩學習做人做事，包括梅貽琦校長、葉公

圖三十五　前坐—左起：詹敬德、匡政、詹敬賢、吳健雄、詹麥鳳寧。後立—左起：煦、袁家騮、詹恭明，攝於紐約，一九八四年。

超大使，和後文提到的吳大猷院長（圖三十六）和李國鼎先生及大舅父張茲闓；他們給我很多啓發和指示。我在小學讀書時，曾經寫過一篇題目爲「我最敬佩的人」的作文，我選擇了王雲五先生。他從小沒有進學校，可是努力自修讀書求學，寫了很多好文章，並且發明了「四角號碼」。後來我就讀台灣大學醫學院，他的幼子王學善是我最熟的同班同學，還是乒乓球雙打的夥伴，因此常常有機會和王雲五先生見面（圖三十七），才知道他每天清晨不到四點鐘就起床，到我們起床的時候，他已經寫了好幾千字。成功不是偶然的，這對我有很大的啓發。

前面說過，王世濬院士是父親的小學同學，又是我在哥大的老師，教給我很多生理學的學理知識和研究技術。王院士在神經生理學和藥理學領域是國際領先的學者（圖三十八），造就很多傑出的神經科學家，蔡作雍院士是他的博士學生，方懷時院士、彭明聰院士都在他研究室從事過合作研究。王夫人郭煥煒爲人處事謙和溫厚，是紐約康乃爾大學醫學院護理教授，中華醫藥促進基金會（ABMAC）以她爲名建立了一個基金，資助台灣護理人員赴美參加進階訓練或修習學位。他們的大女兒菲麗（Phyllis Wise）繼承父業，是一位傑出神經科學家，曾任伊利諾大學香檳分校校長。王夫人建立了林王獎學金，紀念王院士和他的老師林可勝院士，這獎學金的目的是獎勵台灣傑出的神經、生理及藥理青年科學家出國深造。二〇一五年四月，菲麗和我應

圖三十六　與吳大猷院長合影，台北，一九八八年。

圖三十七　坐一左起：煦、王雲五、匡政；立一左起：王學善、李紹林、吳百平、陳華琴、朱繼謙、李紹祖。攝於紐約家中，一九五七年耶誕節。

圖三十八　王世濬院士獲美洲中華醫學會科學成就獎。前排左起：陳華琴、匡政、煦、湯啓光、王世濬、王夫人，一九七六年。

李小媛之邀，在台北參加林王學術基金會首屆研討會。

考醫師執照

前面說過，人總是離不開自己喜愛的事情。我在大學學醫，畢業以後進入生理學領域，有的時候我會想，是不是應該同時做些臨床醫師的工作？因此我曾經準備考醫師執照。因爲我的醫學教育是在美國國外受的，所以須先考外國醫學畢業生教育委員會的ECFMG考試。

我在一九七五年報考，那時我離醫學院畢業已經超過二十年，基礎科學比較沒有問題，我所需要準備的是臨床科目。我把各科臨床醫學看了一遍，覺得這些年的基礎研究教學，對臨床醫學有了進一步認識與了解，而且這次考試是自己想去考的，完全沒有壓力。我在考試時覺得前所未有的樂趣和享受，才發覺考試是會使我們知道學到了多少，成績是我們知識的探測；如果在考試時能夠放鬆及仔細思考，就會達到最好的成績；過度緊張地想要考到高於自己能力以上的結果，只會有反作用。這和我打高爾夫球或其他運動時的心態是相似的。

後來放榜，很高興順利通過，但是當我進入下一步去考紐約州醫師執照時，紐約州說我需要在美國做兩年實習醫師和住院醫師。但那時我在美國衛生研究院已經得到兩項研究基金，實驗室裡有包括技師和學生等六人跟我一起研究，所以我不可能離開兩年，因此就沒有繼續。

這顯示出在人生道路上有時要能依照情況順變，在客觀條件下達到最佳目的。後來研究和臨床兩方面的時間要求愈來愈高，如果我當初選擇兩者並進，可能成果不會太好。人生有些事情是利是弊，是福是禍很難判定。我們只能在當時的環境條件之內做最好的選擇，盡力去做。

為感恩而克服害羞

我年輕的時候比較害羞，到將近三十歲還是不喜歡在公衆場合講話。有一次在一位教授退休的歡送會上，幾乎每個人都對他的貢獻和幫助說了他們感激的話。這位教授對我很好，我應該站起來表揚他、感謝他，可是我始終沉默無語。那天晚上我感到非常難過，這是我一生中很少有的「後悔」：我沒有在那個場合把我該說的話說出來。我那時若講得不好沒有關係，但我應該表達我的感情。所以從那次起，不管是什麼場合，我該講的時候一定講。

我從講課所得到的信心，使我漸漸感覺到不但是在教室，在其他場合也一樣可以講。現在我在任何社交場合，沒有準備也可以隨時站起來講話，這在早年是不可能的。這顯示只要有決心和努力，我們可以克服許多困難。我在哥大學了很多，獲得信心是其中很重要的一項。我非常感激哥大和朋友同事們對我事業和人生成長的賜予。當我離開哥大去聖地牙哥之前，生理系同事替我辦了一個惜別會，那時我感性地說：「一旦是紐約人，永遠是紐約人；一旦是哥大人，永遠是哥大人。」

第八章　加州大學聖地牙哥分校時光

西遷至加大聖校

一九八〇年代中葉，加大聖校生物工程組的茨韋法克和馮元楨兩位教授即將退休，要請一位資深教授接替他們。一九八五年他們打電話給我，請我到加大聖校擔任生物工程教授。對此我有些驚訝，因爲我是一個生理學家，而不是生物工程學者。他們說我做的研究正是生物工程的前沿，非常希望我能去。那時我在哥大有一個很大的研究室，正在積極進步發展，還有其他很多工作承諾，不易離開；親友也大都在紐約，匡政也不想離開。

另一個很重要的因素是，匡政在紐約做小兒科醫師多年，一切順利，而加州不承認紐約和紐澤西的醫師執照，她需要重新考醫師執照。由此種種，我不準備離開紐約去加州。可是加大聖校從一九八五年起，不停地邀請我們去探訪，匡政和我去了幾次以後，覺得也許我們應該試試看。

一九八七年到一九八八年我在台灣，所以不能搬遷。一九八八年初，有一天我在清晨五點鐘接到茨韋法克的電話，問我是否決定去加大聖校。我在半睡眠狀態下說：「是的！我會來。」我很高興雖然當時是半睡半醒，卻能做出正確的決定。當時還有一個重要因素讓我不願意離開哥大，那就是會失去長久合作的同事，特別是迪克；元楨和茨韋法克因此決定同時延聘他。我很高興也覺得驚奇，迪克一輩子都在紐約成長、居住、工作，居然決定要去加州。我們在哥大的團隊，包括我們兩人、宋國立、曾藍萍夫婦、董澄、朱承、諾維奇（Jerry Norwich）和宇佐美（兩年後），都西遷到加大聖校。

我在一九八八年六月從台灣回到哥大，同年九月離開哥大去加大聖校。因爲我在哥大工作了三十多年，而且我在台灣休假的一年半期間還是會回校教課，因此哥大很寬宏地讓我能「終結休假」（休假結束就離開），一般來說這是不可能的。此外，哥大更給我兩年留職停薪，讓我去試試看是否喜歡聖地牙哥。

我們到聖地牙哥一個月後，就在拉荷亞買了一棟房子，眞正體驗在那裡的生活。匡政和我非常喜歡拉荷亞和加大聖校，幾個月後就決定留下來。我們在聖地牙哥受到熱誠歡迎。除了加大聖校生物工程的同事，我們也遇到其他幾位早期的朋友，包括我在台大醫學院時的同班同學金志昭和她的先生徐建思，匡政高中和大學時期的同學華世泌和她的先生王國璋，我們醫學院的同學吳浦初和她的先生胡德強，弟媳施家暄（匡冀妻）的妹妹施家暉，顧慰華、蕭良傑夫婦，游正博、陳鈴津夫婦等。此外，還有我在哥大的前輩同事，當時任加大聖校內科主任的海倫·蘭妮（Helen Ranney），她對我和匡政盡心照顧，對我更是多方提攜，我非常感恩。

在聖地牙哥過了四分之一個世紀之後，我們的西遷顯然是一生中一個極大的轉捩點。加大聖校的生物工程由於有傑出教授、優異學生和極佳工作人員的共同努力，加上校方強力支持，達到世界領先地位，令人滿意和興奮。

發展加大聖校的生物醫學工程

‧生物醫學工程研究所

加大聖校的生物工程科目在一九六六年建立，是航太（後來改為應用）力學和工程科學系（AMES）的六個科目之一。雖然該系支持生物工程的發展，但因為這只是六個科目裡的一個，我們要等很久才能得到資源（例如教授延聘名額），而且對外界來說很難達到知名度，所以我覺得這種方式很不理想，認為應該成立一個生物工程系。但那時生物工程科目多數同仁認為現有情形很舒適，不必更改，只有迪克和我意見一致。經過一年多努力，我和迪克終於讓同事看到成立一個系的重要性。最後，生物工程科目的每一位同仁都同意要成立一個學系。我很高興當初持保留態度的同事，都變成很強的支持者。

要成立一個系很不容易，所以我們先設法成立一個生物醫學工程研究所（Institute of Biomedical Engineering, IBME），這是加州大學系統內有組織的跨院系研究單位

（Organized Research Unit, ORU）。跨院系研究單位不能聘任教授，也不註冊學生，它主要的功能是發展科際間研究。我邀請了三十多位醫學院、工學院、生物系和海洋學院的教授，集會討論如何綜合我們的研究。

經過詳盡討論後，我們決定用「組織工程科學」（Tissue Engineering Science）爲題來聚合工作，用生物工程方法來研究各種組織的結構和功能。組織工程科學是馮元楨首創的題目，他曾經用這個爲主題，向美國國家科學基金會（NSF）申請建立一個工程研究中心，但未能成功。我於一九九〇年申請在加大聖校建立「生物醫學工程研究所」（IBME）成爲一個ORU，加州大學總校在一九九一年批准這個所的成立。

我在生物醫學工程研究所做的第一件事，就是用我在生醫所印製簡介的經驗，把參與同仁的傑出研究，包括生動的研究圖片，做成一本簡介。在這本簡介裡我加了一個新的特色，就是把近一百位研究同仁的研究題目做成一個索引，得以找到在任何一個領域研究的同仁和他們的研究重點，這也有助於和校外單位及工業界聯繫。我將這本簡介分送給全國的生物工程單位，得到很多好評。在一九九三年至一九九四年的全美教研評鑑中，加大聖校生物工程首次進入到全國前五名。我想這本簡介對加大聖校生物工程之所以能突然受到全國重視，很可能是其中一個原因。

•惠特克基金會發展獎

一九九一年初惠特克基金會（Whitaker Foundation）發布消息，開放接受申請六年五百萬美元的生物工程發展基金（Development Award）。那時我們正好集合了生物工程研究同仁成立了生物醫學工程研究所，建立了組織工程科學的主題，眞是適時適地。我們共同努力，寫了一份很完整的初步計畫書。

惠特克基金會從六十三份初步計畫申請書中，選了十四件來邀請提出完整計畫申請書，加大聖校是其中之一。當我們送進初步計畫書時，我覺得時間會很緊湊，所以在接到初審通過的訊息前，就開始繕寫完整計畫書，從同仁和校方收集所有需要的資料。在寫作完整計畫書時，我特別注意各部分的相互配合，以期成爲完整的一體。

惠特克基金會從十四份完整計畫書中，選了五個學校做實地訪察，加大聖校又是其中之一。經過實地訪察後，加大聖校、喬治亞理工學院和猶他大學被選爲獲得惠特克生物工程發展基金的三個學校。

六年五百萬元的基金從一九九四年開始支付，包括給付四位新聘教授前三年的薪資（此後則由加大聖校支付）。我們聘請了鮑森（Bernhard Palsson）、法蘭戈斯（John Frangos）、巴提亞（Sangeeta Bhatia）和曾藍萍四位教授，這是基金會、學校和生物工程系的三贏：基金會用三年的四人薪資，使學校承諾四個長遠的生物工程名額；學校增添了四個教授名額，也不必支付前三年薪資；生物工程系從基金會和校方得到四個新的長遠名額，加強了教授陣容，此外並成立了精密儀器核心設施，因此使教育、訓練和研究有大幅發展，對我們在一九九四年成立生物工程系並達到全國領先地位，幫助極大。

• 生物工程系

生物工程系的建立，得到了加大聖校校方和工學院院長魯迪（Lea Rudee）的支持。魯迪於一九八二至九四年擔任院長；在其院長任內聘我和迪克從哥大來到加大聖校。成立生物工程系的最大困難，是要得到母系（航太力學和工程科學系）的同意和加州大學學術諮議會的批准。生物工程同仁和母系其他教授有很好的關係，但是因爲生物工程是母系內最強的一環，系內一般不希望我們離開，因此我數次在系會上把計畫做詳盡的報告討論，並和系內教授個別談話溝通。我向他們表示，成立這個新系不但對生物工程的教育和研究有益，而且也可使航太力學和工程科學系更有效地集中重點，加強教育和研究功能，增進在外的知名度，對整個工學院也有益。最後系內生物工程之外的教授投票，以絕大多數通過同意成立生物工程系。

工學院決定成立生物工程系，是在魯迪和孔恩（Bob Conn，一九九四年至二〇〇二年工學院院長）兩位院長交接期間。孔恩從加大洛校（UCLA）轉來，他的專長是電漿物理（Plasma Physics），與生物工程沒有多少接觸，但經過我們兩次談話後，他認定這是一個極須發展的方向，給與大力支持。

但建系提議在學術諮議會遭遇困難，主要原因是遇到加州大學預算大幅減縮，那時加大聖校才關閉了兩年前開創的建築學院，並且關了體育系；過去五年內沒有增加任何一個新學系。我向學術諮議會的各委員會報告我們的建系計畫，特別指出因爲有惠特克基金會的資助，我們成系不需要校方增添經費。最終每個委員會一一通過，得到學術諮議會的同意，送給加州大學總校執行。

一九九四年八月二十日，我非常興奮收到加州大學總校校長的通知：加大聖校生物工程系在一九九四年七月一日正式成立，聘我爲第一屆創系主任，我才知道我已經做了五十天的系主任。我們努力了很多年，等了很久才成立的這個新系，來的時候卻是出乎意料的快。

在我推動創系時所說的優點，後來果然都證實了。美國國家研究諮議會每十年一次、最有權威性的評鑑中，加大聖校二〇一〇年在生物工程學排名全美第一，其工學院排名也從一九九〇年代初期的四十名左右，上升到將近前十名。生物工程系的建立，也替一九九八年成立的結構工程系和二〇〇七年成立的奈米工程系開路，使加大聖校的工學院有了六個學系，成爲一個強大的工學院。

生物工程系的業務執行，都是依據系內教授的共同意見，由所有教授積極參與。從建系之初，我們就決定系主任任期和工學院其他學系一樣：每任三年，可以延長兩年，最多共任五年。我任滿三年後，在一九九七年得到同事全體同意，延長到一九九九年。其後高夫（David Gough）被選爲一九九九年至二〇〇二年的繼任主任。二〇〇二年我又被選任系主任，前後共做了八年。我覺得那時系統生物學正是生物工程發展的尖端前沿，就像我在哥大時的分子生物學一樣。我在任內聘請了薩立元、曾藍萍、鮑森、法蘭戈斯、巴提亞、項卡（Shankar Subramaniam）、海勒（Michael Heller）、黑斯帝（Jeff Hasty）、黃曉華、埃德克（Trey Ideker）等人，在加大聖校奠定了系統生物工程學基礎。後來繼任的是麥卡洛克（Andrew McCulloch，二〇〇五至二〇〇八年），項卡（二〇〇八年至二〇一三年），葛特（二〇一三年七月至二〇一八年一月）和張崑（二〇一八年一月迄今）。他們五位都是極佳的主任，發揮了卓越的領導能力。在獲得惠特克基金會領導獎後，我在一九九九年至二〇〇四年間聘請了希發（Gabriel Silva）、華生（John Watson）和黃曉華（圖三十九）[11]。

圖三十九　加大聖校生物工程系同仁。坐一左起：Geert Schmid-Schönbein、Jeff Hasty、Sangeeta Bhatia、煦、Marcos Intaglietta、馮元楨、曾藍萍。立一左起：Gabriel Silva、Gary Huber、Andrew McCulloch、Trey Ideker、黃曉華、John Watson、Wayne Giles、Shankar Subramaniam、Michael Heller、薩立元。二〇〇五年。

•惠特克基金會領導獎及鮑威爾—福赫特生物工程大樓

一九九七年的春天，惠特克基金會發布一個新的領導獎（Leadership Award），目的是要加強生物醫學工程的基層結構，包括建築研究大樓，獎金金額比發展獎更大。在這個消息發布後不久，我們就送了申請書（那是當時唯一送進去的申請書）。因爲我們的申請書太注重硬體建設，沒有足夠的實施計畫，所以需要修改。

我們在一九九八年春天送進去的修正申請書，得到很好的審核回應，基金會定於同年九月二十三及二十四日來實地訪評。我們爲這個訪察做了充分準備和多次預習。我們邀請校長、副校長、醫學院和工學院院長及教授、研究生以及工業界同仁參加。整個團隊表現極佳，是我所見過的實地訪察中最好的一次，大家也有同感。孔恩院長說他從來沒有看過像那天這樣壯大的智慧力量，強烈到爆發火花。那天的訪察眞是不可想像的順利成功，每個報告都達到巔峰。訪察委員非常讚賞，顯然也捲入到這興奮激動的氣氛中。

我們申請的金額是一千三百八十萬美元（一千三百萬元興建大樓及八十萬元聘請教授）。我沒有申請更多經費的原因，是怕數目太大會影響成功率，而且惠特克基金會要求校方付出一比一的對等基金，數目太大，很不容易籌到更多的對等基金。

孔恩院長從鮑威爾—福赫特（Powell-Focht）基金會籌到三百萬美元，後來他們看到我們在各項評鑑中排名之高，決定再加五百萬，自動打電話給孔恩院長說要把他們的贈款加到八百萬。我們向惠特克基金會申請的一千三百八十萬美元，加上各項對等基金，一共是兩千七百六十萬美元。這可以造一座大樓來容納生物工程系裡三分之二的教授，其餘三分之一準備留在原來的EBU1大樓。

一九九八年九月二十四日的實地訪察將近尾聲時，委員們最後和我單獨談話，問我爲什麼要把三分之一的教授留在EBU1大樓，不把全體教授都搬到新大樓？我說我們是想要有一個大樓能容納所有同仁，但怕申請金額太大，所以只申請一個較保守的經費。訪審委員問我需要多少錢，才能建一座足夠整個學系使用的大樓？我說大概需

11 二〇〇七年之後又聘請了張昆、Karen Christman、Shyni Varghese、Adam Engler、Pedro Cabrales Arevalo、Gert Cauwenberghs、Ratnesh Lal、Todd Coleman、Christian Metallo、Mark Mercola、鍾聲、王英曉、Stephanie Fraley、Prashant Mali、Bruce Wheeler、Elliott McVeigh、Ludmil Alexandrov、Francisco Contijoch、Kevin King、Ester Kwon、Daniela Valdez-Jasso、Sandrine Miller-Montgomery、Robin Knight和Lingyan Shi。每位都在他們的生醫工程領域內從事傑出研究，與原有教授組成一個卓越頂尖的團隊，使整個系繼續不斷進步、增強、成長。在此期間，Bhatia、Frangos、Heller、Mercola、Varghese轉去其他學校，現在系中共有三十八位教授。系內不但有傑出的教授和學生，也有極佳的行政和技術人員，為系的發展成長共同努力。

要再多四百萬美元。訪察委員會於是要我送一份擴充經費申請函，編列一座能使整個系遷入大樓所需的預算。

雖然訪察委員鼓勵我們建一座能讓整個系遷入的大樓，但他們也要知道我們搬出EBU1大樓後，空下來的地方要做什麼用。他們的問題是：如果空出來的地方用來做與生物工程無關的事，那惠特克基金會就等於在資助與生物工程不相干的工作。我的回答是：這些空出來的地方會撥給電機系使用，他們已經有好幾位教授在做與生物工程有關的計畫，並且即將聘請幾位做這方面研究的新教授；我們空下來的地方是用來做有助生物醫學工程發展的工作。

我總結時說：我們把整個生物工程系搬到新的大樓，是「把生物工程放在同一個樓頂之下」（Bioengineering under one roof）；空下來的地方讓電機系同仁發展與生物工程有關的研究，是讓「生物工程沒有牆限」（Bioengineering without wall）。訪察委員對這個解釋非常贊同。基金會主席卡托納（Peter Katona）以後在其他場合也引用過這兩句話，使我感覺很榮幸。

我們計算的結果是，如果要建一座能容納全體生物工程教授的大樓，需要多申請四百二十萬，整個申請經費將增加到一千八百萬元；這需要校方再加添四百二十萬元的對等基金。我和校長戴恩斯（Bob Dynes）、發展副校長蘭利（Jim Langley）與孔恩院長多次詳談，使他們同意加添申請。我寫了一封信給惠特克基金會，敘述需要增添申請四百二十萬元的理由，並列舉所需經費預算的項目。一個月後收到基金會的來信，批准增添申請金額到一千八百萬元。

我以前從來沒有遇到過補助經費的機構要求增加申請金額，而且是那麼多。我這封信的內容不到兩頁，卻使我們能夠從惠特克基金會得到增添金額四百二十萬美元（加上校方的對等經費，一共是八百四十萬元）。所以那封信每一頁價値將近三百萬元；如果加上校方的對等經費是每頁五百萬元以上。這是我每一頁申請書所得到的最大金額。我以後再也不會有機會用一封信來得到接近這個數目的經費。

我們對惠特克基金會非常感恩，這不但是從我們的系和學校的觀點來看，而是做爲整個生物工程界的一份子來看。這個基金會是生物醫學工程（或生物工程）在最近二十多年來，在美國有驚人和巨幅發展的主因，它給這領域慷慨大度的支持。雖然惠特克基金會給與加大聖校生物工程大樓大部分的金額，卻慷慨地同意把這座大樓，應鮑威爾基金會的要求，稱爲鮑威爾—福赫特生物工程大樓（Powell-Focht Bioengineering Hall）。加大聖校建議把生物醫學工程研究所命名爲惠特克生物醫學工程研究所，以聊表對惠特克基金會巨大貢獻的感謝。我們很高興惠特克基金會同意這個名稱。

該大樓的計畫和建築，由於生物工程系同仁和建築師的通力合作，進行得很順利。大樓在二〇〇〇年秋天破土，於二〇〇二年十二月完工遷入（圖四十）。所有教授、學生和工作同仁對這個現代化與功能良好的建築，都非常喜歡（圖四十一）。爲了感謝兩位創建生物工程科目的教授，我們在大樓內建了「馮元楨講堂」和「茨韋法克圖書館」，由兩位的友人及學生捐贈（講堂的主要捐贈人是黃俊明）。

成立生物工程系並建了新大樓之後，我們繼續努力，加強教授陣容，吸收優秀學生，籌募款項，建立講座教授。第一個是馮元楨講座（主要捐贈人是Coulter基金會總裁Sue Van女士），其後有加萊提（Galletti）和傑各布斯（Jacobs）講座。我很榮幸被聘爲首屆馮元楨講座教授（圖四十二）。

• 醫學工程研究院

二〇〇七年，加大聖校工學院和醫學院開始計劃建立一個醫學工程研究院。這個跨院系研究單位的目的是結合工程和醫學組成團隊，加速科研的新發現，以期轉移到社會人群，加強衛生照顧。經過加大學術諮議會審核後，校方在二〇〇八年七月建立了醫學工程研究院（Institute of Engineering in Medicine, IEM），結合醫學院、工學院

圖四十　加大聖校鮑威爾—福赫特生醫工程所大樓。

圖四十一　實驗室同仁與同學在鮑威爾—福赫特生醫工程所大樓前合影，二〇〇五年。

和臨床中心的傑出教授和學生，與校內機構如臨床轉譯研究院、超級電腦中心、房李比（von Liebig）中心，以及附近優越的研究機構（Salk, Scripps, Sanford-Burnham 和 La Jolla Institute 等研究院）共同合作。我被聘爲該院主任，副主任爲切瑞希（David Cheresh）和項卡。

二〇〇八年十二月十日，醫學工程研究院舉行成立典禮，有很多學校、政府、工業界人士，以及全美各地生物工程系的代表參加。高通（Qualcomm）創始人艾文・傑各布斯（Irwin Jacobs）、美國國家生物醫學影像和生物工程研究院院長羅德里克・佩迪古（Roderic Pettigrew）、校長瑪莉安・福克斯（Marye Anne Fox）、工學院院長佛利德・塞泊里（Frieder Seible）和醫學院院長大衛・布倫納（David Brenner）在典禮上致詞（圖四十三），他們一致對醫學工程研究院和它的使命表示強力的支持。

醫學工程研究院成立多個中心來達成它的使命，其中七個中心是以系統和疾病做爲重點，包括心臟、肌肉骨骼、神經系統、視網膜、癌症、糖尿病和新生兒。各項疾病的研究都包含多種科學領域，譬如系統生物學、基因體學、幹細胞、發炎和血管生物學，並運用多種新穎技術。

另外有七個中心是以技術爲重點，與上述以系統疾病爲主的中心有交叉互動，包括醫學儀器、活體影像、奈米醫學工程、生物材料與組織工程、光電、免疫工程和行

圖四十二　馮元楨講座頒與典禮。左起：馮元楨、馮夫人喻娴士、匡政、煦，二〇〇六年。

圖四十三　加大聖校醫學工程研究院（IEM）開幕典禮。講演者（立）：Irwin Jacobs，坐一左起：Marye Anne Fox、煦、Frieder Seible、David Brenner、Rod Pettigrew。二〇〇八年。

動健康醫療。此外，還有一個惠特克生物醫學工程中心，其重點是訓練學生及博士後研究員和工業界合作，並與社會聯繫。

每一個中心是由醫（或藥）學院與工學院教授共同指導。這些中心把加大聖校以及鄰近研究單位及工業界的科學家和學生聚集在一起，對有共同興趣的課題做團隊研究。這些中心做科際間研究，訓練新世代醫師和科學家，並從事學產界合作，相輔相成。

惠特克生物醫學工程中心設有工業諮詢委員會，由此促進醫學工程研究院與聖地牙哥以及全美工業界合作。醫學工程研究院和很多國家都有合作，例如台灣、中國大陸、日本、韓國、新加坡、英國、德國、義大利、西班牙、瑞典等。經由加大聖校的房李比企業及技術轉移中心，和阿特曼（Altman）臨床轉移中心的合作，醫學工程研究院得以達成它的最終目的：把新穎的研究發現轉移到臨床使用和工業產品，促進人類健康福祉。醫學工程研究院和阿特曼臨床轉移中心合作，自二〇一四年起舉辦「激發工程與醫學研究計畫」（Galvanizing Engineeringin Medicine, GEM）。其目的爲促進臨床醫師和工程科學家的合作。醫師們提出在臨床醫學上對病人診治需要解決的重要問題，由工程學教授提出解決方式。經嚴謹審核後，依其創新性、可行性、重要性及醫學與工程之結合，給予經費，從事初步研究。四年來收效甚豐，獲得校外經費三百四十萬美元，專利申請二十二件。

醫學工程研究院凝聚了多領域人才和資源，組成優異的研究計畫，得到很多研究基金。二〇一五年九月，從美國國家衛生研究院得到兩千萬美元的五年計畫來研究細胞核體（Nucleome）的四維（空間三維加時間）結構和功能。鍾聲、項卡、任斌和我是四個共同主持人，由鍾聲負責聯繫。

醫學工程研究院有一個校內外人士組成的諮詢委員會，聽取報告，給予建議指導。在二〇一五年十月十日的諮詢委員會上，加大聖校校長普拉迪普・科斯拉（Pradeep Khosla）致詞時說：「醫學工程研究院（IEM）是多科系研究院的最好模式，它將推動加大聖校到更高階層。醫學工程研究院顯示我們可以做什麼，應該做什麼，將來會做什麼。醫學工程研究院對達成學校的戰略目標，扮演一個極重要的角色。」校長的這一番話，對醫學工程研究院這幾年的工作給了極高評價與無限鼓勵。

醫學工程研究院於二〇一八年十月三十日，在UCSD的Atkinson Hall舉辦十週年院慶慶祝研討會。由校長Khosla、醫藥衛生副校長Brenner、工學院院長Pisano、研究事務助理副院長Krstic先後致辭，對IEM的進展極爲推崇，都認爲這是UCSD科際間研究合作的最佳典範。我簡單報告IEM這十年來的成果及前瞻，然後由八位同仁報告工程和醫學合作的優異成果。午餐時並有IEM各研究中心的海報展示及儀器實驗展覽。近兩百位聽眾都表示讚揚稱賀。

在加大聖校的研究及訓練成果

我到加大聖校之後，研究重點轉到血管內皮細胞動力訊息傳導的機制，主旨是研討力學因素如何影響細胞的訊息傳遞、基因表達和功能調控，例如增生、移動和發炎等。細胞對力學因素的分子和基因階層的反應，是生物和工程介面的一個重要問題。這方面的研究也有重要臨床涵義，可以闡明心血管疾病的機理，例如動脈硬化症爲何在血管某些部位特別容易發生，並創建新的診斷、治療和預防方法。

一九九一年史允中從俄亥俄州立大學來到加大聖校，對這方面的研究發展很有幫助。此後的八年中，他在這方面的研究負了很大責任，是我一個主要的科研夥伴。當允中接受加大河濱分校的教授職位時，我很幸運有李怡萱接過這些重要職責。他們兩位對實驗室的工作進展貢獻極大。允中在二〇一三年回到加大聖校任內科心臟部門的教授，使我們又可在同校合作。

・群體研究計畫及生物工程夥伴研究獎助

一九八八年在來到聖地牙哥之前，我結合加大聖校生物工程原有的基礎和即將由哥大移去的專長，就像在哥大一樣組成一個研究團隊。我們以「血球、血管和微循環的生物力學」爲題，寫成一份群體計畫申請書，在我到達加大聖校一個月後即送到美國國家衛生研究院。群體研究計畫中含有研究紅血球膜的分子結構與變形的關係、白血球的黏彈性能、內皮細胞的訊息傳遞、微血管動力及血管血球的理論模擬等子計畫，由馮元楨、葛特、迪克、曾藍萍和我，以及斯克里普斯研究所（The Scripps Research Institute）的斯克拉（Larry Sklar）做子計畫主持人，並包含行政、微結構、電腦計算、儀器發展和細胞培養等核心設施。

這次申請因爲時間緊迫，準備不夠充分，第一次審核時計畫沒有通過。我們努力修正這份申請書，第二次申請時就順利通過。五年的研究基金在一九九〇年開始撥發，每年一百多萬美元。雖然加大聖校一向有很傑出的生物工程，但這是首次一個群體研究能夠經過嚴格審查，獲得頗大金額的研究經費。這群體計畫是一重要突破，它給我們一個基礎來做以後更大的發展，例如惠特克基金會的發展獎和領導獎。我們的成功是因爲有良好的研究基礎，參與人員的通力合作，以及在哥大和中研院生醫所申請群體計畫的寶貴經驗。

美國國家衛生研究院的生物工程夥伴研究獎助（Bioengineering Partnership Grant, BRP），支持多科際研究團隊用整合性及系統性方式來發展知識及方法來預防、探測、診斷、治療疾病，或了解健康和行爲。二〇〇一年，我們以「流場導致的內皮細胞重組之分子基礎」爲題的申請計畫被美國國家衛生研究院審核通過。這計畫的合作夥伴是康乃爾大學的管俊林及斯克里普斯研究所的施瓦茨（Martin Schwartz）。我在得到這個生物工程夥伴研究獎助之後，就把群體研究計畫主持人的責任轉給葛特，但仍繼續做群體研究計畫中一個子計畫的主持人。二〇〇五年我們順利地申請到生物工程夥伴研究獎助第二個五年計畫的延續。那時施瓦茨搬到維基尼亞大學申請另一個研究獎助，他的部分就由哥大的希茨（Michael Sheetz）取代。因爲生物工程夥伴研究獎助最多只補助兩次（十年），我們的研究獎助就在二〇一〇年順利結束，研究成果對血流導致內皮細胞重組的分子基礎甚有貢獻。

• 血管內皮細胞研究

（一）內皮細胞的動力訊息傳遞（Mechanotransduction）

這是探討細胞如何把動力的刺激轉換成化學、分子、基因的變化來調控細胞功能。我們研究由血流所引起的剪切力和由血壓所引起的伸張力，如何刺激動力感受器及訊息傳導分子，以致調控基因表達和細胞功能（圖四十四）。我們闡明了多種內皮細胞膜的動力感受器對剪切力和伸張力的反應，以及這些感受器之間的相互關係。這包括VEGF受體[57]、離子通道[58]、細胞間的蛋白質[59、60]、局部黏附蛋白質[61、62]、paxillin[63、64]、Src[65、66]，和整合素[67、68、69]，以及膜脂肪[70、71]。我們的結果顯示這些動力感受器之間有相互關係，所以動力的感受是多元化的[72]；整合素在這多種感受動力分子之間扮演一個重要的角色[67、69、73]。

我們也研究動力所調控的轉錄因子，這包括MAP激酶和活化蛋白質—1[74、75]、Akt/PI3激酶[76、77]、AMP激酶[78、79]、cbl[80、81]、小GTP酶Rho、Rac和cdc42[82、83、84、85]、IKK和NF-kB[77、86]、似Krüppel因子[77]等等。動力訊息傳導經由基因和蛋白質表達的調控，因而變換細胞的功能，例如細胞生亡週期的調控、移動和發炎。我們也證實細胞外間質的硬度會影響動力訊息傳導

[87、88]。有明顯方向的流型導致細胞骨骼蛋白纖維（應力纖維）以及整個細胞形成與流向平行的排列[89]。反之，亂流或沒有明顯方向的波動流型導致應力纖維和細胞沒有一定的排列，沒有固定的方向[90]。這些變化會影響細胞內的應力，因而變換基因表達及調控細胞功能。伸張力也和流型一樣：有方向的單軸伸張力，使應力纖維和細胞與軸向作垂直排列，由此產生抗動脈硬化作用。沒有明顯方向的多軸伸張力，會使得應力纖維和細胞沒有排列規則，促進動脈硬化的發生[90]。

我們研究的一個重要結論是：有明顯方向的動力是有益的，沒有清楚方向的動力是不利的[72、90、91]（圖四十五）。在體內主動脈直向部位的搏動血流及有向的週期伸長有清楚的方向和足夠的幅度，可以防止發炎和增生，因此有抗動脈硬化的作用。在體外培養的內皮細胞給予較高度層流或單軸伸張時，也有同樣的反應。反之，在血管分枝和主動脈弓小彎的亂流及沒有明確方向的伸張，或在體外細胞培養時的反覆波流或多軸伸張，這些沒有清楚方向的動力會促進發炎和增生，因而容易使動脈硬化發生。所以應力刺激所引起的細胞結構重組可以調控細胞的功能和命運。

這些研究的結果給予在力學和分子層面的解釋，爲何動脈硬化症會特別容易發生在複雜血流，和無清楚伸張方向的血管分枝等部位。適度的經常運動可時常增加有方向的剪切力和伸張力，並移動亂流的部位，以免同一部位持續承受不良流場的影響，

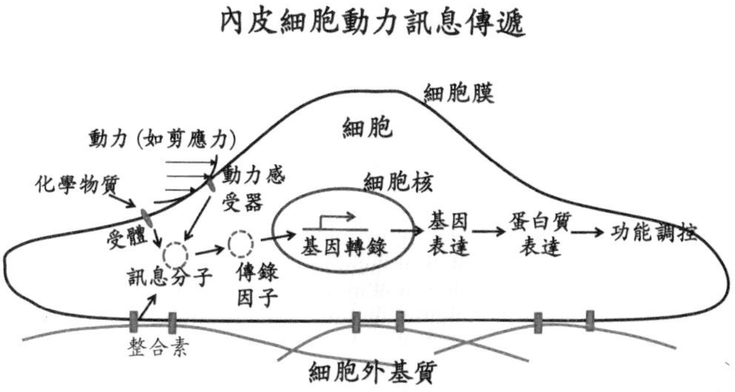

圖四十四　內皮細胞動力訊息傳遞示意圖。

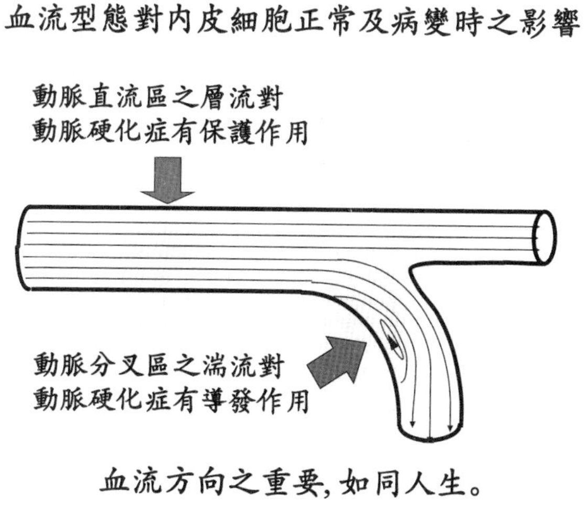

圖四十五　血流型態方向之重要示意圖。

可以防止動脈硬化。

上述研究使用多種技術，包括三維牽引力顯微鏡[92、93]、微圖案方法[94]、微陣技術[95]、奈米技術[96、97]、生物訊息[98、99]和基因分析[100、101]。我們用系統生物學的方法來闡明動力感受器、訊息傳導分子、轉錄因子，以及被調控的基因和蛋白質如何聯結在一起，成爲一個訊息傳導的網路。宇佐美、迪克與諾維奇等研發多項儀器來研究動力訊息傳導，例如梯階流室（在同一流室內有亂流和層流[102]）、弧形寬度流室（在同一流室內有不同強度的層流[103]）、伸張儀器（單軸和多軸伸張[104]）。

我們發展了新方法來測定細胞外應力刺激所引起的細胞內應力反應[105、106]。王英曉藉由錢永健的指導幫助，開創用螢光共振能量轉移方法（FRET），研究細胞內訊息傳遞分子的時空動態[65]，並能判斷這些分子在細胞膜的脂肪筏和非脂肪筏部分的變化[107]。我們最近和奈米工程系同仁合作，用細胞膜包埋奈米顆粒及其所含藥物，得以避免被免疫系統迅速消除，並可送達特定細胞，增強對心血管病或癌症之療效[108]。此外，也以生物印製術用人類誘導功能幹細胞來製造三維仿眞的肝臟，可作肝病模擬及藥物篩選之用[109]。

我們用動物實驗來佐證和確認用體外細胞培養所得的實驗結果。我們比較動物體內不同血流型式所引起的訊息傳遞機制。這包括自然狀態下不同動脈部位例如胸腔主動脈直管部分與動脈弓內側的對比，或實驗導致局部動脈的流型變化（例如主動脈局部狹窄和選擇性的動脈結紮）[110]。我們也證實操控訊息途徑內的分子（例如用負突變基因RasN17），可治療狗和豬頸動脈被氣球損傷所引起的血管狹窄[111、112]。

（二）內皮細胞與白血球及平滑肌細胞間的交互作用

內皮細胞的外向是血液；內向是血管壁，有平滑肌細胞及纖維間質。過多的白血球（特別是單核白血球）進入到內皮細胞之下，或平滑肌細胞移動到此處，都會促使動脈硬化的形成。

亂流所引起的白血球黏附到內皮細胞[102]會促進動脈硬化[90]。我們測定白血球在內皮細胞上黏附的強度[113]，並用體外和體內實驗[114]及理論模擬[115、116]，來瞭解白血球在內皮細胞上滾動的力學原理。在亂流情況下，不同種類的白血球（嗜中性白血球、淋巴細胞、和單核細胞）用不同的方式穿過內皮細胞及在管壁內移動[117]。

我們用共同培養方式，研究血管內皮細胞和平滑肌細胞之間的相互作用[118]。用合成型的平滑肌細胞做共同培養，會導致內皮細胞的發炎反應，使單核細胞黏附[119]。給內皮細胞施加層流可以對抗這些發炎反應，包括導致內皮細胞釋放前列環素（prostacyclin），造成平滑肌的型態轉換，從不正常的合成型變爲正常的收縮型[120]。

所以，有方向的層流有雙重的有益作用，一方面可以抵抗合成型平滑肌細胞的發炎作用，同時也可以把不正常的合成型平滑肌細胞變爲正常的收縮型。

（三）微細核糖核酸和表基因因素在動力訊息傳遞的作用

我們在二〇〇九年開始，研究微細核糖核酸（micro RNA, miR）在內皮細胞對有無固定方向血流的不同反應中所扮演的角色。我們發現某些miR有反增生和反發炎的作用（例如miR23b[121]和miR19a[122]），能防止動脈硬化的發生；而另一些miR則有助增生和助發炎的作用（例如miR21[123]和miR92a[124]），會促使動脈硬化。我們用系統生物學的方法來分析這些miR和messenger RNA（mRNA）在不同流型下如何隨著時間變化，以期了解它們之間在分子基因網路中如何相互作用，而決定最後的功能反應。

我們用共同培養系統發現，靜止的內皮細胞會釋放miR126，與Ago2結合後進入鄰近的平滑肌細胞，促進後者增生。對內皮細胞用miR126的抑制劑，或用層流來降低內皮細胞的miR126可以防止此作用[125]。抑制miR126，可治療動物實驗造成的血管內層傷害。這些結果顯示，內皮細胞的miR126是一個重要的細胞之間的傳送分子，使平滑肌細胞增生；而保護性的層流可以防止它的釋放。

長鏈非編碼核糖核酸（long non-coding RNA，簡稱 lncRNA），是長於200核苷酸的不被編碼成爲蛋白質的RNA。近年研究顯示，人類基因組中lncRNA之數目遠超過編碼核糖核酸，但其中只有一小部分被證明有生物學重要意義。我們從血管內皮細胞RNA序列分析，找出一組對層流和湍流有不同反應的lncRNA。其中LINC00341能抑制單核細胞在血管內皮細胞上的粘附〔126〕；網絡分析顯示LINC00341與Rho和PI3K/AKT有共同的調控線路。另一個lncRNA是LEENE〔127〕，它在內皮細胞內的增強子位置和eNOS的啓動子很近，與eNOS有共同的調控線路，抑制內皮細胞增生以及其他導致動脈硬化的因素。LINC00341和LEENE都是在層流部位上調，有益於血管的正常功能，抑制動脈硬化的產生。這些結果顯示lncRNA對血管內皮細胞功能調控的影響。

表基因因素（Epigenetics）是指去氧核糖核酸（DNA）序列之外的基因影響，例如組織蛋白的變化和DNA甲基化，可以調控基因表達和細胞功能。miR和lncRNA也可以看成是一種表基因變化。組織蛋白的乙醯化程度會影響基因表達。沒有顯著方向的剪切力會上調組織蛋白乙醯（HDAC），並使其聚集在核內，因而導致細胞氧化、增生和發炎，促進動脈硬化；有顯著方向的剪切力則有相反作用。在動物實驗造成的亂流，可以使某些HDAC上調。這些結果顯示，HDAC對亂流所引起的內皮細胞不良後果扮演重要角色[128]。

DNA的甲基化，一般會經由轉錄因子而抑制某些基因表現部位。我們發現沒有方向的剪切力會增加甲基化酶-1（DNMT1），並移到細胞核內，引起高度DNA甲基化，抑制基因表達。用藥物來抑制DNMT1，可以防止沒有方向的剪切力所引起的過度甲基化。動物體內試驗也顯示，在亂流部位DNMT1表達和DNA甲基化增加。這些結果指出，DNMT1在亂流引起的病生理反應中是重要的一環[129]。

（四）多主持人研究計畫

二〇〇七年，美國國家衛生研究院推動「多主持人研究計畫」，用團隊研究的方式實現幾個主持人的共同潛力，以期對應二十一世紀的挑戰和機會。那時我們的研究正進入miR和系統生物學的新領域，我就與項卡和史允中合作，向美國國家衛生研究院申請兩件多主持人研究計畫。一件的題目是「微細RNA對內皮細胞在血流動力下的功能調控」，在二〇一〇年、二〇一四年、二〇一八年被審核通過；另一件是「血流動力對血管恆定調控的系統生物學分析」，在二〇一二年及二〇一七年被審核通過，得到基金資助。使我們的團隊能夠對這兩個血管生理學和生物工程學的新領域，積極進行發展。我也和王英曉合作，申請到另一個多主持人研究計畫，題目是「用單細胞影像方法探討動脈硬化時動力訊息傳遞的機制」。在二〇一三年及二〇一七年被審核通過，也獲得基金資助。

「多主持人研究計畫」需要優異的整合性團隊工作，我很幸運有這幾位傑出的研究夥伴，使我們能夠從事有興趣及創新的多科際研究。做爲團隊主持人，我感激所有的團隊同仁，包括研究人員、博士後研究員、研究生、大學部學生及技術和行政同仁們的同心合作。特別要感謝李怡萱對申請這些計畫，和協調我們實驗室的研究所做的重大貢獻。

・其他研究計畫

（一）幹細胞研究

二〇〇〇年代初，我們發展了一個微陣試片來點出多種間質蛋白，用來判定它們對幹細胞增生或分化的最佳結合〔94〕。這微陣不但可測定個別間質蛋白的作用，還可把它們互相有秩序的混合後，用高通量的方法來判定什麼是最好的間質蛋白組合，以達到預期的增生或分化，用來做幹細胞的長期維持及應用〔130、131〕。此外，並用人工合成的大分子代替間質蛋白來做微陣〔132〕，以期增加純度與減低成本。這個微陣方法可以應用到肝臟星狀細胞[133]或其他幹細胞的研究。

我們引伸研究內皮細胞的方法來探討幹細胞。包括用奈米細管的形態[134]、細胞排列形態及應力[135]、間質硬度[136、137]及鈣—磷成分[138]來調控幹細胞的分化，及用間質幹細胞來抑制由過度伸張以及由miR155所引起的支氣管上皮細胞發炎[139]。

二○○四年加州公民投票通過，建立「加州再生醫學研究院」（California Institute of Regenerative Medicine, CIRM），資助加州的幹細胞研究。我們的幹細胞研究受到加州再生醫學研究院基金的多項支持，包括技術研究、生物研究和核心設施。由於加州再生醫學研究院給的建築經費和桑福德（Danny Sanford）的慷慨捐贈，加大聖校和鄰近的四個研究院（Salk、Sanford-Burnham、Scripps、La Jolla Institute）共同建設了桑福德再生醫學聯盟（Sanford Consortium of Regenerative Medicine, SCRM）大樓，在二○一一年底完成。這座大樓使這五個研究單位不同領域的傑出幹細胞研究人員聚集在一起，共同研究。SCRM設有指導委員會，每單位一人，加大聖校由我代表參加，哥德斯坦（Larry Goldstein）是委員會主席。

（二）其他研究

除了上述領域之外，我也和很多同仁合作，研究其他細胞和組織的動力訊息傳遞及相關課題。這包括心臟和心肌細胞[140、141]、骨骼肌[142、143]、軟骨和軟骨細胞[144、145、146]、骨骼和骨細胞[147至151]、小腸[152]、癌症細胞[153、154、155]、骨整合手術（**osseointegration**）[156]、關節外科整型手術[157]，和蛙皮膚的活動纖毛[158]。

上述各項研究之所以能順利進行，全靠很多傑出學者共同做團隊研究。本章所列舉的博士班學生、博士後研究員和訪問學者都有重要貢獻，此外也有不少大學部學生積極參與。我們與自己研究室之外的學者有極佳的合作[12]，這些合作對我們的研究進

---

12 研究室之外的UCSD合作學者包括UCSD的Michael Berns、Sangeeta Bhatia、Elliot Botvinick、David Brenner、Joan Brown、Ken Chien、Juan Carlos delAlamo、Adam Engler、Mark Ginsburg、James Hagood、Anne Hoger、Sungho Jin、Michael Karin、Ghassan Kassab、Alex Khalessi、Chris Kinter、Kirk Knowlton、Juan Lasheras、Andrew McCulloch、Victor Nizet、Jeff Omens、Geert Schmid-Schönbein、Deborah Spector、Shankar Subramaniam、Shyni Varghese、Karl Willert、史允中、任兵、張良方、陳紹琛、管坤良、鍾聲、錢永健、薩立元，和由伊利諾大學香檳分校轉回UCSD的王英曉和魯少英。加大河濱分校的Michael Stemerman、朱毅、劉浥和武威，City of Hope醫學中心的陳真，南加州大學的熊克平，Salk 研究院的Juan Carlos Belmonte、Tony Hunter、Christopher Kintner和David Schlaepfer，Scripps Research Institute的Miguel DelPozo、Velia Fowler、Eugene Levin、Martin Lotz、Nigel Mackman、G.C.N. Parry、Ardem Patapoutian、Martin Schwartz、Yoshikazu Takada、Ellie Tzima和韓家淮，西北大學的劉樹謙，麻州醫院的Guillermo Garcia-Cardena，哈佛醫學院的Timothy Springer，耶魯大學的Bauer Sumpio，喬治亞理工學院的Larry McIntire和朱承、康乃爾大學和辛辛那提大學的管俊林，以及多位台灣、中國大陸和世界各國的學者。

行發展極有幫助。

• 工業界合作

醫學工程研究院的惠特克生物醫學工程中心設有工業諮詢委員會，包含聖地牙哥及全國二十多個與生物工程有關公司及產業界的代表。由此我們和工業界同仁可以作研究教育的討論及合作研究計畫的執行。這個委員會對我們建立生物工程技術教育的方向與課程有很重要的貢獻，此外，也幫助學生到工業界實習，安排學生與工業企業界聚會，以及其他產學合作計畫。

在一九九八年至二〇〇一年，我與Advanced Tissue Science的拉特克利夫（Tony Ratcliff）及Ann Lee-Karlon合作，從美國國家標準和技術研究院申請到一個三年計畫，用組織工程方法做小口徑血管移植，爲外科臨床使用。

我曾參加幾家公司的科學諮詢委員會，例如Aviva Biosciences（生物晶片），BioDuro（藥物開發），Celladon（基因治療），ClinMet（代謝疾病），NanoVision（義網膜），NeuroVerse（心腦技術），Steminent（幹細胞治療）、承洺科技（細胞應力測量）等。我也是Drug Array（微陣篩選個人藥物治療）創辦人之一。

美國國家發明家學院（National Academy of Innovators）在二〇一〇年成立，其目的爲認可有專利發明、教育訓練學生的發明能力，及由發明而裨益社會的學者專家。我並沒有很多專利，但沒想到在二〇一五年底被選爲該院院士。

•教育與訓練

研究之外，我對教育訓練也有極濃厚的興趣和熱忱。我在哥大和加大聖校教過醫學院學生和生物工程系大學部學生及研究生數千人，也訓練了一百多位博士班學生和博士後研究員，現在已經有多位在學術界和工業界具領導地位。

一九九〇年，我繼馮元楨爲加大聖校的心血管生物工程學訓練計畫的主持人，一直連續到二〇一〇年。從那年起，這換爲一個多主持人的計畫，由麥卡洛克，因塔列塔（Marcos Intaglietta），葛特和我共同主持。二十多年來，這兩個計畫在加大聖校生物工程系訓練了很多傑出的博士生和博士後研究員，對心血管生物工程學有很大貢獻。

在哥大，我主要是教醫學院的生理學課程。在加大聖校，我在醫學院教循環系統生理學，在生物工程科（系），我教大學部學生和研究生的生理學課程（以前都是由生物系教授來教，比較缺乏與生物工程的關聯）。我還開了一門生物工程研究生必修的「分子與細胞生物學」新課程，也和醫學院幾位同事合開了一門研究生的選修課程「心血管分子生物學」。

從二〇〇〇年起，我每年教大學部學生的第一門生物工程必修課程「生物工程緒論」；二〇一五年，配合工學院院長畢薩諾（Al Pisano）的政策，我在這門課程內，增加他們動手實驗和創新設計的能力。此外，我也教過生物工程研究生的「生物化學」，及醫學院和藥學院學生的選修課「醫用中文」。

我在加大聖校是多位博士班畢業生的指導老師[13]或共同指導老師[14]；還有很多位在我研究室做過博士後研究員或訪問學者[15]。他們都對實驗室的研究成果有重要貢獻。我在哥大和生醫所時的博士班學生和博士後研究員，列舉在第六章中。

我很有幸在哥大（一九七五年至一九八八年）和加大聖校（一九九〇年迄今），在這三十多年來做美國國家衛生研究院訓練計畫的主持人，因而主導了兩百多位博士班學生和超過一百五十位博士後研究員的訓練。我很幸運有機會教導這些學生和研究員。我也感謝加大聖校工學院同學選我爲二〇〇五年 Phi Beta Tau 最佳教授。

•羅傑・雷維爾獎章

羅傑・雷維爾（Roger Revelle）是加大聖校創辦人，學校爲尊敬及紀念他，在一九八一年設立了羅傑・雷維爾獎章，表揚對學校持續有卓越貢獻的人士。最初只頒發

---

13 David Brafman、Joann Chang、Dan Fero、Leona Flores、Darryl D'Lima、Cathy Galbraith、Janet Hansen、Shila Jalali、Roland Kaunas、Mohammad Sotoudeh、王英曉、王貴君、李松、林名釗、金剛、許彬彬、許盛植（Sung Sik Hur）、趙一華、楊倩忻、滕大愚。

14 Angelina Altschuler、Effie Bastounis、Linda Chang、Chris Flaim、Joshua Francois、Lila Habib、Amy Hellman、Fredrich Ho、Nathan Kumar、連裕仁、曾柱、彭琴、鄔一謙、潘一佳。

15 Fanny Almus、Gerhard Artmann、Indermeet Bhullar、Peter Butler、Thomas Chiou、Peter Butler、Ute Henze、Jason Haga、Sepideh Heydarkhan-Hagvall、Troy Hornberger、Toshioki Itoh、Bruce Jacobson、Susuma Kudo、Venus Labrador、Sylvaine Muller、Kenji and Terue Sakakibara、Alex and Wolfgnag Schuster、Bo Skierczynski、Ellie Tzima、Anna Weiss、Franci Weyts、Lori Wickham、Steven Wu、王雄、王華、王曉虹、李怡蓁、李婕瀅、李鍾大、李曉暉、李定宇、吳介信、吳浩翔、宋惠詠、吳嘉慶、何垈、何慧君、邱式鴻、林信宏、周菁、苗會、施儒佑、胡應禮、徐燕婷、郭怡君、陳真、陳炳吉、陳廣典、陳正男、陳莉菁、鄒粹軍、張之光、張佐民、張雅茹、黃則舜、黃翊柔、黃惠君、葉依婷、彭成康、薛茹月、陳瑜帆、劉祐誠、簡千栩和謝學真。有幾位博士畢業生留在實驗室做博士後研究，包括滕大愚、王英曉、王貴君、李松、林名釗、許盛植（Sung Sik Hur）、趙一華。

給校外人士，自一九八一年至二〇〇三年共有十五位得獎人，其後十年無得主。

二〇一三年改爲包括校內教職員後，首次頒給加大聖校的斯克里普斯海洋學院、地球物理及天體物理研究所所長孟克（Walter Munk）。二〇一四年經選拔委員會推薦、科斯拉校長批准，頒給國際關係及太平洋研究所所長古維奇（Robert Gourevitch）和我兩人。

頒獎典禮於二〇一四年十一月十五日，在加大聖校創始者宴會（Founders Dinner）時舉行。在宴會上同時頒發校內兩項最高榮譽：雷維爾獎章和校長獎章（Chancellor's Medal）。校長獎章是頒發給對學校有長期貢獻捐助、促進地方社會進步繁榮，或經由加大聖校提升聖地牙哥市民生活品質的校外社會人士。二〇一四年校長獎章頒發給桑福德夫婦和哈特（Sue and Steve Hart）夫婦。典禮有近五百人參加，極爲隆重。我請了幾位系裡同事、實驗室全體同仁，包含研究、業務人員以及同學，和幾位校外友人參與。每位得獎人上台前先放映爲其專攝的十分鐘錄影，然後由一位學生陪同上台。我排在第一位，由滕大愚陪同，科斯拉校長親自頒發獎章；全場起立鼓掌歡呼，使我非常感動。

(一)加州大學總校教授

加大聖校是加州大學系統十個校區之一，雖然每個校區都是一個獨立大學，但它們也都是整個系統內的單元，互助合作，行政上也有相同的體制規章。加大聖校設有總校教授，這是由各校區提名有彰著國際稱譽及傑出教學成就的教授，經董事會同意後，由總校校長聘請。加州大學十個校區共有將近一萬位教授，至今累計發聘共三十八位總校教授，現有二十五位健在，其中九位已退休，所以整個加州大學系統的十個校區共有十六位在職。我很榮幸在二〇〇二年被聘為加州大學總校教授。總校教授不只是屬於一個校區，而是屬於整個系統，是每一個校區的教授。我在十個校區都發表過演講，包括加大聖校的傑出教授講座（一九九四年）、加大洛校的Borun講座（一九九六年）和傑出心血管講座（二〇〇六年），加大河濱分校的傑出講座系列首講人（二〇〇七年），以及加大戴維斯分校和加大洛校研究生計畫的審查委員。好幾個校區在建立生物工程系時都請我幫他們籌劃；各校區也經常請我審核他們的生物工程科系，給予建議。

（二）加州生物工程研究院（BIC）

這是加州大學系統校區間的共同研究機構（Multi-campus Research Unit, MRU）。一九九四年，加大聖校建立了加州大學系統的第一個生物工程系，那時這領域在全國都開始有迅速的進展；加州大學其他校區也在加強他們的生物工程項目，有些也計劃建系，找我討論協助。我在幾個加大校區做諮詢委員或審查委員，感到加州大學各校區生物工程有極佳的進展，並且有互補的專長，所以我覺得各校區間相互聯系結盟的時機已趨成熟。

正好我們定在一九九九年八月十二日辦一個宴會，慶祝惠特克醫學工程研究所的成立、鮑威爾—福赫特生物工程大樓的啓用，以及馮元楨院士八十歲壽誕，所以我邀請各校區代表來聖地牙哥，在那天下午討論如何合作以及成立一個生物工程共同研究機構的可能性。柏克萊分校、戴維斯分校、爾灣分校、洛杉磯分校、河濱分校和舊金山分校的代表都來到聖地牙哥，我們舉辦了一個非常和諧成功的會議。大家一致同意我們應該共同合作，朝這個方向去努力。其後，聖塔芭芭拉分校和聖塔克魯茲分校也同意參加。我們組織了一個加大系統生物工程指導委員會，包括當時有的九個校區。

指導委員會一致同意，向加大總校提出建議成立一個生物工程共同研究機構，命名爲加州生物工程研究院（Bioengineering Institute of California, BIC）。在整個加大系統內協力合作，推動共同研究和教育訓練，其目標是超越系所、領域和校區界限，運用加大各校區生物醫學工程的專長和力量共同合作，以期增進人民的健康福祉。經過指導委員會六次會議和許多郵件來往，對建立提案做了九次修改後，我把建議書在二〇〇一年四月送交研究副校長阿提耶（Richard Attiyeh）。經他同意後轉給各校區，最後在二〇〇三年十月獲得總校校長同意批准。

指導委員會知道成立共同研究機構需要相當時間，所以決定先開始舉行加大全系統生物工程研討會，交換研究成果和計畫、促進合作。第一屆研討會在二〇〇〇年四月三十日至五月一日在戴維斯分校召開，有一百多位教授和學生從各校園來參加，極爲成功。二〇〇一年至二〇〇九年，加大全系統研討會每年一度在聖塔芭芭拉分校、柏克萊分校、聖地牙哥分校、爾灣分校、聖塔克魯茲分校、洛杉磯分校、舊金山分校、河濱分校和美熹德分校（二〇〇五年成立，是加大系統的第十個校區）輪流召開，完成了第一輪。每一校區在主持研討會時都盡心盡力，使會議完美成功，實踐了「十個校區聯合爲一，共同學習，共同成長」的目標（圖四十六）。

二〇一〇年，研討會又回到戴維斯分校開始第二輪。這次會議除了原定節目外，還有美國「遠距醫學技術研究中心」（Telemedicine & Advanced Technology Research Center, TATRC）贊助的「生物醫學工程大挑戰」，徵求學生以其新穎研究參與。在二

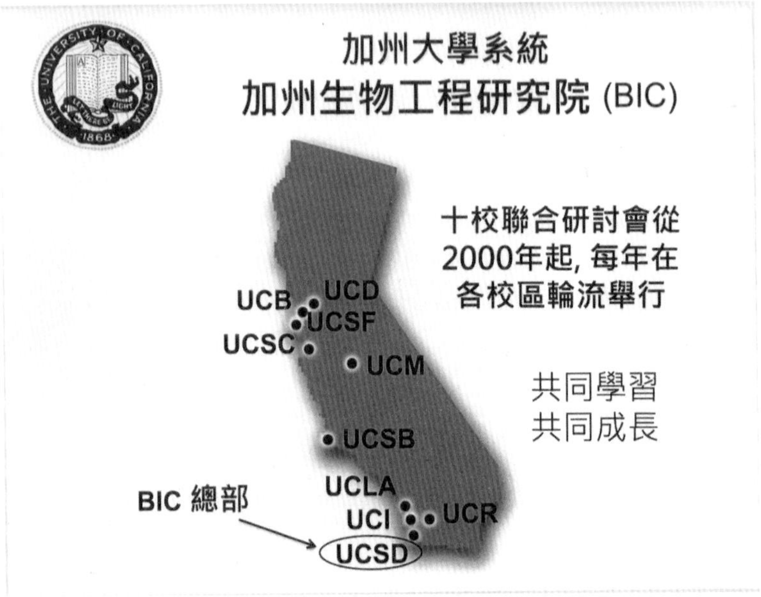

圖四十六　加州大學系統的生物工程研究院：聯合十校區，在各校輪流舉行研討會，共同學習、共同成長。總部在聖地牙哥分校。

十個申請案中，經過書面、畫版及口頭報告的嚴格審查後，有五組中選，獲得獎金資助研究。二〇一一年至二〇一九年，繼續在各校區順利舉行第二輪的研討會，成果豐碩。二〇二〇年又將回到戴維斯分校，開始第三輪。

我在主持加大十校聯合研討會及加州生物工程研究院二十年後，在二〇一九年六月辭退這些任務。二〇一八年六月，我請指導委員會將BIC主任採取三年任期制，進行選舉。選舉結果由戴維斯分校史高特·賽蒙（Scott Simon）繼任三年（二〇一九年至二〇二二年）；此後，二〇二二年至二〇二五年將由洛杉磯分校李松繼任，使BIC得以順利傳承[159]。

第九章　聖地牙哥生活散記

家庭和華人團體

我們遷到聖地牙哥後，美儀和美恩都各生了三個可愛的外孫女（圖四十七），每次跟她們在一起都帶給我極大的樂趣。不論是去美儀或美恩的家，或是在我們拉荷亞的家，都是其樂無窮。他們兩家都喜歡來聖地牙哥，我們一九九四年搬了一次家，就是因爲要有一個稍大的房子讓她們來時夠住。那次很幸運，湊巧在房價低落時買到地點最好、離學校極近的住處。隨著孫女長大，房子又不夠大了，我們在十年後又加添了原屋一半大的延伸，即使兩家同時來也有充裕的地方。這也有助於舉辦家庭或學校

圖四十七　六外孫女疊羅漢。下一左起：瑞耐（Renee）、桂思（Kristen）、 凱蒂（Katie）。中一左起：珍妮（Jenny）、樂瑞（Laura）。上：娜麗（Natalie）。拉荷亞家後院，二〇〇七年。

的聚會，以及學術會議的交誼。

每個外孫女都不同，但個個都非常可愛，她們說的話常常令我驚訝。例如有一天我在工作，面前有一大堆書和紙。我五歲的外孫女打量了一下，對我說：「公公，你需要把事情好好安排起來，每天做一點。」我聽了幾乎從椅子上摔下來。六個外孫女的現況寫在一〇四頁及一〇九至一一〇頁。

我們遷到聖地牙哥，這裡沒有仁社的分社，但有許肇治和劉克昌兩位從洛杉磯先搬來此處的仁社成員。洛杉磯仁社的劉廣恆促我們三人成立聖地牙哥仁社分社。我們請劉華祥、金蓉蓉，王主德、程知白，宋國立、曾藍萍，周方回等各位參加。每兩個月輪流在各家歡聚，交換事業心得，促進華人團結合作。二〇〇六年，美國仁社的全美會議在聖地牙哥召開，我們分社同仁籌備了很好的節目招待自全美各地來開會的社友，包括參觀很多社友慷慨捐贈的聖地牙哥華人歷史博物館、海洋世界、高爾夫球賽等。華祥、蓉蓉夫婦在他們家以精美可口的午餐招待。我們在開會時討論如何促進華人福祉，尤其是年青人的教育和事業發展。經過詳盡討論後，仁社社友認爲不應該有性別差異，在二〇一五年通過由兄弟會（Fraternity）擴大，請女性也同樣參加做爲會員。二〇一九年三月，仁社在哥倫比亞大學慶祝成立一百週年，在會中通過聖地牙哥分社的曾藍萍、金蓉蓉和匡政爲新會員，使女性會員增爲十位。

聖地牙哥華人歷史博物館是由很多熱心的華裔人士和美國友人，經過多年籌劃後，在一九九六年正式成立。這是藉由大家的捐助，把一個中國教堂遷移到現址整修後建成的。博物館執行主任莊紹文和夫人李衛年的卓越領導，全心全力奉獻他們的時間、精力、心血和錢財，並做重要的策略決定，使博物館有驚人的發展，從一個本館開始，加了一個現代化的展覽館和一個新講堂，收藏很多中國文物。我在一九九六年至九七年擔任首屆董事長，之後由林紹基、劉麗容、佘偉健、楊繼台繼任。博物館離聖地亞哥會議中心很近，所以常有自外埠來開會的人士參觀，對宣揚中華文化極有貢獻。

由高爾夫球學人生

我到聖地牙哥後，失去了原來在紐約打網球的夥伴。所以雖然這裡天氣好，幾乎每天都可在室外打，但加大聖校同仁都不打網球，所以有時我就對牆打。過了一些日子，我決定開始打高爾夫球。在台灣見到哥哥和復弟時，他們常談起打高爾夫球的樂趣，我心想這小球放在那裡靜止不動，不像對手打過來的網球會有不同的速度和旋轉，應該很容易打。但到我眞正去打的時候，才了解它的困難度。

我的高爾夫啓蒙是在台北，匡瑞大哥帶了從未上場過的三個人（表姐夫光蘅、姪國維和我）在長庚球場打，引起我們三人高度的興趣。我在聖地牙哥打球，最初是在較短的球場（Executive Course），後來去離學校很近的托里平斯（Torrey Pines）球場，那是一個由市政府管理的正式球場，設計保養都很好。很多大賽，包括全美公開賽都會在那裡舉行。在夏天天長的時候，我常常在下午五點鐘去打黃昏球，天黑之前可以打完九洞。匡政對高爾夫球也很有興趣，我們常常一起去打，有一次還打到天完全黑以後才停止，幾乎找不到回程的路走出球場。匡政和我參加了中國朋友組織的「低桿高爾夫球會」。這個球會每年會組織幾次球賽，每次都有好幾十位朋友參加，很是熱鬧。我們很多台灣來的朋友都喜歡打高爾夫球，他們來到聖地牙哥我們就陪他們去打球。

李國鼎先生是台灣經濟奇蹟的主要創造人之一，對台灣有巨大貢獻。他和先父熟識，我都稱他爲李伯伯。一九八七至一九八八年我在台灣創設中研院生醫所，那時他是行政院應用科技研究小組召集人，統籌台灣科技發展，對生醫所和分生所的成立極爲支持。他曾與李登輝總統蒞臨生醫所視察，給予寶貴指示和鼓勵。李伯伯在一九九一年應聖地牙哥科工會邀請，做年會主講人。年會的前一天，科工會邀請他去打高爾夫球，我和匡政有幸被邀作陪。在打球時他給了我們很多寶貴的指點，雖然所指的是高爾夫球，但對人生處世也有重大涵義。例如我一次因爲在揮桿後立即抬頭看球的去向，因此打歪到粗草裡去。李伯伯說：「打球和做人一樣，要記得低頭。」另一次是匡政的球在果嶺上離洞約兩呎，她覺得她打得不夠快，不願讓大家等，所以走到球旁，還沒有站定就推桿，結果沒有進洞。李伯伯說不論什麼情形，打球和做事都要認眞，不能草草了事。匡政就重新把球放回原處，站穩瞄準後果然就打進洞，大家都很高興；我和匡政在球場上學到很多可貴的經驗和知識。

那次科工會的年會在一家旅館舉行，吃的是西式大餐，李伯伯不怎麼欣賞，而且他要演講也沒有太多時間吃。宴會結束後，李伯伯接受我們的邀請來家裡坐坐，我和匡政很高興他和同行的白壽雄來到我們家。匡政除了敬茶和水果外，臨時煮了稀飯，配上醬瓜、肉鬆、泡菜、花生等小菜。李伯伯吃得非常高興，說這是一路來所吃的最好的一餐。以後每次我們回台灣，他一定提起這件事，逢人就說那一頓稀飯有多好吃。

• 唯一一次「抓老鷹」

黃俊明和賴正光是兩位由台灣赴美的學者、企業家，於一九八七年在聖地牙哥創辦了生物技術公司 Pharmingen，發展、製造、經銷高品質的生物醫學研究及診斷試劑，包含免疫抗體、分子生物產品及重組蛋白質。由於兩位用最佳的經營方式，以人（客戶和工作人員）為主、重視品質和時效，大部分的一流研究機構都向他們採購，所以極為成功。一九九七年，BD Biosciences 公司以高價併購了 Pharmingen，經營方式改變，最終造成客戶逐漸流失。

在二〇〇二年，賴正光在聖地牙哥創建了一個新公司 BioLegend，製作高品質的細胞免疫、發炎、癌症、幹細胞等有關抗體及多項研究診斷所需試劑，同時迅速有效的供應。十多年來發展迅速，現有約四百位工作人員，在日本、英國、德國、台灣及美國幾個城市都有分公司，達到全球化；目前在聖地牙哥已創建了一個新的公司園區。為華人創辦生物工程企業之楷模。

俊明和正光都喜歡打高爾夫球，我們多次承他們邀請去私人聚樂部的球場（例如 Rancho Santa Fe 的 Bridges Gold Club 和 Farms Golf Club）打球，有很多樂趣。他們兩位都很認真練習，並請名師指點，球技進步很快。我不常打，如有機會就上場，很少練習。多年來桿數不但未能降低，反而升高。唯一值得欣慰的是大家付同樣的費用（Green Fee），我打的桿數較多。

斯克里普斯研究院院長勒納（Richard Lerner）很喜歡去前面提到的私人俱樂部打球，一九八九年他邀請現任中研院院長翁啓惠，從德州到斯克里普斯來做化學講座教授，還鼓勵他去打高爾夫球。二〇〇四年有一天我和翁院長談起打高爾夫球，他說只是在練習場練習，一直沒有上場去打球。我就提議我和匡政陪他一同上場，他欣然答應。我們在八月二十日到Rancho Sante Fe的Farms球場，在第一洞發球的地方我自告奮勇首先開始。在開打之前我對他說，打高爾夫球並不困難，最重要的是放鬆，不要刻意去想要打得多遠，只要看準小球輕鬆自然地揮桿，擊中球後繼續直揮送，回桿後才抬頭。當我說完後站到發球點時，全身眞是從來沒有過的放鬆，照我所說去揮桿。那小球向前高飛，又直又遠，最後打到兩百碼，我平時最多只能到一百八十碼。那一洞長是三百五十碼，只剩下約一百五十碼，當我走到球邊時又對他複誦一遍，然後揮桿。這球又是相當直，正好打到球洞的距離，但稍偏右約十五呎。可是那個洞正好有一些斜坡，這個球就慢慢地向球洞滾動，一直進到洞內。

這個球洞標準桿數（par）是四桿進洞，我平時需五桿甚至六桿，但那次只打了兩桿，是一個「老鷹」（eagle），極爲難能可貴，是一生唯有的一次（圖四十八）。

圖四十八　在Farms高爾夫球場打到「老鷹」所獲獎牌，二〇〇四年八月二十九日。

第一洞就那麼成功，使我覺得今天是我可以創造最佳紀錄的日子。從第二洞起就想要締造佳績，給自己壓力而沒有放鬆去打，結果我那天的總成績還不如平常。這次寶貴的高爾夫球經驗給我很多做人做事的體會：我們在做任何事時，事先需做充分準備，但臨場時需用輕鬆愉快的心情，絕對不能刻意過分求好，那樣可能收到反效果。

實驗室同仁的活動

我們搬到聖地牙哥後，也像在紐約時常常請同事同學到家裡來歡聚。我們在一九九四年搬到拉荷亞後房子較大，有很好的後院，可以請更多人來，有時是實驗室同仁和家屬（包括長輩和小朋友），有時是系內同仁和家屬。最近幾年因爲年事較高，比較少辦家中聚會。好幾位同仁與同學還常回味那些歡樂的時光。

在尚未遷入生物工程大樓時，每年畢業典禮前一天，我們都會請所有畢業同學和家長來家中慶賀，大家都歡樂無比。當年很多同學現在已在其他學校任教或在公司任職，當我們遇到時，他們都還提起這些快樂的記憶。我們在學校的主要任務是教學和研究，不論是哪一項，最重要的是人與人之間的關係。這些在工作環境之外的聚會，對人際關係與團隊精神有很重要的影響和意義。

我們的實驗室也像在紐約時一樣，每年都有一次野餐聚會。但是在聖地牙哥我們常去海濱沙灘，除了排球、羽毛球、飛盤之外，還可以做沖浪、游泳等水上運動，小朋友們可以玩沙堆造沙屋（圖四十九），每次都是長幼盡歡而散。

越洋旅行

聖地牙哥比較靠近亞洲，我們搬來之後，去台灣和中國大陸的次數比以前在東岸時要頻繁得多，但還是需要在飛機上十二小時左右。我每年大約會飛六、七次，每次出差，清晨到達之後就在當天早晨去開會，有時甚至開完會後當天晚上就坐飛機回加州。深夜回到家裡睡一覺，第二天清晨就去上班，很少感覺到時差。

圖四十九　加大聖校實驗室同仁及家庭沙灘郊遊，一九九三年。

朋友常常問我，怎樣可以減少長途旅行的時差問題。我一般喜歡坐在半夜左右起飛的夜班飛機，絕不吃飛機上起飛後的那一餐。首先，我已經吃過晚餐，半夜不應該再吃；其次，那是最好睡覺的時間，我通常在飛機起飛後先睡四、五個小時。醒來後也許吃些點心，然後打開我的筆記型電腦，做些想做的事。現在的越洋飛機常有網路，我還可以查讀回覆電子郵件，到達目的地之後就沒有堆積的郵件。做了兩、三個小時的事之後，我又再睡一小覺，這樣在飛機上可以有六、七個小時的休息。吃完早飯後，飛機到達，我就可以有精神去參加那天早上的會議。我一般不在飛機上看電影，因爲常常一看就不能停，這樣就不能休息。

八十歲生日

匡政和我都是一九三一年出生於北京。我的生日在護照和其他文件上寫的都是六月二十三日，但那是我農曆的生日，西曆應該是八月六日。因爲每年農曆的日子在西曆上都在變換，所以如果依據農曆，每年我西曆的生日不同，例如在二〇一一年是七月二十四日。所以我每年可以說有三個生日。我們八十歲生日的慶祝在二〇一〇年六月二十七日在聖地牙哥開始，那時我們只是七十九歲，但是依照中國生日的算法已經是八十歲了。聖地牙哥的朋友在那天給我們一個盛大的晚宴。

二〇一一年的慶祝由我們家裡開始。如前所述，哥哥錢純、弟弟錢復及弟媳玲玲在六月七日至九日來到聖地牙哥歡聚。二〇一一年六月二十五日，加大聖校生物工程系替我舉辦了一個極美好的慶生會，邀請到一百多位同事、同學、系友，大家歡聚一堂。六月二十七日匡政和我回請去年替我們慶生的聖地牙哥朋友晚餐相聚，再次享受一年前的歡樂。

二〇一一年八月，匡政和我到台灣去參加幾個學術會議，在那期間很多朋友又為我們生日慶賀。先是中研院生醫所所長劉扶東和李小媛教授籌畫於八月十九日在生醫所開一個慶生會。在那之前，八月九日的國衛院院外計畫審查會晚會上，院長伍焜玉和同仁就準備了一個精美的蛋糕，慶祝莊明哲、匡政和我三個人的八十歲生日。

八月十八日我們去台南參加由世界華人生物工程學會主辦，在國立成功大學舉行的第五屆世界工程學會議。當天下午，這會議中舉行了一個力學生物研討會為我慶祝生日。這研討會由何潛主持，很多專家學者發表了優異的演講。研討會後，成大校長黃煌煇主持了一個極美好的園遊生日慶祝會，很多學校首長、教授和同學都來參加。那天晚上胡流源和幾位世界工程學會的主持人，在大會晚宴上又為我慶祝八十歲生日。

八月十九日上午，我發表主題演講後，坐高鐵趕到台北去參加在生醫所舉辦的壓軸慶生會。十天之內有四個慶生會，眞使我無限的感激、感恩和感動。八月十九日下午的生醫所慶生會，有兩百多位朋友親戚來參加，更有多位從遠處趕來，有很多非常感人的賀詞演講，生醫所同事的小孩還唱了極可愛的歌曲。我非常感激由李小媛主編，由生醫所印製的《慶賀錢煦院士及夫人八秩壽辰紀念集》[6]。這本書在慶生會時贈給參與慶生會的來賓。書內有七十多篇由親友所寫的可貴文章。

北京大學和西安交通大學的汪南平編了一本《錢氏學人，煦暖華夏》[160]，慶賀匡政和我的八十歲生日。這本書由西安世界出版社在二〇一二年一月出版，書內有三十篇大陸學者和友人寫的文章，並轉載了李小媛主編的紀念集[6]內哥哥、復弟、匡政和我寫的文章。

二〇一一年十一月四日至六日，在上海由施永德主持召開的第一屆國際力學生物學會上，汪南平發送了幾百份《錢氏學人，煦暖華夏》的預印本給與會同仁。十一月六日，施永德和汪南平舉辦一個科學報告會慶祝我的生日。這場會議由汪南平和姜宗來主持，有九位演講人報告生物力學各方面最近的發展。那天晚上的結束晚會上，施教授又辦了一個慶生會，由鄧令紅主持。二〇一一年十月十三日醫學工程學會在康州舉辦的年會上，李松和葛特辦了「慶祝錢煦生日」研討會，由醫學工程研究專家報告他們最近的研究成果。

史允中和王英曉請我的朋友、同仁和以前的學生，寫了二十篇傑出的科學文章，在生物醫學工程學會的期刊（*Cellular and Molecular Bioengineering*）編成一本《慶祝錢煦八十歲生日》專集發表〔161〕。匡政和我對這些珍貴動人的慶生活動覺得萬分感激、無限感恩，永銘在心。

一第三部一

學術研究團體的活動與服務

第十章　美國及國際學術研究團體的活動

除了研究教學之外，我對學術團體的活動與服務也有高度興趣，我覺得爲團體大眾服務是我們的職責與人生的樂趣。我回顧一生，覺得我在這方面的收穫超過我的研究成就。研究的成果可能對人類健康福祉有益，但不是很容易看到。研究主要是在一個研究室做，有時是幾個研究室合作，但總有限制。經由學術團體奉獻服務，所得到的結果可以有廣泛影響。在這方面的努力對自己個人不見得有什麼回收，但對整個學術界以及全人類來說意義極大，可以造福深遠，所以我非常重視這方面的工作。我很幸運有很多難逢的機遇，可以即時把握機會、創建發展學術團體、奉獻造福人群。

美洲華人醫學會（CAMS）

匡政和我在一九六三年加入美洲華人醫學會，成爲創始會員。一直到我們在一九八八年西遷到聖地牙哥之前的二十五年期間，我們幾乎每年都參加美洲華人醫學會的活動。我在裡面曾任理事、財務和書記。我在一九七九年獲得美洲華人醫學會研究成就獎，並被選爲一九七九年至一九八〇年的會長。

我在會長任內組織了一個去台灣的旅行團，有四十位會員和他們的家屬參加。我們參觀了台灣各大醫學中心、舉辦聯合研討會、參觀各院校，也去古蹟景點旅遊。台灣方面由中華醫學會總幹事徐道昌（台北榮總復健科主任）熱誠接待，使這次活動非常成功。美洲華人醫學會和美東華人學術聯誼會是我生涯中最初擔任會長的兩個華人學術團體社團，給我很多寶貴經驗，學習如何與同仁合作，達到學會的共同目的。這對我後來在美國和國際更廣面的學術團體服務，有很大幫助。

美東華人學術聯誼會（CAPS）

美東華人學術聯誼會於一九七五年在紐約市成立，其目的是促進華裔在美學者在學術和職業方面的活動，加強科學知識，增進與其他人種社會的文化瞭解。我在一九七八年至一九七九年繼李宗正擔任會長，負責會務，主持年會；一九七九年至一九八四年任董事長，策劃會務，決定方針。二〇一二年五月十七日下午，在哥倫比亞大學頒給我榮譽博士學位後，美東華人學術聯誼會前董事長鄭向元、郭思平董事長及鍾炳釆會長邀我在紐約市講「人生事業的發展」，遇到很多舊友新朋。二〇一三年八月二十五日，美東華人學術聯誼會第三十八屆年會在紐約市法拉盛（Flushing）舉行，請我主講「生醫科技與人文社會的互動」，並頒發「卓越終身成就獎」給我。

二〇一五年八月十四至十五日，美東華人學術聯誼會在紐約法拉盛開會慶祝成立四十週年，由董事長張彰華、會長范姜光男及鄭向元主席主持，有二十五位歷屆董事長與會長出席；我撰文及講話誠摯祝賀。會期中美國《世界日報》楊仁烽社長惠贈他發行的《四十世界華人光輝》新書〔162〕。我也忝爲四十人之一。

聖地牙哥在美華人科學與工程聯誼會（科工會，SDCASEA）

我們在一九八八年到聖地牙哥後，科工會在十一月替我們舉辦了一個熱誠的歡迎會，同時邀請我演講。我以「三城記」爲題，綜述我過去兩年內從紐約的哥大，到台北的生醫所，然後到加大聖校建立新實驗室的經驗與樂趣。從那時起、這二十多年來，匡政和我有幸認識很多朋友，包括歷任科工會會長[16]，自此我每年都參加年會。

一九九二年，我很榮幸與馮元楨和顧慰華兩位一同接受科工會的研究成就獎。二〇〇一年我在科工會以「二十一世紀的醫學」爲題，作主題演講。我很高興參與科工會獎學金委員會，從很多優秀的高中學生中選拔傑出的獎學金得主。從二〇一〇年起，我代表加大聖校醫學工程研究院，與科工會合辦生物醫學工程年會，主題包括行動健康醫療和基因體序列、神經科學工程、大數據、癌症和疾病的前沿等，以促進人才與科技交流爲目標。二〇一六年和二〇一八年的生物醫學工程年會，與台聯大和加

16 胡本初、莊紹文、周方回、汪慎叔、金蓉蓉、馮忠勇、高維、顧慰華、劉益新、黃莉莉、陳中寬、姚亦文、羅彧華、傅家康、黃莉莉、謝家樹、黃永渿、鄒明祥。

大聖校的雙邊會議合辦（詳見三一三頁）

中美生物科技與藥學聯誼會（SABPA）

這個組織於二〇〇二年在聖地牙哥成立，其主要使命是加強華裔在美生物科技與藥學人員的接觸聯繫，促進他們在職業上的成長和發展，讓社會了解生物醫學研究和工業創新的重要性，並增進中美生物科技與藥學社團的關係。在二〇〇二年六月八日於加大聖校舉辦的首屆會議上，他們邀我發表主題演講，並授與我榮譽會員。二〇〇八年舉辦第七屆年會時，我又被贈予成就獎；二〇一三年五月四日，我在第八屆生物醫學論壇中應邀演講。在成立後的十多年中，中美生物科技與藥學聯誼會有迅速的成長和發展，它主辦的年會、研討會和其他活動都有極高水準，有效地促進科學對話、產學交流、中美合作，和會員的教育、發展及聯繫。

其他美國華人組織

我曾被很多美國中華職業團體邀請演講，並承頒贈傑出成就獎。除了前面所提之外，還有美中科學技術聯誼會、美南科學技術聯誼會、南加州中美科學工程學會和舊金山中華醫院等。我也被很多美國生物醫學學會的華人組織邀請去演講，例如美國基因學會、神經科學學會、硬組織學會、腎臟學會和消化系統學會的華人組織，分享我一生的經歷和心得。這些聚會給我珍貴的機會，遇到很多優秀的科學家、工程師和醫師，他們將是我們未來的領袖。

微循環學會（MCS）

本組織是由研究微血管各領域的科學家組成，包括解剖、生理、藥理、病理、生物物理、生物化學、生物工程和臨床醫學。雖然學會的人數不多，但素[redacted]。每年在美國實驗生物學會聯盟年會（FASEB年會，後來改稱EB年會）之前兩天[redacted]我在一九七五年至一九七八年被選為理事；一九八〇年至一九八一年擔任會長，在[redacted]內我與理事會和其他同仁共同努力，改善學會財務經濟，增進科際間合作，與《微血管研究》（*Microvascular Research*）雜誌建立聯繫，並加強與會員的聯繫溝通。這是我第一次擔任一個全美科學學會的會長，學到很多。我很感激有這個機會從微細的階層開始[redacted]會服務。一九八三年我獲得蘭迪斯獎，以「血球對微循環調控的功能」為題在年會發[redacted]一九九一年，我被世界微循環學大會選為四年一度的茨韋法克獎得獎人，以「血[redacted]合：由分子到微力學及微循環」為題，在美國路易弗舉行的第五屆世界微循環學大會[redacted]

美國生理學會（APS）

生理學是我生物醫學的原始訓練領域，也仍是我研究和教育的一個主要興趣。我參加美國生理學會做會員已有四十多年。我在一九八五年至一九八九年擔任美國生理學會理事，其後被選爲會長當選人，在一九九〇年至一九九一年擔任會長，前後在理事會服務七年。

美國生理學會在一八八七年成立，是一個極好的學會。但是經過一百年之後，生理學家以及其他生命科學家對它漸有一種瀰散的感覺，這在一九九〇年美國生理學會長期計畫委員會主席諾畢爾（Ernst Knobil）的報告上有詳細的敘述討論〔165〕。我認爲生理學和生理學會必須積極振奮，推動用分子生物學的方法來做生理學研究，使生理學在現代生物學的前沿取得領導地位。

一九八五年我當選美國生理學會理事後，我就有一個使命感，以推動分子生物學、把它引進到生理學爲己任。一九八七年，美國生理學會在華盛頓召開會議時，我主持了一個「分子生物學和生理學」的研討會，並且與廠商合作設實驗講習班，設有儀器使參與的人接受訓練，有動手做實驗的機會。這個研討會有六百多人來參加。我先給一個淺簡的引言報告，讓對分子生物學沒有經驗的聽眾有一些基本觀念，然後由六位專家來講解如何應用分子生物方法做生理學研究。爲了使這會議的結果能廣泛傳播，我請各位演講人寫了一篇文章，我寫引言，編成一本書（*Molecular Biology in Physiology*[166]）。

一九八八年美國生理學會在蒙特婁開會，我又辦了一次分子生物學研討會和實驗講習班，這次的重點是循環系統。會議的結果也編成一冊書（*Molecular Biology in Cardiovascular System*[167]）。後來有好幾位傑出的生理學家告訴我，因爲這兩次的研討會、講習班和書冊，他們才開始用分子生物方法來做生理學研究。看到他們卓越的成就，使我非常感動喜悅。一九九〇年至一九九一年，我當美國生理學會會長的時候，繼續推動用分子生物學的方法來做生理學研究。我也去國際流變學會議、國際微循環學會議和生物醫學工程學會會議，演講分子生物學對這些領域應用的價值。

在美國生理學會，我們一方面要促進現有會員的興趣和奉獻精神，同時還要招收新會員。我寫信給每位主要生理學系的主任，請他們鼓勵系內教授參加美國生理學會做會員。我們也注重招收學生會員。這些努力的結果使會員人數顯著增加。

•推動整合生理學研究和教育

一九九〇年美國生理學會有七千個會員，爲了增強聯繫，我加強會內各領域分組對年會節目編排的職責，組成一個領域組顧問委員會（Section Advisory Committee, SAC）和理事會聚會，討論學會治理方針。這些溝通使兩單位從幾乎對立的關係變爲合作互助。我在全國各地開始設地區分會，成立了新英格蘭和俄亥俄分會。我去參加這兩個分會會議，向會員報告學會活動情形，討論如何促進學會的功能，增加會員的參與感。

我一直努力推動把分子生物學用於整合性生理學的研究和教育，使年會的科學節目及學會雜誌的論文繼續不斷演進，因此生理學可以整合所有生物階層，由基因和分子到器官和系統。學會也推廣邊境，邀請國際生理學家參加爲通訊會員，並與其他國家合辦雙邊會議。在我的會長任期內，我訪問歐洲（英國、德國和瑞典）及亞洲（日本、韓國和台灣），與那些國家的生理學領導人討論國際生理學合作。

我和台灣的中國生理學會（Chinese Physiological Society, CPS）有密切關係，是他們的榮譽會員。中國生理學會那時的理事長楊志剛，與我合辦美國生理學會—中國生理學會聯合生理學會議，於一九九〇年十一月二日至五日在台北舉行（圖五十）。

有將近五十位美國生理學家參加這次會議，包括美國生理學會一半以上的理事、許多亞洲其他國家的生理學家，以及幾乎台灣所有的生理學家（他們大部分都在美國接受過訓練）。會議節目非常好，學術報告極佳；與會者相互交換科學進展，建立了很多新的研究合作。這次會議對增進科學交流，有很大的貢獻。

爲了促使美國生理學會會員結合分子生物學與傳統的器官生理學，從事整合性研究，使生理學再度發揚光大，我在擔任美國生理學會長期計畫委員會主席任內，以「太陽穿過烏雲，生理學前途光明」爲題，引用莎士比亞名言，寫了一篇積極進取的文章[168]，藉此振奮學會會員，要對前景樂觀、努力發展。

二〇〇三年，我被學會選爲肯能（Cannon）獎演講人，肯能是我指導教授葛古森的老師，他對身體的恆常調控機制有重要貢獻，在他寫的《身體的智慧》書中，有明晰深入的探討。我把他建立的原理，從身體器官演用到細胞分子階層，用「動力訊息傳遞與內皮細胞的恆常調控：細胞的智慧」爲題在聖地牙哥舉行的實驗生物學（Experimental Biology, EB）年會（詳見二四三頁）上發表演講。[72]。二〇一九年我被美國生理學會循環組選爲卡爾維格氏獎演講人，該年四月在紐奧良EB年會發表演講。同年我又被美國生理學會教學組選爲二〇二〇年克勞伯納傑出教育獎得獎人，將在二〇二〇年四月於聖地牙哥EB年會發表演講。在美國生理學會的工作極有趣，而

圖五十　一九九〇年在台北舉行的中美生理學會聯合會議。前排左起：尹在信、Vernon Bishop、錢煦、楊志剛、李小媛。第二排：李賢鎧、陳朝峰、蔡作雍、Beverly Bishop、陳幸一。第三排：方懷時、林茂村、姜壽德、Martin Frank、詹運來、David Ramsey，最後排左二起：郭重雄、黃萬出、王寧。

圖五十一　美國生理學會歷任會長於聖地牙哥年會合影，二〇一四年四月。

且令人有滿意感。所有上述的成就，是很多同仁通力合作的結果。這包括理事會、領域組顧問委員會、各委員會和所有會員、歷任會長（圖五十一）、行政室工作人員和行政主任法蘭克（Martin Frank）。在我擔任會長任內一個極重要的事件，就是美國實驗生物學會聯盟（FASEB）的演變。

美國實驗生物學會聯盟（FASEB）

這個聯盟是美國各生物醫學科學學會的籠罩組織，它在一九一二年成立時只有三個學會：美國生理學會、美國生物化學學會（後改爲生物化學及分子生物學學會，ASBMB）和美國藥理及實驗治療學會（ASPET）。美國病理學會（後改爲美國實驗病理學會，ASIP）於一九一三年加入；美國營養學會（後改爲美國營養研究院，AIN）和美國免疫學會（AAI）在一九四〇年及一九四二年先後參加，使美國實驗生物學會聯盟含有六個學會。

但此後四十多年，還是只有這六個學會，一方面是因為聯盟不主動吸收新學會，另一方面是其他學會認為會費太高（一九八九年時，每個學會要繳交每位會員每年六十美元的會費給聯盟），也無意願參加。當時每年聯盟年會的工業界展示有一筆相當大的收入，會依照參與年會的會員數目，分給每個參與年會的學會。參與聯盟年會的學會可以收到與會費相近的款額，幾乎不需另繳會費給美國實驗生物學會聯盟。

一九八〇年，美國生物化學及分子生物學會覺得年會太龐大分散，決定要分別開會，因此不能從聯盟年會得到收入，但仍要繳一筆龐大的會費，所以想要退出聯盟，這引起其他學會（包括美國生理學會）的連鎖反應，也考慮退出。聯盟董事會面對倒閉的危機，於是在一九八九年於威廉斯堡開了一次三天的會議，討論聯盟的現況和未來。當時我以美國生理學會會長當選人身分參加這個會議。

會議中對聯盟的過去、現在和未來做了深入討論。大家同意聯盟的主要功能應是為各參與學會服務，重點應放在公共事務，特別是爭取國家學術研究經費。其他活動例如求職徵才、出版刊物或主辦年會等，其經費都應該自給自足，不靠各學會的會費。聯盟不再負責主辦每年的聯合會議，而把這個功能交給一個新組成的實驗生物會議組織（Experimental Biology, EB）。聯盟的科學雜誌不再免費送給會員，改為收費訂購。這些政策改變的結果，使聯盟可以把高昂的會費在五年內，遞減到每一會員每年十元。我建議爲了吸收新學會參加，他們可以從開始就只繳每人每年十元的會費。聯盟的三任會長謝奇曼（Howard Schachman，一九八八年至一九八九年）、杜威（Bill Dewey，一九八九年至一九九〇年）和艾金頓（Tom Edgington，一九九〇年至一九九一年）都支持我的意見。這次會議結束時，大家對聯盟的政策原則達成共識，但還是要得到每一個學會的同意才能執行，特別是美國生物化學及分子生物學會（底下簡稱美國生化分生學會）。

美國生理學會理事會對這問題做了詳盡討論，最後決定支持這次會議的決定。我深知得到美國生化分生學會同意的重要性，於是以美國生理學會會長身分邀請他們的三任會長席務基（Bob Schimke，一九八九年至一九九〇年）、倫納茨（Bill Lennarz，一九九〇年至一九九一年）和蘭恩（Dan Lane，一九九一年至一九九二年），以及行政主任漢考克（Chuck Hancock），在一九九〇年十月六日下午一時到奧蘭多，與美國生理學會理事會共同討論這個重要問題。

那天早上我先和理事會做了充分討論，要他們準備如何與美國生化分生學會的領袖平心靜氣地談，勸他們不要退出聯盟。中午我和美國生化分生學會四位領袖共進午餐，做會前的溝通準備，然後去和美國生理學會理事會相聚。這次會議大家很和諧地充分交換意見，非常成功。美國生化分生學會接受我的要求，請我去參加他們即將在貝塞斯達（Bethesda）召開的理事會。

在那次會議上，美國生化分生學會的理事問了很多尖銳問題。我耐心地仔細解釋有一個共同組織爲整個生物醫學研究領域服務的重要性；聚合的力量讓我們能代表數萬個科學家發聲。在研究經費緊縮的時刻，團體力量對我們和聯邦政府的立法及行政機構討論科研預算特別重要。聯盟能使我們成爲一個有團結性的組織，受人重視。

我在討論一個多小時後離開會場，後來美國生化分生學會理事會以一票之差通過決議，支持新的聯盟。由此之後，美國實驗生物學會聯盟果然得到國會重視，對於與生物科學有關的決定很有影響。參與聯盟的學會從六個增加到二十五個。現在聯盟聯合的聲音，可以爲十萬名以上的科學家發言，舉足輕重。

•聯盟的公共事務新方向

在威廉斯堡會議之前，是由各學會會長輪流擔任聯盟主席，每六年主席就回到同一個學會。威廉斯堡會議中做出新決定，主席不再輪流，改由董事會從董事中選出。美國生理學會理事會推我和舒茲（Stan Schultz，一九九二年至一九九三年的生理學會會長），擔任新規章下的兩位聯盟董事。在第一屆董事會上，我被選爲第一任經由選舉產生的主席。

當我在一九九二年擔任主席時，聯盟情況非常不穩定。我很感謝行政主任傑克遜（Michael Jackson）的合作，使聯盟順利度過這一段困難時期。爲了增進學會與聯盟的團結，我主動參加每個學會的理事會，和他們公開坦然的交換意見，討論與聯盟有關的問題。這些直接會面非常有用，促進溝通而避免誤解。新聯盟的主要任務是公共事務（爲生物醫學研究爭取國家經費），我在聯盟總部設立公共事務室，由卡岡諾維奇（Gar Kaganovich）及蓋里遜（Howard Garrison）主導，並創始「國家研究經費共識會議」（Consensus Conference），與有關政府及民間單位研討全國生醫科研經費的需求和分配，達到共識，所提出的建議成爲政府編列生醫科研經費的一個重要參考來源。我還成立了公共事務執行委員會，請各學會派代表參加，每兩週舉行一次電話會議，以便對重要公共事務問題作迅速有效的集體決定，包括研究經費、生物研究倫理及興趣牴觸等。這些措施使聯盟能達到以公共事務爲主的宗旨。

在我擔任主席期間，常從聖地牙哥飛到華盛頓，在國會作證、舉行記者招待會以及主持「共識會議」。我每次去華盛頓，都會和聯盟的總部同仁討論會務，感謝並鼓勵他們的勤勉工作。我曾多次去參、衆兩院，代表聯盟與議員和他們的工作人員談生醫科研對民衆健康福祉的重要，請他們支持科研的需求。每次EB開會，我到處在會場請與會同仁簽名，共同要求國會支持生醫研究。我也在聯盟期刊寫文章，要求會員和所有生物醫學研究同仁，主動積極表達生醫研究對國家社會人群的重要性[169]。我在聯盟工作期間，學到很多有關科學政策和其他與科學有關的問題。我和西弗斯坦（Sam Silverstein）用聯盟工作同仁提供的資料，寫了一篇「單株抗體生醫應用的經濟影響」的文章[170]。

雖然我常去華盛頓，但在加大聖校同時有很多研究工作。在聖地牙哥時，因爲東西兩岸有時差，每天清早起來就有一大堆聯盟送來的傳眞文件，我每天第一件事就是回答這些文件。雖然這一年很忙，但能夠和那麼多志同道合的人爲社會人民服務奉獻，我非常愉快，感覺到有無限的收穫。

•促成與「生醫工程學會」及「唐獎基金會」的合作

二〇〇八年春天，聯盟覺得缺乏工程界的學會，要請生物工程學術團體參加爲會員。因爲我和聯盟及生物醫學工程會（BMES）的密切關係，就由我來負責進行。經過數次聚會討論，生物醫學工程會在二〇〇九年加入聯盟。同年，我被生物醫學工程會選爲聯盟董事，使我在十六年後再度參加聯盟董事會，有機會促進生物工程與生物醫學的合作。

我幫助聯盟和實驗生物會議組織在很多方面與外界合作，其中一個例子就是安排唐獎得獎人在實驗生物會議組織演講。台灣企業家尹衍樑先生成立的唐獎基金會（Tang Prize Foundation），設置「永續發展」、「生技醫藥」、「漢學」與「法治」四大唐獎獎項，每兩年一屆，委託中央研究院辦理提名評選。首屆頒獎典禮於二〇一四年九月十八日在國父紀念館舉行，獎金新台幣五千萬元，由尹先生個人慷慨捐助，鼓勵原創性且有利於地球與人類的卓越研究，發揚盛唐精神。第一屆的生技醫藥唐獎得主是美國的艾力森（James P. Allison）和日本的本庶佑（Tazuku Honjo）。他們兩位都在獲頒唐獎四年後，得到二〇一八年的諾貝爾獎。

二〇一四年十一月五日，唐獎基金會張文昌執行祕書長來信，希望我能和實驗生物會議組織聯絡，請兩位得獎人在二〇一五年三月三十一日的波士頓年會上演講，以期擴大生物醫學研究人員對唐獎的認識，把唐獎精神推廣到全球。由於組織執行同仁布恩斯（Shawn Boynes）、法蘭克（Martin Frank）和愛倫（Linda Allen）的合作幫助，成功地在很短時間內安排了艾力森博士的演講（本庶佑博士則在二〇一六年聖地牙哥舉行的實驗生物學年會上演講）。我擬了一份同意書稿給唐獎基金會和實驗生物會議組織簽訂，今後十年內繼續合作舉辦唐獎演講，經雙方同意後可以延續。

此後兩年，由第二屆生技醫藥唐獎得主伊曼紐・夏彭提（Emmanuelle Charpentier）和張鋒（Feng Zhang），在芝加哥（二〇一七年）及聖地牙哥（二〇一八年）EB年會上給唐獎演講。另一位得主珍妮佛・道納（Jennifer Doudna）則未發表演講。因為前三次唐獎演講都吸引廣大聽眾，盛況空前，EB年會決定由二〇一八年起，把唐獎演講排在會議第一天下午，做為前所未有的開幕式全體會議（Plenary lecture）。二〇一九年，第三屆生技醫藥唐獎得主布萊恩・德魯克爾（Brian Druker）在紐奧良年會上發表演講。另一位第三屆生技醫藥唐獎得主東尼・杭特（Tony Hunter），將於二〇二〇年在聖地牙哥舉行的EB年會上發表演講。第三位得主約翰・曼德森（John Mendelson）不幸在二〇一九年一月逝世。每位唐獎得主都發表了極為傑出的演講，每次演講完後都有大批年輕學生圍繞唐獎得主問問題，這些演講對生技醫藥的發展進步及下一代的教育，有極大的貢獻鼓舞，真正達到了唐獎的目的。唐獎委員會執行長陳振川教授每屆演講都從台北來美國主導，貢獻至鉅。此外有關唐獎的敘述，詳見三一七至三一八頁。

國際生理科學聯盟（IUPS）

國際生理科學聯盟，是國際科學聯盟諮議會（International Council of Scientific Unions, ICSU）的一個生理學國際組織，它包括六十多個國家（稱爲附屬單元）。其執行委員會（Executive Committee, ExCo）由主席、兩位副主席、總書記和財務五人組成。我在一九九七年被選爲任期四年的財務，一九九八年一月上任。

一九九七年七月，我去俄國聖彼得堡參加第三十三屆國際生理科學聯盟大會。俄國生理學會找來辦理大會的公司沒有兌現財務承諾，未支付被邀請的演講人應得的旅費及住食費用。俄國主辦單位無力負擔，儘管聯盟主席（Ewald Weibel）和總書記諾博爾（Denis Noble）多方努力，仍無法解決此問題。

雖然聯盟沒有法律上的責任，但道義上必須給這些受邀演講人一個交代。我在那時接任財務，和韋貝爾、諾博爾、第一副主席諾畢爾（Ernie Knobil）、第二副主席拉托雷（Ramon Latorre）以及執行祕書奧索尼（Sue Orsoni）共同商討。結論是動用聯盟不多的存款，並向各附屬單元請求資助，最後總算解決了這棘手的事件。

第三十三屆大會的財務問題解決後不久，我們就要準備二〇〇一年在紐西蘭基督城召開的第三十四屆大會，那時要討論將在二〇〇五年八月於美國華盛頓召開的第三十五屆大會。美國國際生理科學聯盟委員會（US National Committee, USNC）在二〇〇一年七月選我當第三十五屆大會的主席。幾天後，美國生理學會（USNC的主要成員）建議，把第三十五屆大會改到二〇〇五年四月，在聖地牙哥與實驗生物會議組織會議一同召開，主要理由是避免同一年內在美國召開兩次生理學會，同時也藉由實驗生物會議組織包含不同領域、促進實驗生物學各學門交互討論的機會，增加與會人數。當我聽到這個消息，立刻想到其他國家會覺得美國以大吃小，一定會遭遇他們的反對，所以立刻在七月二十四日通知生理學會會長哈爾（John Hall）和美國國際生理科學聯盟委員會主席赫胥黎（Ginger Huxley）說：「我們一定要寬宏大量，告訴國際學者我們不會舉行像以往那樣以美國爲主的美國生理學會會議，我們會全力支持國際生理科學聯盟大會，把所有與生理有關的節目都列爲國際生理科學聯盟內容，會議手冊和會場標誌都要明確顯示『國際生理科學聯盟』。國際的善意和友情，比美國生理學會在會議中得到任何名義都遠遠重要。一個最重要的原則，就是讓國際生理學界知道這次大會絕不是實驗生物會議組織的一部分，而是一個主體。兩者是夥伴，共同促進科學發展，造成雙贏。」

•消解國際疑慮，贏得大會成功

更改三十五屆大會時間和地點的提案，於二〇〇一年七月三十一日（在紐西蘭開會前三週）送給國際生理科學聯盟各位理事。如我所料，反應很不良好，主要的關鍵是大家都擔心當兩個組織一同開會時，國際生理科學聯盟很可能會被美國實驗生物會議組織蓋過。

新提案要先被聯盟執行委員會通過，送到理事會，最後由全體代表大會在紐西蘭開會時決定。諾畢爾過世後，執行委員會就只有韋貝爾、諾博爾、拉托雷和我四人（圖五十二）。我在去紐西蘭之前就和他們通電話討論，其中以諾博爾最爲支持。我在二〇〇一年八月二十一日到基督城，第二天執行委員會討論時，我一再強調美國生理學會將全力支持國際生理科學聯盟大會，並將要求所有美國生理學會會員及美國其他有關學會的會員，都註冊在國際生理科學聯盟名下。由於諾博爾的支持及韋貝爾和拉托雷的同意，執行委員會一致通過這個新提案。韋貝爾請諾博爾用我給執行委員會的資料，寫了一份同意新提案的備忘錄，由韋貝爾和赫胥黎在八月二十三日簽名後送給國際生理科學聯盟理事會。次日理事會開會一致同意通過美國生理學會的新提案。

二〇〇一年八月二十五日，韋貝爾在全體代表大會致詞說，執行委員會和理事會

圖五十二　國際生理聯盟理事會。左起：Denis Noble，Ewald Weibel，Sue Orsoni，煦，Ramon Latorre，攝於瑞士Bern城，二〇〇〇年。

圖五十三　國際生理學會第三十五屆大會與參加會議的中國學者合影。在煦的右側是姚泰教授，聖地牙哥，二〇〇五年。

對新提案經詳盡考量後認爲可行，並分發國際生理科學聯盟和美國國際生理科學聯盟委員會的同意備忘錄；赫胥黎報告美國生理學會的新提案，最後諾博爾作了一個極佳的總結。全體代表大會進行祕密投票，結果是七十一比三的絕對性贊成新提案，遠超過預期。

二〇〇三年我在國際生理科學聯盟的新聞雜誌上報導大會籌備情況，積極樂觀地歡迎國際同仁來參加盛會[171]。國際生理科學聯盟決定在二〇〇三年四月八日至十日，在聖地牙哥召開理事會，在大會召開前兩年先來視察會場、旅館及其他情況。他們對一切非常滿意，決定在二〇〇五年照預定計畫進行。在四月九日晚上，匡政和我請國際生理科學聯盟理事會和節目委員會成員，共約三十人到我們家參加酒會和宴會。這給參加會議的同仁一個在會場之外放鬆享受的機會，而且對彼此更加認識。大家都很高興，氣氛溫馨愉快，是一場極爲成功的社交活動。

二〇〇五年三月三十日，在國際生理科學聯盟大會開幕前夕，匡政和我再次邀請國際生理科學聯盟理事會以及美國國際生理科學聯盟委員會會員，共約七十人到我們家，舉行一個酒會和宴會。從世界各地來的生理學家都一見如故、傾心交談，全場氣氛參雜了興奮、友誼、快樂和預期，爲第三十五屆大會做了一個非常好的開始。

經過劉麗容的幫助，我們得到聖地牙哥郡長羅伯茨（Ron Roberts）和聖地牙哥市長墨菲（Dick Murphy）的熱忱支持，宣布二〇〇五年三月三十一日爲郡和市的「國際生理科學聯盟日」。

國際生理科學聯盟在聖地牙哥會議中心的布置非常優美；會議中心內外的標誌都相當美麗、和諧、動人（圖五十三）。演講會場安排在很好的位置，而且有明晰的標誌。這些妥善的安排，加上優異的科學節目和社交活動，把以前對合開會議可能影響國際生理科學聯盟的疑慮一掃而空。國際上的生理學家對這次大會都有極正面的反應。在六天大會中，有三千多篇論文摘要發表，五千六百人註冊參加。科學節目內容充實、素質極佳，使這次大會能達到聚世界上生理學家於一堂，交換新知識、建立新友誼的目標。我非常高興和感激能夠跟學會的同仁一起工作，共同努力達到我們的一致目標：共同舉辦一個最好的國際生理科學聯盟大會！第三十五屆大會絕對是極爲成功的！[172]諾博爾在會後寫了一篇文章[173]詳細報導，分析這次大會舉辦的經過。他中文很好，文中引用李白的詩——「兩岸猿聲啼不住，輕舟已過萬重山」——形容這次會議經過很多困難，最後順利成功。二〇一七年國際生理學會理事會改選，由高雄長庚醫院的華瑜教授出任理事長。她是國際生理學會有史以來第一位女性理事長，也是第一位華人被選擔此重任。眞是可喜可賀。亞太生理科學聯盟（Federation of the Asian and Oceanian Physiological Societies, FAOPS）是IUPS五個地區會員之一（其他四個是歐洲、非洲、拉丁美洲和斯堪地那維亞。二〇一一年九月在台北舉行第七屆FAOPS大會，華瑜是會長。我被邀請擔任榮譽主席，並以「Role of Mechanotransduction in Cardiovascular Homeostasis」爲題，發表大會專題演講。

第一屆世界生物力學大會（WCBM）

當迪克和我正要離開紐約來聖地牙哥時，我們被邀請擔任在聖地牙哥召開的第一屆世界生物力學大會共同主席，馮元楨和茨韋法克是第一屆世界生物力學大會的榮譽主席。所有教授、同學和工作人員都盡力幫助這大會，校園有很好的開會設施，註冊參與的有一千多人，超過我們的預期。

會議的科學品質極高，爲以後每四年召開的大會奠定了良好基礎。第二屆至第七屆的大會分別在阿姆斯特丹、札幌、卡加利、慕尼黑、新加坡和波士頓舉行，每屆都極爲成功，現在每次與會人數已超過三千人。

生物醫學工程學會（BMES）

一九九三年，我被選爲生物醫學工程學會最高獎譽（ALZA獎，現改名爲Robert A. Pritzker卓越演講獎）的演講人。當年三月在紐奧良的年會上，我以「內皮細胞與血球細胞力學：分子細胞生物工程之一例」爲題，講述這個新領域的發展及前瞻，這次的講演爲二〇〇八年創立的《分子細胞生物工程》期刊（*Cellular and Molecular Bioengineering*），及二〇一二年設立的專題組織（Special Interest Group, SIG）播下種子。

每年春天，生物醫學工程學會和美國實驗生物學會聯盟（後來是實驗生物會議組織）一起開會，秋天則是單獨開會，由各校輪流主辦。一九九七年，加大聖校被選定於十月二日至五日舉辦秋季會議，由迪克和我主持。不幸迪克在那年八月去世，雖然痛失他的智慧、指導和友誼，但我們還是努力把一九九七年的秋季會議辦好。該屆會議有將近八百人參加，學術報告極佳、會議極爲成功。

從一九九七年到二〇〇三年，我擔任生物醫學工程學會出版委員會委員；一九九九九年至二〇〇一年擔任主席。在這期間，生物醫學工程學會出版的《生物醫學工程學會誌》（*Annals of Biomedical Engineering, ABME*）有傑出的主編，使這本期刊在生物醫學工程領域內居領先地位。

二〇〇六年，我被選爲生物醫學工程學會會長，由於一年前會章做過改變，我是第一個任期兩年（二〇〇六年至二〇〇八年）的會長。在這兩年內學生會員人數增加了百分之三十，從一千六百位到二千零七十五位。學校學生分會數目加倍，由三十個增至六十一個。我開創生物醫學工程學會婦女會員午餐，由一位婦女領袖主講，與女性生物醫學工程家事業家庭有關的題目。我也開辦專爲婦女會員和少數民族會員的茶會，幫助他們在生物醫學科學領域的發展，很多其他會員和學生也來參加，使大家有機會互相認識切磋，給年輕會員和學生很多啓發。

因爲細胞和分子生物工程的迅速發展，我在二〇〇七年七月開始，計劃在《生物醫學工程會誌》之外，辦第二個學會期刊雜誌：《細胞和分子生物工程》期刊（*Cellular and Molecular Bioengineering, CMBE*）。這個計畫進展神速，我們居然在九個月內，於二〇〇八年三月就出版了這個新期刊的第一期，給生物醫學工程學會一個極佳的四十週年慶賀禮物。

能夠史無前例的迅速出版一本新學術雜誌，要歸功於很多人的合作。這包括理事會、執行委員會、總部辦事處、出版委員會主席尤佳納遜（Ajit Yoganathan）、《生物醫學工程會誌》主編麥金泰爾（Larry McIntire）、《細胞和分子生物工程》編輯顧問委員會主席毛昭憲、共同主編郭向東和歐德（David Odde），以及所有的協同編輯。藉由施普林格（Springer）出版公司約翰遜（Aaron Johnson）的幫助，我們能把這份新期刊的紙本版和數位版送給每一位生物醫學工程學會會員，不另收費。

《細胞和分子生物工程》的出版，正符合生物醫學工程的需求，促進了生命科學、醫學和工程交叉領域在細胞和分子階層的發展[174]。生物醫學工程學會在二〇一一年成立了《細胞和分子生物工程》專題組織，每年年初召開學術討論會，節目極佳[175]。二〇一四年一月，生物醫學工程學會理事會通過決議，設立以我爲名的「錢煦細胞和分子生物工程成就獎」，使我感到極爲榮幸。第一屆得獎人是麻省理工學院（MIT）生物工程系教授兼主任勞芬伯格（Douglas Lauffenburger），他在細胞和分子生物工程領域有傑出的貢獻。二〇一五年一月八日，在聖托馬斯島年會時舉行頒獎典禮，勞芬伯格給了優越的演講，爲這新設獎項作了一個極好的啓始。

二〇一六年的頒獎典禮一月八日於紐澳良舉行，哈佛醫學院血管生物教授及懷斯（Wyss）研究院主任因格伯（Donald Ingber）被選爲第二屆得獎人，他以動力細胞學爲題，包含分子機理、器材和治療，作了極佳的演講。

在我會長任期內另一個重要的發展，就是生物醫學工程學會在二〇〇八年以學會會員身分，加入美國實驗生物學會聯盟，使生物醫學和工程學社團開始凝聚。這不但是我科學研究的目標，也是對科學社團的期望。

美國力學工程師學會（ASME）

這個學會有生物工程組，每年都舉辦年會，我也時常參加。他們發行二十多種學術期刊，其中包括《生物力學工程期刊》（*Journal of Biomechanical Engineering*），每年從過去兩年發表的文章中選出最好的一篇，然後將這篇和其他二十種美國力學工程師學會期刊的最好文章放在一起，選一篇全學會的最佳文章，給予麥微爾（Melville）獎章。董澄、迪克、宋國立、葛特和我在一九八八年所寫的〈人類白血球被動性變形的分析〉[24]，被選為一九九〇年的麥微爾獎得獎文章。黃亞奇、拉姆史茲奇（David Rumschitzki）、薛雷（Shelly）和我在一九九五年所寫的〈以纖維間質模型來測定動脈內膜大分子漏過點的擴張〉〔33〕，再度得到一九九六年的麥微爾獎，是唯一得過兩次該項獎的人。二〇一〇年我被選爲該學會會士。

「電機與電子工程師學會」的「工程與醫學生物學會」（IEEE-EMBS）

美國的電機與電子工程師學會（IEEE），是一個世界上最大的技術學會。其目的爲由技術創新促進人類福祉。工程與醫學生物學會是該學會內專注於生物醫學工程的學會，有將近一萬名會員。二〇一一年，我被工程與醫學生物學會選爲榮譽會員，會長梁志培教授告訴我這是繼諾貝爾獎得主勞特伯（Paul Lautebe r）之後的第二位榮譽會員。

二〇一二年八月二十八日至九月一日，工程與醫學生物學會在聖地牙哥召開第三十四屆國際會議，我擔任國際學術節目委員會主席；會議有世界各國三千多人參加，節目優良豐碩，非常成功。

二〇一二年，電機與電子工程師學會的雜誌《博動》（*Pulse*）在七／八月那期，以「聖地牙哥—生物醫學的溫床」爲主題，刊載很多篇文章。第一篇是請我寫 "UCSD's Institute of Engineering in Medicine"[176]，介紹醫學工程研究院給電機與電子工程師學會的會員及其他《博動》的讀者。

國際生物流變學學會（ISB）

生物流變學是研究生物系統流動和變形的學門，其中血液生物流變學專攻血液和血管的流動和變形[177]。一九六六年，柯普立（Al Copley）等學者建立了國際血液流變學會，並開始頒發泊肅葉（Poiseuille）金牌獎，這是生物流變學領域的最高榮譽。一九六九年，該學會名稱改爲「國際生物流變學會」，以此包含整個生物流變學領域。首屆國際生物流變會議於一九七二年在法國里昂舉行。一九七九年，斯托爾茲（J.

F. Stoltz）在法國南錫（Nancy）召開第一屆「歐洲血液流變學與疾病會議」。一九八一年，多曼迪（John Dormandy）在倫敦召開第二屆會議，命名爲「歐洲臨床血液流變學會議」，並創設臨床血液流變學法雷烏斯（Robin Fahraeus）獎牌。我很榮幸被選爲第一屆獎牌的得主，以「血液流變學對疾病之病生理及治療意義」[178]爲題講演。

二〇〇二年九月，第十一屆國際生物流變學會和第三屆國際臨床血液流變學會聯合大會，在土耳其安塔利亞（Antalya）召開，我被選爲泊肅葉金牌獎的第十三位得主，以「流變學對內皮細胞機能調控之分子機理：應力方向之重要性」[179]爲題講演。在這次會議中，我也被選爲國際生物流變學會會長以及二〇〇五年於重慶舉行，與國際臨床血液流變學會合辦的第四屆國際流變學大會共同主席。我很榮幸能和廖福隆教授合辦這次極爲成功的聯合會議，使世界上從事這些領域的學者共聚一堂，交換最新的科學知識，促進生物及臨床流變的進步。

一九九五年，國際流變學學會爲馮元楨和我設立「錢馮年輕科學家獎」，首屆得獎的是中日友好醫院的苗會（莊逢源教授的學生）。他後來在一九九七年至二〇〇四年，於我加大聖校的研究室做出了極好的血管內皮細胞研究。二〇〇五年的重慶大會上，北大的曾杜（文宗曜教授的學生）得獎，他後來於二〇〇七年至二〇〇八年，也在我加大聖校的研究室做過突觸細胞流變學研究。

美國醫學與生物工程研究院（AIMBE）

這個研究院是美國各醫學與生物工程學會的聯盟組織，在一九九一年成立，首屆主席爲聶倫（Bob Nerem）。當時有十五個學會，包含五萬位科學界、工程界及工業界的會員。它的目的是增進社會對這個領域的認識，加強政府和工業界的聯繫，促進學會間的合作，以期經由科學、醫學、工程與教育爲國家和國民服務。

美國醫學與生物工程研究院的院士，是由全國醫學與生物工程界最佳的百分之二人士選出，組成「院士學院」。學術諮議會包括將近一百個教育單位，工業諮議會則由工業界會士組成。這個研究院像美國實驗生物學會聯盟一樣，爲各參與學會在公共事務方面服務，包括爭取國家學術研究經費。

我被選爲一九九八年至一九九九年院士院的主席，主辦一九九九年三月的年會；我以「療劑運送：生物工程學的機會和挑戰」爲主題辦了一個研討會。這次會議非常成功，在此年會上，美國國家科學基金會主席柯維爾（Rita Colwell）和美國國家衛生研究院科學審核中心主任艾倫菲德（Ellie Ehrenfeld）給了非常傑出的專題演講。

兩年後，研究院選我爲二〇〇〇年至二〇〇一年的主席。當時研究院面對的最大問題就是需要促進公共事務活動、加強行政體系、建立良好的財務基礎、增進與各單元學會間的關係。在我主席任內，研究院與美國國家衛生研究院的生物工程聯盟（Bioengineering Consortium, BECON）合作舉辦在二〇〇〇年舉行的「奈米科學與奈米技術」研討會，及二〇〇一年舉行的「整復醫學：組織與器官的成長」研討會。美國醫學與生物工程研究院也參與「醫學技術領導論壇」，將可討論醫學技術發展的重要問題。

爲紀念其第三任主席加萊提（Pierre Galletti），研究院在一九九九年設立加萊提獎爲其最高獎項，頒贈與在促進公衆對醫學及生物工程學的認識，及國家對科學、工程和教育的重視最有貢獻的人士。我是二〇〇四年的得獎人。

這個獎項對我有特殊意義。加萊提是我擔任加大聖校生物工程系系主任時的諮詢委員會主席，他在一九九七年一月由布朗大學來此主持諮詢委員會。他回去後把報告請書記打字後修正，再交給書記繕打成最後文件。但不幸他在三月六日因跌跤而過世。他的書記把那份充滿積極意義的建議書寄給我，成爲我們推動系務的一個重要藍圖。

美國醫學與生物工程研究院和美國放射線研究學院（American Academy of Radiology, AAR）及其他有關學術單位合作，使美國國會在美國國家衛生研究院建立一個新的

「國家生物醫學影像和生物工程研究院」。

美國國家生物醫學影像和生物工程研究院（NIBIB）

美國國家衛生研究院前任院長瓦慕斯（Harold Varmus）和代理院長科爾斯坦（Ruth Kirschstein）在一九九七年成立生物工程聯盟，由副院長鮑德溫（Wendy Baldwin）主持。生物工程聯盟促進美國國家衛生研究院內，各院間有關生物醫學工程的活動，並與院內外生物工程專家合作，每年舉行研討會。二〇〇〇年，美國國會指示美國國家衛生研究院建立生物工程、生物影像和生物訊息辦事處。院外的生物工程界和生物影像界開始討論，在美國國家衛生研究院建立一個專注於這領域的研究院。美國國家衛生研究院已有的研究院和中心覺得這可能影響他們單位內生物醫學工程的功能，因而對此不甚支持。

經過院外生物影像和生物工程界的努力，建立美國國家生物醫學影像和生物工程研究院的提案於二〇〇〇年九月在美國衆議院通過，同年十二月十五日在參議院通過。柯林頓總統在二〇〇〇年十二月二十九日簽署提案（他總統任內最後簽署的一個案件），使它成爲正式法令。

當參議會通過這提案時，我立即覺察到爲這新研究院達到共識的重要性。在聖誕假期時，我擬了一封信預備送到《科學》雜誌（*Science*）登載。信中指出：「新研究院的重點是『科際間的研究』，必須與美國國家衛生研究院已有的研究院及研究中心密切配合，不應包含所有生物影像和生物工程的研究。我建議某些影像和生物工程的研究（特別是專注於某些系統或疾病者），應是現有的研究院和研究中心使命的一環，應該繼續留在原單位。新研究院應致力於跨領域的生物影像和生物工程之基礎和應用研究及訓練，特別是與多項器官、系統、疾病有關聯的計畫。這個新的研究院應加強及配合，而不是減弱或代替其他研究院和研究中心的計畫。」

二〇〇〇年十二月三十日，我接到美國國家衛生研究院代理院長科爾斯坦的電話，約我去一趟美國國家衛生研究院和她及其他高級領導聚會，討論新研究院的事宜。我先把擬送《科學》雜誌的信稿傳眞寄去，然後在二〇〇一年一月二日去美國國家衛生研究院會談；領導人對我信稿內所擬原則極爲贊成。後來科爾斯坦就把這份信稿，做爲院內工作集團所寫的新研究院使命說明書的藍本。爲了要有生物工程和生物影像界的共同支持，我請美國放射線研究學院主席美納德（Doug Maynard）和我一起簽署這篇二〇〇一年三月二十日在《科學》雜誌上發表的文章[180]。

在我擔任美國醫學與生物工程研究院會長任內，邀請科爾斯坦參加二〇〇一年三月一日舉行的年會，發表專題演講。她對美國國家生物醫學影像和生物工程研究院（底下稱美國生醫影像工程研究院）的現況和未來，做了非常詳盡完善的報告，美國醫學與生物工程研究院同仁很是滿意。我也請新研究院的代理院長迪恩（Donna Dean）來參加年會，在三月二日的論壇上談新研究院。她在演講結束後，和美國醫學與生物工程研究院的萊納漢（Jack Linenhan）及美國放射線研究學院的鮑恩（Stan Baum），在台上與會員充分討論交談。他們兩位使美國醫學與生物工程研究院會員對新研究院的現況和未來方向有即時明晰的訊息。有些會員以前對新研究院存有懷疑，但經過這次年會後，大部分都變爲支持者。

美國生醫影像工程研究院建立後，成立院長遴選委員會徵聘院長，我是委員之一。由二〇〇一年秋季開始，委員會做了詳盡考量，面試好幾位候選人，最後決定選擇佩迪古爲首任院長，他在二〇〇二年五月開始，擔任院長迄今。在他傑出的領導下，美國生醫影像工程研究院有極佳的成就，對領導發展生物醫學科技的運用以及整合數理工程與生命科學，以期促進人民健康福祉的使命，有重要貢獻[181]。我很榮幸能夠參加其五週年（二〇〇七年）及十週年（二〇一二年）的慶祝會，並感激院方在兩次慶祝會上都頒發感謝獎狀給我。

美國國家學術學院院士

美國有三個國家學術學院，最早是在一八六三年由林肯總統設立，國會通過的美國國家科學院（National Academy of Sciences, NAS）。在一九六四及一九七〇年，美國國家科學院先後分出了美國國家工程科學院（National Academy of Engineering, NAE）和美國國家醫學科學院（Institute of Medicine, IOM）。三個國家科學院各有兩千餘位院士，同時爲三院院士者現有十五位。

•美國國家醫學科學院

在美國的三個國家學術學院中，我先在一九九四年被選爲美國國家醫學科學院院士。美國國家醫學科學院最初名爲IOM，雖然獨立作業，但仍算是美國國家科學院的一份子。二〇一五年在華裔學者曹文凱院長任內，由美國國家醫學科學院和美國國家科學院通過，改英文名稱爲National Academy of Medicine（NAM）。美國國家醫學科學院的宗旨，是對有關生物醫學科學、醫學衛生、國民健康等問題，供國家諮詢，給予客觀、公正，以證據爲主的權威性訊息和建議（包括政策制定）。美國國家醫學科學院聚集專家學者討論與醫學有關的問題，同時出版報告。二〇〇七年，美國國家醫學科學院與美國國家科學院和美國國家工程科學院共同經由美國國家研究諮議會（National Research Council, NRC），出版一本對美國科學政策有重要影響的書：《超越聚集的風暴》（*Rising above the Gathering Storm*）。

•美國國家工程科學院

我在一九九七年被選爲美國國家工程科學院院士，這對我有很大的意義。我覺得非常榮幸能被選入美國國家醫學科學院，我是學醫出身，有基本醫學的訓練，可是我從來沒有得到過任何正式的工程學位；我的工程知識都是從選課旁聽、自修閱讀、同仁合作及參加會議等方式得來的，不是正途出身，沒有一張文憑。所以被美國國家工程科學院的頂尖工程學家認可，納爲同儕，眞是感愧無似。

更使我感動的是，二〇〇六年美國國家工程科學院頒給我「創始者獎」（Founders Award）（圖五十四）。這個獎每年獎譽一位最能經由職業、教育及個人成就來秉持美國國家工程科學院的理想和原則的院士。當時我的獎詞是：「闡明心血管動力的工程基礎，及由整合工程和生物醫學來發展生物醫學工程學門。」在美國兩百多萬位工程師中，入選爲兩千多位院士之一，已遠超過我的想像，當成爲二〇〇六年唯一的創始獎得獎者時，更令我不能置信，感激之情眞是無法形容。

我在生物工程之外，還得了工程界其他獎譽。二〇〇五年我被美國中國工程師學會選爲全美最佳亞裔工程師（Asian American Engineer of the Year）。二〇一六年我被選爲富蘭克林研究院機械工程獎得獎人，頒獎典禮於當年四月在費城舉行。二〇一七年我被中國工程師學會選爲一百週年獎章受獎人之一。

我在此寫出我在工程方面得到的認可，主要是和年輕朋友分享我的經歷感觸。我們要做我們喜歡做的事，只要有基本的知識能力，不要怕嘗試新的方向。我們有很多

圖五十四　美國國家工程科學院創始者獎，由主席Paul Peercy頒發，二〇〇六年。

潛力，常常自己不知道，要接受考驗才能充分發揮。我們在學校學的知識是很重要，但那只是一個基礎，我們要學到如何學習、終生學習，創造我們的前途；發揮自己的能力，奉獻社會人群。

•美國國家科學院

美國國家科學院是三個國家學術學院中最先成立的，美國國家工程科學院和美國國家醫學科學院都是由它分出來的。雖然三個學院都有崇高地位，但一般還是認為美國國家科學院是最頂尖的。我在二〇〇五年被選為美國國家科學院院士，比美國國家工程科學院和美國國家醫學科學院分別晚了八年和十一年。二〇〇五年四月二十二日至五日，在華盛頓美國國家科學院舉行年會。四月二十三日下午在大禮堂舉行新院士入院典禮，簡單隆重。每一位新院士上台、由院長西塞羅（Ralph Cicerone）頒發院士證書後，在院士簽名本上簽名（這慣例從一八六三年第一屆開始），正式成為院士。當時我是擁有三院院士頭銜的第八人，有些中文報紙說是「三冠王」。

美國國家科學院於二〇〇五年總共選出七十二位美國籍院士和十八位外國籍院士，台大醫學院陳定信院長與我同年入選（圖五十五）。匡政與我很高興能在這盛典

圖五十五　煦與匡政在美國國家科學院二〇〇五年新當選院士看板前留影。看板最上行右起第二人是煦，第三位是陳定信院士，兩人於同年當選。

上和他們夫婦相會。

• 美國藝術及科學學院（American Academy of Arts and Sciences[17]）

美國藝術及科學學院不屬於美國國家科學學院系統。它在一七八〇年由麻省立法建立，當時獨立戰爭尚未完全結束，憲法也尚未草擬。是美國歷史最悠久的學術團體之一。其目的是聚合最傑出的國民來研討大眾關心的社會與文化問題，並把知識轉成行動。院士除了科學家以外，還有政治家、社會學家、藝術家、作者及演員等。我在二〇〇六年被選爲院士，和匡政去哈佛大學參加大會。那一年入選的有柯林頓總統、名電視演員亞倫・艾達（Allen Alda）、新加坡大學校長施春風等。台大同學曾立人、陳華琴、劉麗娜、萬祥玉、施益安等都去觀禮。中文報記者訪問，在報上登我得了「大滿貫」（三個國家科學院加上美國藝術及科學學院）。

17 American Academy of Arts and Sciences一般不簡稱AAAS，以免與American Association for the Advancement of Sciences混淆。

美國國家科學獎章

美國國家科學獎章，是美國國會在一九五九年立法設定，由美國國家科學基金會替白宮執行。這獎章每年頒發給幾位對科學及工程有傑出貢獻的學者。總統指派一個委員會，由他們在化學、工程、電腦、數學、生物、行爲社會學以及物理科學等領域選出有傑出學識和貢獻的人。

二〇一一年九月二十日，總統科技助理及科學技術政策室主任約翰・霍爾登（John Holden）送一份郵件給我說：「我很高興代表歐巴馬總統通知你已被選爲國家科學獎章受獎人。這是美國政府對科學家和工程師所頒發的最高榮譽。恭喜！」接著，他的助理跟我用郵件和電話聯絡，安排我和家屬去白宮參加在二〇一一年十月二十一日舉行的，二〇一〇年國家科學獎章頒獎典禮。總統的正式公告在二〇一一年九月二十七日發出。

從一九五九年到二〇〇九年，總統科學獎章曾頒發給四百六十一位受獎人，平均每年頒發九位。二〇一〇年只有七位受獎人，其中三位的工作與基因學有關、一位是化學家、兩位是數學家；我是其中唯一與工程學或生理學有關的受獎人。我的授獎頌詞是：「心血管生理學和生物工程學的拓荒開創性工作，由此對微循環、血液流變學和力學訊息傳導等領域對人類健康疾病之巨大貢獻。」

我非常高興我的家屬能夠去華盛頓參加這個重大典禮。十月二十日，典禮的前一天，美國國家科學基金會副主任馬瑞特（Cora Marrett）給了一個極好的接待會，讓所有受獎人和家屬能會面暢談。那天晚上，台北經濟文化辦事處代表袁建生盛情邀我們全家，和胡適先生與夫人之孫胡復去雙橡園官邸，給我們精美可口的中式晚宴和愉快的談天敘舊。當復弟任駐美代表時，我們曾多次去優美的雙橡園，如今舊地重遊，倍感親切。

二〇一一年十月二十一日的國家科學獎章典禮在白宮的東室舉行。七位國家科學獎章得主和五位國家技術獎章得主先到台上就座。歐巴馬總統進場與大家招呼後，給了一場精采的演講，特別指出科學與技術對國家和人民的重要性。獎章頒發次序是先給科學獎章（依照英文姓氏排列）。每位受獎人依次站起，與總統並立、面對觀眾。一位穿制服的軍官讀完受獎辭後，受獎人和總統就轉爲互相面對。總統和我親切地握手，然後把獎章用彩帶套在我的頸上，再度握手並交談（圖五十六）。我向他感謝對於科技的大力支持，我說這個重大的榮譽會使我加倍努力，以期經由科學給國家人民

圖五十六　美國總統歐巴馬頒發美國國家科學獎章。白宮西廂辦公室，二〇一一年十月二十一日。

圖五十七　獲頒國家科學獎章後，全家在白宮紅室合影。二〇一一年十月二十一日。

圖五十八　煦在加大聖校工學院慶賀獲美國國家獎章的大電視牆前，與研究室同仁合影。二〇一一年九月二十七日。

更多的貢獻。總統再度微笑，誠摯地說恭喜和感謝我傑出的成就。

典禮完畢後，受獎人和總統單獨及群體照相，然後，我們全家參加盛大而親切的招待會，同時遊覽白宮每間優美莊嚴的房室。我們全家在白宮照了很多張相片（圖五十七）。那天晚上在麗思卡爾頓（Ritz-Carlton）旅館有一個隆重的慶祝晚宴，包括放映影片及介紹每位得獎人的生平，整個可貴永憶的典禮於此結束。

這次得到國家科學獎章是一個神奇的經驗，我將永念不忘。使我無限感動的是，在加大聖校，聖地牙哥和其他地方的同事親友給我不可想像的熱誠慶賀。從二〇一一年九月二十七日起，加大聖校傑各布斯工學院在第一大樓的入口大廳放了一張極大（約十五呎乘二十呎）的我的照片（圖五十八），留在那裡一個月之久。我後來才知道，十月二十一日我在白宮領獎時，生物工程系在馮元楨講堂現場播送儀式；當我接受總統頒發獎章時，全場起立大聲歡呼。我聽了之後，深深感動之情由衷湧來。聖地牙哥《聯合論壇日報》（*Union Tribune*）爲我獲得國家科學獎章，刊登了兩次頭條新聞，把我的相片放在第一版。華文《世界日報》、華人雜誌和其他媒體與網路，也有很多詳盡報導。加大聖校和聖地牙哥社團爲我辦了很多次動人的慶祝會。我從世界各地的友人收到很多珍貴的慶賀郵件、卡片和信件。我對這麼多溫暖友情的流露，眞是萬分感激、愧不敢當。

第十一章　在台灣的學術活動

一九六六年至一九六七年在台大的休假

在哥大工作每六年有一年的休假，我在一九六五年開始準備休假。那時我們在研究纖維蛋白元導致紅血球聚合、對血液流變學的影響，所以我想要學纖維蛋白元的分子結構和功能。

一九六五年底，我準備去位在倫敦的英國國家醫學研究院實驗室，做六個月的休假研究。但母親在一九六六年初生病了，所以我就改變計畫轉赴台灣，在台大生理系休假工作。在那六個月中，我給醫學院六年級和七年級的學生開了一門「心臟血管生理學」的研究所課程，也教三年級學生生理學課程內的循環系統；同時我也主持幾個研究計畫，其中一個是追蹤一九五〇年哥大生理系教授艾倫（Tom Allen）在台大所做，測定人體血量和脂肪量的實驗。

我決定在十六年後找這些被測人回來，再度測量、探討年齡對這些生理指數的影響。我在一九五〇年時是一個學生被測人，一九六六年我很幸運能夠跟以前的老師（方懷時、彭明聰、黃廷飛等幾位）一起做這個實驗，又是實驗者、又是被測人。這實驗測出十六年之後血量和脂肪量的變化，以及兩者之間的關係，非常有意義。

這個實驗結果寫成兩篇文章，在《應用生理學雜誌》（*Journal of Applied Physiology*）上發表[182、183]。當我在台灣休假的時候，我完成了一篇「交感神經系統在失血時的作用」的綜述論文[184]，在生理學雜誌中具有最大影響力的《生理學評論》（*Physiological Reviews*）發表。這六個月的休假，讓我和匡政可以跟我的父母和我們的兄弟在一起；美儀、美恩在學校裡也學了不少中文。在這段期間，母親身體逐漸恢復健康，到我們離開的時候已經好了很多。我很高興能夠把我學到的知識回饋給母校。這次休假是一個非常有意義的經驗。

近十餘年來在台大參加的活動

二〇〇六年五月，我被時任台大校長李嗣涔先生邀請評鑑生理學研究所。那次我有機會見到郭鐘金所長和所內各位教授及學生，同時也看到我的老師方懷時和彭明聰兩位院士。我對所內研究和教學的顯著發展印象極深。

在二〇〇六年，我非常榮幸被李校長和醫學院陳定信院長頒贈母校國立台灣大學的榮譽博士學位。二〇〇八年，我被選爲在中研院和台大的李卓皓講座發表兩次演講。這講座是紀念國際聞名的內分泌權威李卓皓院士。二〇一〇年五月，被李校長邀請參加台大腦與心智科學計畫的國際科學諮詢委員會委員，其主席爲莊明哲。

台大一九五二年畢業的同學，在一九七二年開了一個台大早期畢業同學校友會（NTUEG），後來擴展到包括較晚畢業的同學，每兩年開一次同學會。匡政和我參加了很多次校友會會議。二〇〇八年三月二十二日，我是聖地牙哥校友會的主講人。我也被邀請在台北二〇一三年的會議上演講。南加州台大校友會在洛杉磯於二〇一三年舉行四十週年慶賀，也請我去演講。

中央研究院院士會議

中央研究院是中華民國的最高學術機構。它於一九二八年在南京建立，一九四八年遷移到台灣；留在大陸的機構名稱是中國科學院。中央研究院遷移到台灣後，在一九五七年開始選舉第二屆院士；從一九六二年起，每兩年召開一次院士會議選舉院士。如第一章所述，我在一九七六年當選中央研究院院士。從一九七八年起（圖五十九），我從未間斷參加每兩年一次的院士會議。

在中央研究院的工作，除了後面將提到的生物醫學研究所外，我也是分子生物研究所、基因體中心及應用科學中心的諮詢委員。從一九八二到二〇〇二年，我被選為中央研究院評議員，評議委員會是中央研究院最高的統轄機構。在那期間，我和吳成文被選為院士會議生命科學組的共同召集人。

一九九八年院士會議在晚間聚會，當時的行政院副院長劉兆玄與院士座談，請大家談對政府的建言。我和黃秉乾起立發言，認為大學畢業生服兵役不是有效運用國家人才的方式，請政府考慮以對國家建設、軍民健康有關的研究代替畢業生軍訓。得到

圖五十九　第一次參加中央研究院院士會議（白箭頭者），父親（黑箭頭者）坐右起第六位，一九七八年。

劉兆玄同意後，我們兩人當場寫了一份書面提議，有六十多位院士由李遠哲領銜聯署，導致兩年後實行的國防役，以從事國防相關科技研發來代替軍訓，以及後來的替代服務役。

籌劃與建立中央研究院生物醫學科學研究所（IBMS）

在一九八〇年中央研究院院士會議上，余南庚（美國心臟學會會長和羅徹斯特大學心臟科主任）和其他三十位院士（包括我在內），共同提議建立生物醫學科學研究所（以下稱生醫所）。我和蔡作雍在會議即將結束時寫了提案，趕在散會前通過（否則需等到兩年後的下屆會議）。提案中指出，生醫所不但將在中央研究院進行尖端生物醫學研究，並且要在整個台灣發揮領導作用，促進各大學和醫學院的合作。生醫所成立一個設所諮詢委員會，由余南庚任主席，十位委員中有五位在美國：余南庚、何曼德、艾世勛、曹安邦和我。因爲余主席在美國，大部分事情都是由國外五人做成初步決定，然後送到台灣請其他委員提意見和同意。一九八六年，吳成文參加在美的諮詢委員會，委員人數增加到六人。諮詢委員會計劃成所事宜，包括生醫所研究的方向及大樓的設計。大樓在蔡作雍盡心監督下，於一九八六年完工。

諮詢委員會在美國延聘研究人員，這小組由我負責，除了諮詢委員外，還有何潛、羅浩、鄭永齊等多位院士參加。在美延聘研究人員的主要目標，是請到長期在台工作的研究人員，但這很不容易，因爲我們要聘的傑出研究人員都已經有長期穩定的研究室，或者很大的研究團隊及尖端的研究計畫；加上家庭因素，包括配偶意願和小孩教育等問題，很難長期回台。因此我們同時也尋找願意短、中期回台到生醫所工作的同仁。到一九八六年底，我們請到了于重元、王寧、吳明道、何國傑、邱輝鐘、黃英星、黃銳光、趙麗洋、鄭永齊、潘文涵、潘奇妙、謝絹珠、卡若拉（M.C. Carrara）和納特（Louise Nutter）來生醫所工作一年或更長的時間。

因爲細胞生物學有迅速的發展，是生醫所各領域研究的基礎（包括心血管、神經系統、感染病等），我們很希望能夠請到這方面的傑出專家學者。何潛和我多次討論之後，決定組成一個細胞生物學家的團隊，每一位回生醫所來工作三個月，每次二人，前後銜接，像一個接力隊。這個計畫受到諮詢委員會的支持，我們就邀請十幾位傑出的華裔細胞生物學家，組成一個創新的接力研究團隊，包括王立明、王寬、汪裕華、汪育理、吳忍、林敬清、林欣、張迪安、孫同天、陳良博、陳文典、葉成耀。

我們在紐約聚會多次，計劃群體研究，經過詳盡考量與多方討論，最後選了食道上皮細胞的生物學研究。這個決定是基於參與人員的專長及對台灣的重要性（食道癌在台灣是相當常見的疾病），同時這個課題不在團隊人員在美的研究範圍內，可以避免重複。

我們在組接力團隊的同時，也著力於延聘長期研究人員。我認識耶魯大學血液科主任賓茲（Edward Benz），他介紹他的博士後研究員唐堂給我；我請唐堂來哥大見面，相談後我們都覺得很興奮，因此唐堂就在一九八八年來到生醫所，成為生醫所一位重要的研究人員。

一九八六年十一月，在紐約舉行的諮詢委員會上，委員決定生醫所要在一九八七年一月成立。當大家以為余院士會依原定計畫回去當籌備處主任時，他卻因事不能離開羅徹斯特大學，於是大家選我回台灣去成立生醫所，因此我需要向哥大申請在兩個月後休假（一般應在半年前申請）。因為我在過去三十年中只有拿過一次半年的休假，而且我答應在休假期中仍會回哥大去教課，校方很慷慨地答應了我的要求，並給了我一年半的假期。我在短短的兩個月內要安排我的研究室、我的家及其他一切，回台灣成立生醫所。

•在生醫所的一年半時光

當我在一九八七年一月到台灣時，生醫所的新大樓已經蓋好，可是相當的空，只有三位研究人員（蔡作雍、李小媛、趙麗洋）。其後，好幾位受聘的研究人員才陸續在一月和二月來到生醫所工作。

我到生醫所時，發現國科會（現在的科技部）覺得接力方式沒有前例，對我們申請的細胞生物計畫經費未做決定。當天晚上我寫了一封四頁的信給國科會主任委員陳履安和副主任委員劉兆玄。第二天一早去見他們兩位，解釋這種研究方式的效益。他們聽了以後就核准我們的申請案，使我們可以開始做研究。

我到生醫所後，經常和所內同仁聚會討論，爲向國科會做群體計畫申請作準備。生醫所和它的姊妹所分子生物研究所（分生所，當時的主任是王倬）同時申請群體計畫，兩件都被批准，爲台灣創始群體計畫。這計畫加上中研院的經費，使生醫所的研究能順利進行。我也非常感激私人企業的慷慨幫助，包括王永慶、楊敏盛等人。生醫所和比鄰的分生所有很多密切關係。王倬在一九八七年六月底返美，由黃周汝吉接分生所主任，汝吉和秉乾夫婦在一九八七年七月從約翰．霍普金斯大學（Johns Hopkins University）返台。汝吉和匡政在抗戰期間，在重慶是很要好的小學同學，在台灣又相聚，極為愉快。我非常榮幸能和王倬、汝吉、秉乾合作，共同發展分生所和生醫所。

一九八七年初，我到台灣每所醫學院去介紹生醫所，我告訴各校教授和學生在這個新的研究所裡的各種良好研究和訓練機會。我請同學和年輕的研究人員到所內來做研究和接受訓練，加強他們的研究能力，很多醫學院學生到生醫所來做研究，特別是在暑假期間。

詹恭明在一九八七年從哥大休假到生醫所一年，負責學生訓練。在學生開始做研究之前，先給一系列如何做研究的演講，學生對這學習機會都感到非常興奮；他們也使所內同仁覺得鼓舞激動，好幾位同學的研究結果在國際雜誌上發表。很多位當年的學生現在已經在美國或台灣當教授了，這些訓練很有意義，非常成功。

我在台灣的一年半時間內，很幸運能有好幾位研究生跟我在生醫所做心血管研究、攻讀哲學博士或臨床醫學博士學位。我是好幾位學生的論文指導教授（或與其他教授共同指導）[18]。

一九八七年至八八年，生醫所舉辦了一系列研討會和研習會。每一位在生醫所做三個月團隊工作的細胞生物學家都發表演講或講習，和大家分享他們的專長及研究成果。第一次是由愛荷華大學林敬清和麻省大學的汪育理講單株抗體和顯微鏡影像技術，這些正是當時台灣需要建立的尖端技術。這研習會在台灣學術界引起很大的迴響。生醫所必須在另一間教室裡裝設閉路電視，才能容下另外兩百人，總計超過四百人的聽眾，眞是盛況空前。

一九八七年的夏天，幾乎每一位我哥大實驗室的同仁，都到中研院生醫所來幫助建立所內的研究[19]，其中很多位都不是華人。他們去生醫所助陣是因爲我們之間的友誼，同時他們願意接受挑戰，幫助建立這個遠處的新研究所。那年夏天、我們開了一門「微循環及細胞生物物理學」的課程，有八位同學註冊上課，可是班上經常有七十多位來聽講，甚至有幾位我以前的老師。後來有幾位學員在台灣做與這課程有關的研究計畫。

一九八七年八月，我趁世界微循環大會在東京開會之便，在台灣接著舉辦一個衛星會議，請到四十多位國際知名的微循環學者來生醫所，開了一個世界級的研討會。

---

18 彭洪文、湯月碧、紀朗明（清華大學吳文桂共同指導）、郭正典（陽明大學姜必寧共同指導）、陳玉怜和蔡安一（台灣大學林槐三共同指導）。

19 Steve House、Herb Lipowsky、Silvia Rofe、Geert Schmid-Schönbein、George Schuessler、Shlomoh Simchon、Aydin Tözeren、宋國立、曾藍萍、詹恭明、和宇佐美。

我還把這個研討會做為我們微循環及細胞生物物理課程的一部分，引起了大家更大的興趣。

• 培育台灣醫學人才

除了提升生醫所的研究工作之外，我也負責促進台灣各醫學院和醫院之間的合作。前中研院院長吳大猷撥了一筆經費，支持在台北的三大醫院（即台大醫院、台北榮總醫院和三軍總醫院）及醫學院設立的臨床研究中心。我開始舉辦醫院間的共同討論會及合作研究，鼓勵在每個醫院內不同的科系合作做研究工作。

一九八七年由於曹安邦與彭汪嘉康等各位的幫助，生醫所和台北的三個醫學中心合作，開辦癌症醫師訓練計畫，由威斯康辛大學的卡彭（Paul Carbone）教授主持。美國多位卓越的癌症臨床教授應邀到台灣來參加這個計畫，訓練了每個醫學中心兩位，共六位傑出的醫師，教他們現代化的癌症診斷、治療和預防的觀念及方法。這計畫不但把現代化的癌症防治方法引進台灣，也促進三個醫學中心的互相合作（圖六十）。

在執行一年後，這計畫非常顯著成功，很多台北之外的醫學中心都要來參加。一

圖六十　中央研究院生物醫學科學研究所癌症專科醫師訓練。坐一左起：張元吉、煦、韓韶華，攝於一九八八年。

九八八年，我們擴充這計畫，加了國立成功大學醫院、高雄醫學院的中和紀念醫院與長庚紀念醫院。我返美後，由吳成文繼續發展這個重要計畫，經過這計畫訓練出來的醫師對台灣癌症醫學的進步有重大貢獻。此後，國家衛生研究院由何曼德主持的感染病醫師訓練計畫，也是同樣成功。

爲了成立一個新的研究所，我有很多研究、教育和行政工作，同時要和其他研究單位及政府機構合作，日程排得非常緊湊，不容易找到足夠的睡眠時間。因爲需要參加在台北市的大學、醫學院和醫院，以及政府機構舉行的與生醫所有關會議（包括餐會），我每天要坐計程車從中研院到台北市（當時沒有捷運，單程需要一小時；有時每天不只一次來回）。所幸我能在車上睡覺，得以補足睡眠、保持身心健康。

•成功有賴團隊合作

我在生醫所非常忙，同時在哥大實驗室也還進行很多研究，所以我必須在兩方面都保持連繫。我於一年半內，在台美之間飛行來回七次。那時還沒有電子郵件、手機或即時通訊軟體等工具，我用傳眞（美國那時才開始用）來保持聯繫。爲了要使台灣的研究單位、公衆機構和民間人士能瞭解生醫所的使命和活動，我一到所內就開始編一本簡介。第一版只有十頁，是以簡單的複印方法印製的中文小冊。我們不斷地修改增進，兩版之後我們在一九八七年十一月用排版方式，印了一本二十六頁的簡介，封面上也有彩色圖片。一九八八年六月在我離開生醫所之前，我們出了一本九十頁的簡介，其中有四十張圖片（有些是彩色的），生動地描繪生醫所的研究活動和資源。我非常感謝生醫所的研究和行政同仁的盡心合作，特別是李小媛博士，對這些簡介編排的傑出貢獻。

一九八七年至一九八八年，在生醫所研究工作有傑出的研究團隊[20]（圖六十一）。有好幾位目前仍在生醫所進行傑出的研究，也有多位在其他學校或機構做卓越的研究及領導工作。他們對台灣生物醫學研究貢獻至巨。在生醫所我們建立了很多台

---

20 生醫所一九八七年至一九八八年的研究人員列舉如下。循環系統研究有王寧、江美治、李健平、邱輝鐘、吳明道、唐堂，陳錦澤、陳麗村、曾漢民、黃銳光、劉宗源，趙麗洋、謝絹珠、蘇正堯、M.C. Carrara，以及在暑期中由哥大來到生醫所工作的同仁。
神經科學研究有蔡作雍、李小媛、潘奇妙。
癌症及病毒研究組有于重元、李德章、林欽塘、何國傑、邱政夫、黃英星、楊文光、鄭永齊、Louise Nutter。
在生醫所做短期接力細胞生物學研究的有王立明、汪育理、汪裕華、吳忍、林欣、林張迪安、林敬清、孫同天、陳文典；做較長期細胞生物及免疫學研究的有高閬仙、張槐耀、楊泮池、葉明陽、謝王廣美。
流行病學及公共衛生研究有陳建仁、梁賡義、潘文涵、劉武哲。

圖六十一　中央研究院生物醫學科學研究所團體照，一九八七年。

灣以前沒有的優良核心設施[21]，每一位同事的勤奮工作對生醫所的成長都有重要的貢獻。

生醫所之所以能夠成功，除了同仁的共同努力外，政府和中央研究院的領導及支持也極爲重要。吳大猷院長在一九八七年一月我到生醫所，所內經費拮据時，撥發第二預備金，使生醫所能夠有一個良好的開始；之後在建所頭幾年的經費和人員編列，也都親自督促增加，使生醫所能持續成長。他還常來所內領導參加多項活動，包括研討會、講習班，與年輕研究人員及學生座談等，傳授學識、鼓舞士氣。

此外，他還從院方撥發經費，開創上述的臨床醫學研究中心及癌症醫師訓練計畫。他並接受我的建議，向政府請求提升特聘研究人員待遇，後經政府獲准。最初只限於生醫所和分生所，但此後不僅延伸到中研院其他研究所，而且應用到大學，對台灣研究教育有極大影響。吳院長對創建國家衛生研究院也極爲支持，帶我和其他同仁去見國家首長，申述國衛院對國家醫藥衛生發展、國民健康福祉的重要。前面說過，

21 生醫所一九八七年至一九八八年的核心設施工作同仁，包括王芙娟（電腦室）、劉周斌（機械室）、林瑞和（動物室）、吳文欽（醫工機械室）、陳麗玲（圖書館）、陳錦桐（美工室）、孫佩芬（庫房）和陳國昌（總務室）。行政室有陳麗秋主任、杜淑卿、林素琴、胡彩雪、侯秀慧、張淑娟、詹美玲、鄭雅苓。

我很幸運受到很多位父執長輩的照顧和指點。我在生醫所工作及其後幾年，能夠追隨吳院長，受益極大。他即使在困難複雜情況下，只要認為是正確的方向、有助大局，他不懼反對、勇往直前，這是非常值得敬佩和學習的。

在生醫所的一年半，的確是最值得記憶的時日。研究同事、學生與工作人員的奉獻和勤勉，令人非常敬佩。大家幾乎日以繼夜的工作，所內的氣氛令人振奮，士氣極為高昂。每一位來到生醫所的人都成為傑出團隊的一員，都覺得非常興奮。好幾位我認識很久，一向努力工作的科學家（例如詹恭明），在生醫所能達到一個更高的境界，令人難以置信。好幾位在其他國家出生的美國研究人員，在來到生醫所時都非常感動，到了幾乎流淚的程度，因為他們覺得為什麼在他們的祖國不能也有這樣的成就。那是一段特別的時光，生醫所對我來說，永遠是一個有特殊意義的地方。

•一九八八年七月以後的發展

一九八八年七月，我離開生醫所回到美國，吳成文在紐約州立大學石溪分校休假回到台灣，繼任生醫所籌備處主任。他夫人陳映雪是一位卓越的癌症分子生物學研究人員，也來到生醫所做講座科學家，不幸她在二〇〇〇年因乳癌過世。回台一年以後，吳成文決定長期留在台灣，這對生醫所和台灣醫學研究是一大幸事。他從一九八八年到一九九六年的長期傑出領導，對生醫所的發展非常重要。吳成文在一九九六年轉任國家衛生研究院院長，伍焜玉院士從德州回來，繼任生醫所所長三年，成就卓著。接著陳垣崇院士從杜克大學回來繼任，從二〇〇一年到二〇一〇年連續三任（每任三年），貢獻深遠。二〇一〇年，劉扶東院士從加州大學戴維斯分校回台擔任生醫所所長迄今，對所務發展建樹至巨。在所長替換期間是由李德章教授任代理所長，極有貢獻。我很高興這些傑出的科學家願意在台灣為生醫所領導服務，我也很感激三十年來，吳大猷、李遠哲、翁啓惠三位中央研究院院長對生醫所的大力支持領導，使它能發展成為遠東研究的尖端重鎮。

我在一九八八年離開生醫所之後，仍繼續參與生醫所的成長和發展。一九八八年到二〇〇八年，我擔任學術諮詢委員會主席，其間還為生醫所建立了審核制度，邀請專家學者來生醫所審查研究進度，建議如何更求進步及將來的發展方向。在這期間每年都回來至少兩次，參加很多學術會議和慶典，例如一九九九年生醫所新大樓開啓時，我受邀給與學術演講（圖六十二）。

•生醫所所友會

二〇一四年，劉扶東所長舉辦生醫所開創二十七年來，第一次的「所友會」活動前夕（十二月三日），由孫同天、羅秀容等幾位發起生醫所細胞生物學同仁，在南港展覽館寒舍樂廚晚宴聚會，共有二十多位參加。我和匡政應邀出席，大家暢談過去一同歡聚的時光和這些年來的進展。

當年在生醫所做接力團隊的各位主持人，大部分仍在美國繼續他們的傑出細胞生物學研究。生醫所細胞生物學最成功的所友，是當年的博士班研究生楊泮池，他現在是台灣大學校長，在肺癌的基礎和臨床研究上有傑出成就。當年的優秀研究助理，都對台灣生物醫學的發展有重要貢獻。細胞生物團隊的研究計畫進行極爲成功，由於群體的接力合作，對食道表皮細胞生物學研究有重要貢獻，發表了多篇很好的論文。一九八九年六月二十六日至二十八日，細胞生物組同仁在生醫所舉辦「細胞核的生化及結構動態」國際研討會，有一百多位學者從七個國家來參加。汪裕華、王立明、張槐耀、吳成文和我把在這國際研討會上發表的十七篇文章編成一書，由出版社在一九九〇年出版。整體來說，細胞生物學的同仁對台灣生物醫學科學的發展有重要貢獻。

生醫所的所友會於二〇一四年十二月三日在生醫所禮堂舉行，由李小媛教授先回

圖六十二　生醫所新大樓啓用典禮演講後，時任院長李遠哲贈送獎牌，一九九九年。

圖六十三　煦於第一屆生醫所所友會發表演講，二〇一四年十二月三日。

顧生醫所的歷史及發展，接著是歷任籌備處主任及所長（蔡作雍、錢煦、吳成文、陳垣崇、劉扶東）致詞。我致詞時說了些當年的趣事，大家都歡欣回憶（圖六十三）。那天還有展示生醫所歷史圖片及說明的歷史迴廊揭幕典禮，大家回到禮堂看錄影帶，播放多位國內外生醫所所友生活花絮後，由所友代表陳建仁、孫同天、王寧、裘正健、陳健尉、陳麗秋等致詞，並穿插抽獎及精彩表演節目。劉所長致謝詞、切蛋糕、餐敘。所友們度過了一個極有意義、非常愉快的第一屆所友會，大家都期望能再相聚。

國家衛生研究院（NHRI）

在一九九〇年初葉，中央研究院生命科學組的一群院士建議成立一個類似美國國家衛生研究院的「國家衛生研究院」。國衛院的使命是增強協調衛生醫藥研究、探討重要疾病、發展新穎醫學技術、改進衛生政策和預防醫學，並訓練衛生研究人員，其最終目的是要增進人民的健康和福祉。

為了要在政策上有相當彈性，雖然最初的經費來源是中央政府，但我們還是建議國衛院設為一個財團法人。那時台灣生物醫學研究基金的唯一來源是國家科學委員會（國科會），只占所有研究基金的百分之十五，這比一般先進國家（例如美國）的比例低很多。建立國衛院的好處，是可以有另一個國科會以外的基金來源，而且可有一個組織機構來協調台灣的衛生科學研究。台灣的生物醫學機構社團一般都非常支持這個建議，但在政府審議時遭遇不少困難，原因是國科會覺得這與他們的功能有所重疊，在一九九三年初似乎這個計畫會被打消。那時我正要去台北參加生醫所諮詢委員會議，在去台灣的飛機上，我就想如何能挽救這個台灣生物醫學研究的重要發展計畫。到台北之後，我請吳大猷院長和張博雅署長安排諮詢委員會去見政府最高領導人，包括前總統李登輝和前行政院院長連戰。他們在聽取我們的報告，了解國衛院的重要性後，同意進行建立國衛院。第二天的報紙都大幅報導這消息。標題上說：「國家衛生研究院起死回生」或「國家衛生研究院敗部復活」。這是國衛院誕生的一大轉捩點。

在此之後，由於國衛院（籌備處主任吳成文及很多能幹的同事、諮詢委員會委員）、衛生署（署長張博雅）、台灣生物醫學研究機構和社團的共同努力，立法院終於通過成立國衛院，國衛院在一九九六年一月正式成立。吳成文擔任首任院長，我做諮詢委員會主席。

吳成文從國衛院成立開始，就發揮他傑出的領導能力，建立老人醫學、環境和職業病、公共衛生政策、生物技術和藥物學、醫學工程、生物統計、精神衛生和藥物濫用、癌症、和臨床研究等研究所或組，並且請到很多優秀的所長或主任。由於成就傑出，他在二〇〇一年時連任五年，任期到二〇〇六年一月；在副院長梁賡義代理院長六個月後，伍焜玉被任命為第二任院長，任期為二〇〇六年七月到二〇一二年八月。在副院長王陸海代理院長六個月後，龔行健被任命為第三任院長，任期由二〇一二年十二月到二〇一五年十二月。我很高興在他們傑出的領導之下，同仁齊心合力，努力從事醫藥衛生研究發展，使國衛院成為遠東領先的衛生研究機構。

•替台灣建立科研審查制度

國衛院除了院內研究外，也對院外的公立及私立研究機構給予研究經費資助。當國衛院尚未正式成立時，我在一九九二年參照美國國家衛生研究院的審查方式，建立了國衛院院外計畫的審核機制。最初我們請了十五位傑出華裔在美科學家做為審查委員，他們大部分都是在台灣讀大學，然後到美國念研究院，所以對台美的情況都熟悉。隨著申請案件增加，審查委員也逐漸增加到六十多位（圖六十四）。最初幾年的審查是在美國舉行，從一九九八年起，審查就移到台灣，也增加了在台灣工作的審查委員。

國衛院的審查機制非常嚴格有效，我們採取美國國家衛生研究院審查制度的長處，並加以改進，使整個二階段審查（第一階段的分組審查和第二階段的綜合審查）在一個星期內完成，這在美國國家衛生研究院需要三個月以上。現在一般均公認，國衛院對台灣的審查機制建立了一個良好模式。它成功的一個重要因素，就是有六十多位傑出的科學家每年來到台灣，奉獻他們寶貴的時間和卓越的經驗。這些學者對台灣的科學有特別認識，而且有強烈的服務意願。令人感動的是，幾乎每一位受邀學者都樂意來台灣參加這項工作。近年來有更多在台學者參加審核，這有也助於提升台灣的科研審查品質。另一個重要的成功因素，是國衛院有傑出的行政工作人員，他們爲審核幾乎不眠不休地努力，達成有效率、高水準的審查。早年負責的是趙秀琳、紀雪雲和蔡淑芳，後來是陳月玲和許靜悅[22]。一九九八年三月十七日，衛生署長詹啓賢爲表彰「長期奉獻致力於提

22 其他還有蔡淑貞、胡生沛、蕭振祥、陳忻、李明怡、鄭毓璋、黄曉鳳等各位。歷任主持院外計畫的院外處處長是陳振陽、劉滄梧、謝興邦和裘正健。

圖六十四（上） 國衛院審查委員會合影，舊金山，一九九五年。
前排左起：彭汪嘉康、艾世勛、吳成文、錢煦、張博雅、陳瑩霖、曹安邦、羅浩。

（下） 國衛院審查委員會合影，竹南國家衛生院，二〇〇二年。
前排左起：賴明昭、莊明哲、胡流源、何潛、羅浩、吳成文、錢煦、鄭永齊、伍焜玉、林榮耀、李文華、陳垣崇。

升我國醫藥衛生研究水準，協助籌設中研院生物醫學研究所、國家衛生研究院，並建立良好的評審制度，貢獻至巨，殊堪獎勵」，頒給我壹等衛生獎章。

二〇一五年十二月九日，是國衛院成立二十週年紀念，當天舉行了慶祝盛典。我應邀參加致辭，特別回憶大家共同奮鬥成功的寶貴經驗，恭賀歷任院長、全體同仁、海內外學者的同心合力，使國衛院有今天的成就。中國習俗是二十歲加冠成人，希望國衛院能得到國家社會的加冠，加強支持，得以充分發揮潛力。精益求精、更上層樓；加強疾病診治預防、增進人民健康福祉。這是國民之幸與國家之福。

台灣聯合大學系統：國立陽明大學和國立交通大學

陽明醫學院在一九七一年成立。一九九四年七月一日改名爲「國立陽明大學」，成爲國內第一所以醫學爲主的綜合大學。同年九月二十六日舉行改名慶祝大會，韓韶華校長邀請我參加致詞。我在盛典上講演時，贈送一篇慶賀的詩詞，每一句的第一個字聯起來是「陽明大學成立慶典」。

陽光普照淇哩灘，
明山秀水脈絡傳；
大我兼容廣涵蓄，
學術醫療共研鑽。
成德達材有上庠，
立人濟世壽而康；
慶我邦家磐石固，
典垂萬載無盡藏。

二十多年來，陽明大學有長足的進展。在二〇〇六年，我被陽明大學聘爲榮譽講座教授和國際諮詢委員會主席。二〇〇七年我開始組織陽明大學與加大聖校的雙邊研討會，每年在兩校交互召開，有近百人參加，極有助於增進兩校的學術交流。我和陽明吳妍華（二〇〇七年至二〇〇九年）、梁賡義（二〇一〇年迄今）兩位校長以及很多教授同仁（例如邱爾德、林幸榮、徐明達、高閬仙、李光申、邱士華、陳宜民等各位）有密切的合作聯繫。二〇〇九年，我承蒙吳妍華校長授予陽明大學的榮譽博士學位。

二〇一一年，陽明大學李光申教授和我共同申請到國科會的「龍門計畫」，用影像和奈米技術測定間質幹細胞的分化。陽明大學的團隊包括何慧君教授、博士後研究員施佑儒及研究生郭怡君；他們在二〇一一年十一月至二〇一三年一月，去加大聖校做半年到兩年的訪問合作以及接受訓練。加大聖校的團隊包括瓦濟斯（Shyni Varghese）和我的研究室，成果極佳。佑儒和怡君學到很多新的知識和技術，我們共同發表了好幾篇優良的論文。

二〇一六年，科技部核准陽明大學邱士華教授申請的「血液剪應力對心血管疾病時外泌體調控的機理」計畫，由博士後研究員簡千栩和劉祐誠及博士班學生宋惠詠來我們實驗室，在二〇一七年至二〇一九年接受訓練，進行該項研究。二〇一七年，科技部核准李光申與何慧君申請的「機械生物學效應對人類多能性幹細胞內胚層分化之影響」計畫，由博士後研究員吳浩翔及博士班學生陳瑜帆來我們實驗室，在二〇一八年至二〇二〇年接受訓練，進行研究；加大聖校的王英曉，安德魯．博維德（Andrew Bouvet）和李怡萱共同指導。這幾位年輕學者都勤奮努力，有極好的研究成果。

歷年來，我在交通大學發表過好幾次演講。二〇〇九年，時任交大校長吳重雨授予我交通大學榮譽博士學位。同年「遠見．天下文化」採訪兩岸交通大學十二位校友的成功心路，出版了《熱情是唯一的答案》。我很榮幸也被容納在內，我在書中的題目是〈人生沒有如果，只有拚命向前〉。

二〇一一年，我代表加大聖校工學院和交大簽定同意書，同意交換教授、學生、博士後研究員以及研究資料訊息，並合作研究、共同發表文章。二〇一三年二月二日，北加州交大校友會林明村會長邀請我赴北加州庫比蒂諾（Capertino），在五個交通大學校友（新竹、上海、西安、北京及西南）共同舉辦的年會上演講，共有四百多位校友參加，我在會場遇到很多舊友新識，極爲愉快。

• 國際研究頂尖中心計畫（I-RiCE）

台灣聯合大學系統包含交大、陽明、清華和中央四個國立大學。二〇一〇年，國科會建立了一個新的國際研究頂尖中心計畫（International Research-intensive Center of Excellence, I-RiCE），給予五年經費來促進台灣的學校和國外大學合作，其目的是要加速台灣科學進展腳步，增強研究力量，促進新穎和前沿技術的突破，最終的目標是要使台灣一流大學進步到世界水準。因爲陽明和加大聖校已有雙邊會議，有很好的合作研究基礎，最初這兩個學校準備申請國際研究頂尖中心計畫。後來知道交大也準備與加大聖校共同申請一個以神經工程學爲主的國際研究頂尖中心計畫，我覺得陽明和交大同時與加大聖校合作，但分別申請，會使兩個計畫都被減弱。因此我建議把兩個計畫放在一起，用台聯大的名義（包含陽明和交大），和加大聖校共同申請國際研究頂尖中心計畫。我們選的名稱是「UST-UCSD跨國頂尖生醫工程研究（Advanced Bioengineering Research Center）」。

因爲陽明和交大與加大聖校已有極佳的合作默契，也有優異的領導和卓越的教授和學生，我們的申請計畫得到很好的評審，成爲二十五個申請計畫中被通過的三個五年計畫（二〇一〇年十二月至二〇一五年十一月）之一。那時三校的主導領袖是台聯大代理校長兼陽明大學校長吳妍華、交大校長吳重雨、加大聖校校長瑪莉安．福克斯和副校長蘇布拉馬尼（Suresh Subramani）。

二〇一一年夏天，吳妍華轉任交大校長，陽明大學校長由梁賡義繼任。在他們傑出的領導及同仁共同的努力之下，國際研究頂尖中心計畫有極好的成果，包括交互訪問、訓練年輕科學家、合作研究、共同發表文章、合開研討會以及產學合作。台灣因此得以加強研究力量，增進世界科學界的知名度。這些成功的合作對台聯大以及社會都極為有益。每年國際諮詢委員會和國科會對國際研究頂尖中心計畫的審核，都給予極好的評鑑，也給這個相當成功的計畫有益的建議，使它能更加進步。最近監察院審核認為，這是國際學術合作楷模。

•自由型卓越學研計畫

國際研究頂尖中心計畫的五年計畫在二〇一五年十二月到期，因此科技部發布了一個新的「自由型卓越學研計畫」代替國際研究頂尖中心計畫，由交大吳妍華校長主導、我協同主持，交大、陽明大學、台北榮民總醫（北榮）和加大聖校再度合作。經過多次電子郵件來往及當面交談討論，最後決定以「運用生醫工程解決台灣三大重要健康問題」（洗腎合併症、偏頭痛、網膜疾病）為題申請。初審結果很好，但認為三項問題不夠集中；在複審時又得到類似的評論。吳妍華校長在十一月六日與我通電話告知複審結果，並須在十一月九日交出對審查意見的書面答覆，然後在十一月十一日去台北科技部面審。我在電話中向吳校長建議以大前提為主，為了要能成功，應忍痛刪去一項，只以洗腎合併症與偏頭痛兩項來申請，她同意我的看法。

在與兩地同仁於三天內二十多次的電子郵件往返後，我們寫了十頁詳盡的答覆，在十一月九日交出。十一月十日凌晨，我由洛杉磯搭機，在十一月十一日清晨六點抵達桃園機場，參加上午九點的面審。評審委員對我們的書面答覆很滿意，問了很多極切題的問題，團隊的回答也都非常恰當中肯，三小時的面審極爲成功。當天下午我搭六點半的飛機由桃園機場飛回洛杉磯，在台北只待了十二小時。後來知道評審委員對審查結果甚爲滿意；這次的當天往返是很值得的。

如上所述，二〇〇七年我開始組織陽明－加大聖校雙邊研討會，每次約有二十篇論文報告，在籌備會議邀請演講人時兩校各半，儘量配合雙方的研究興趣，有助於合作研究的討論和進行。後來有了國際研究頂尖中心計畫後，自二〇一二年在加大聖校的第六屆會議開始，我們就把這雙邊研討會擴大成包括交大在內，成爲台聯大－加大聖校的雙邊研討會。第七屆至第十二屆於二〇一三年至二〇一八年，在陽明及加大聖校交替舉行（一般在十月或十一月）。每屆約有三十篇報告，台聯大和加大聖校各半。近年來以申請自由型計畫的台灣兩大重要健康問題（洗腎合併症、視網膜疾病）和癌症及免疫爲主題。會議中討論合作成果及導向，結果極爲成功。二〇一六年及二〇一八年更在雙邊研討會之後，加添一天與聖地牙哥科工會合辦的生物醫學工程年會，討論研究成果的醫學工程應用（詳見二三三頁）。

除了陽明和交大之外，我和台聯大的另外兩個大學（中央大學和清華大學）也有合作。一九八七年至一九八八年，我是清華大學生命科學研究院的諮詢委員，我也在一九八七年的清大畢業典禮上給同學演講。清華大學在二〇一三年聘我爲榮譽教授。二〇一四年，我安排台聯大優秀的大學本科生來加大聖校，在暑期接受研究訓練。他們與浙江大學受暑期研究訓練的同學們同在加大聖校，有相互交流的機會（詳見三四四頁）。

中華民國總統科學獎

我很榮幸在二〇〇九年被選爲中華民國總統科學獎受獎人。這是台灣最高的科學獎譽，相當於美國的國家科學獎章。這是國家第一次把這個最高的榮譽頒給在台灣之外地區工作的科學家。這兩年一次頒發的總統獎有三類，其他兩類的受獎人是廖一久院士（應用科學）和李壬癸院士（社會科學），我是生命科學類的受獎人。

此莊嚴隆重的典禮，於二〇〇九年十二月十八日在總統府舉行。馬英九總統親自把優美的獎座和獎狀一一頒發給我們三人（圖六十五）。我獎狀的中文部分的獎辭說：「錢煦先生致力於生理學及生醫眞精力久，成績斐然；對促進整體科學進步，及提升台灣社會與學術水準，貢獻卓著。特頒此狀，以資表揚。中華民國總統馬英九，二〇〇九年十二月十九日」。

英文部分的獎辭（中譯）說：「總統科學獎是由中華民國總統頒給醫學博士和哲學博士錢煦。這是對他在生理學和生物工程學研究和教育上的傑出成就，以及國際推崇爲卓越科學家和學者的認可。他優異的領導能力，對世界科學和技術的進展有重大影響。他在台灣推進生物醫學科學的成就，包括建立第一流的研究機構、創始科學審核系統的楷模、訓練傑出青年科學家，並促成台灣有世界級的研究。他對台灣在過去二十年生物醫學科學的大幅進展有重要的貢獻。」馬總統親自簽名，寫的是「中華民國（台灣）總統馬英九，二〇〇九年十二月十九日」。

頒獎典禮由中央研究院院長翁啓惠主持，很多政府和學術界的領導先進，包括好幾位我以前的老師，如宋瑞樓、方懷時、彭明聰院士等，很多同事、友人和以前的學生，都來參加。匡政，復弟、玲玲一家（國維、家琪、美端、至德），姪女美明、吉人夫婦，以及很多至親好友也都來參與這個盛典。典禮完畢後有一個極好的茶會，讓參與典禮的親友有機會歡談相聚。最後總統請受獎人夫婦及貴賓在總統府共進豐盛精

圖六十五　馬英九總統於總統府頒與中華民國總統科學獎，二〇〇九年十二月九日。

緻的晚宴，給這極珍貴的日子一個美好的結束。

總統科學獎有新台幣兩百萬元的獎金，我把它捐給台灣大學錢思亮先生紀念獎學金，聊表對父親的崇敬感恩。

唐獎

唐獎是由台灣企業家尹衍樑博士個人捐助成立，尹博士有感於全球化的進步與發展，在人類享受文明的豐厚果實與科技所帶來的便利之時，人類亦面臨氣候變遷、貧富差距、社會道德式微等考驗。為鼓勵世人重新省思永續發展的中庸之道，尹博士於二〇一二年十二月成立唐獎教育基金會，期待發揚「盛唐精神」。盛唐之世是東西方文明交會、政治經濟顛峰時期；唐人對世界展現的自信、兼容各文化的胸懷氣度，即係唐獎要發揚的理念，以期激發對人類發展的深刻反省及體悟。唐獎設有「永續發展」、「生技醫藥」、「漢學」及「法治」四大獎項。每兩年一屆，每項獎金約一百三十萬美元，此外每位得獎人有五十萬美元的研究經費，以期鼓勵更多有利於地球與人類的重要研究，並發揚中華文化。

首屆唐獎頒獎典禮於二〇一四年舉行。二〇一六年及二〇一八年頒發第二及第三屆唐獎。每一獎項邀聘國際著名專家學者，組成四個獨立評選小組，由國際化、多元化、專業領域的評選委員會選出每獎項的得獎人。前兩屆是由唐獎教育基金會委託中央研究院辦理，第三屆由基金會成立專業獨立評選委員會，由劉兆漢院士（永續發展）、張文昌院士（生技醫藥）、黃進興院士（漢學）、林子儀教授（法治第三屆）及葉俊榮教授（法治第四屆）擔任四組的召集人。承尹創辦人盛情邀約，我擔任四組的評選總召集人。我很感激陳振川執行長，四組召集人及執行祕書與工作同仁的鼎力合作，使工作順利進行。

關於唐獎生技醫藥得獎人在美國EB年會上發表唐獎演講的由來，敘述在二四八至二四九頁。

台灣其他學術機構

台灣生物醫學科學聯合年會（JACBS）聯合台灣的生物醫學各領域，類似美國的EB會議。我在二〇〇五年和二〇一四年被邀請擔任JACBS會議的主講人。二〇〇六年中原大學授予我榮譽博士學位，這是我第一次得到榮譽博士學位。我也是中原大學的榮譽教授和諮詢委員會委員。一九九九年至二〇一九年，我是台灣工業技術研究院（ITRI）的諮詢委員，幫助建立了生物醫學工程中心。

君子科學獎及回憶錄增訂版

二〇一九年五月，承「遠見．天下文化」事業群創辦人高希均教授盛情邀請，在同年十月三十日參加第十七屆「華人領袖遠見高峰會」，接受首屆「君子科學家獎」。他並且邀我把二〇一六年出版的回憶錄加上最近三年的資料，作成這次的增訂版，以「錢煦回憶錄」爲書名主標，「學習、奉獻、創造」爲副標，印贈給各界閱讀，包括此次峰會的與會者。

第十二章　在中國大陸的學術及家族活動

一九九五年，上海醫科大學生物物理系教授及上海生物物理學會會長施永德請我去參加從九月十二日到十五日，在上海舉行的第二屆國際醫學生物流變學（ICMB）及中國醫學生物物理學（CNCMB）聯合會議。我在一九四九年離開上海去台灣，有四十六年沒有去過中國大陸，我很感激有這個機會回大陸，使我和匡政能去重遊在我們生命中很重要的地方，包括北京、上海、杭州和重慶。這次的旅行非常有意義，極值得紀念。

匡政和我都在北京出生，幼年在那裡長大。我後來又從上海回到北京，在育英中學（一九五二年更名爲第二十五中學）讀高中二年級，和在北京大學讀了一年半的醫預科。我們在一九九五年九月一日回到大陸，第一站就是北京，我們好像在那裡再一次出生。我回到我在一九四六年至一九四九年住的房子，房屋庭園看起來還是和以前一樣，只是現在變為一個政府機關（圖六十六）。

我北大醫預科的同學在北京北海極有名的仿膳飯莊，給我們一個非常盛大的歡迎皇室晚宴，暢談以前做學生時的快樂時光（圖六十七）。接著，匡政和我去看了北京大學、清華大學和其他景點，我們到長城、故宮、頤和園、和天壇去旅遊。在天壇就想起我們一九四九年坐最後一架飛機離開北京的情況，感懷不已。

重回故地的感動

我們很感激中日友好醫院的莊逢源夫婦陪伴我們旅遊。在這期間，我和匡政參加了在人民大會堂召開的紀念抗日戰爭勝利大會，還遇見岳父的老友沈策先生；很感激當時任中國醫學科學院院長的吳階平教授和衛生部長陳敏章教授親切的款待，宴請我和匡政。我們到北大教授宿舍去看父親的至友邢其毅伯伯及邢伯母（錢存柔）。當時邢伯伯已退休多年，兩位都很健康。他很高興看到我們，還把父親一九四九年匆匆離

圖六十六　重訪北京南池子大街南灣子胡同，一九九五年。

圖六十七　與北京大學同學合影，北京仿膳餐廳，一九九五年。

開北京時交給他的文件（包括我祖父任法庭庭長的聘書等）交給我。當年他保留這些文件是很危險的，我接過來時，被他對父親的眞誠友情深深地感動。我們回美後，也和他們的子媳邢祖建夫婦及孫女邢菲聯絡。邢菲在美國哥大獲得醫學博士及在史丹福大學獲得工商管理碩士學位後回中國。二〇一一年與汪虔於上海結婚，我當證婚人，眞是有緣。他們現在有一兒一女及幸福的家庭。

我很榮幸在一九九五年，被北京醫科大學（當時它還是一個獨立機構）聘我爲名譽教授（圖六十八），然後在二〇一二年北大醫學院一百週年校慶時，北京大學衛生科學中心（PUHSC）選我爲傑出校友之一。柯揚校長邀我以「成長、愛、和責任：一個北大學生的觀點」爲題做了一次演講。我和多位北大教授有極好的合作研究，包括生理系的王憲、汪南平、朱毅、管又飛，生物流變學的文宗曜、姚微娟，和生物力學的吳望一、溫功碧。一九九七年，文宗曜和加大聖校生物工程系在前北京醫科大學王德炳校長及北京大學衛生科學中心韓啓德校長支持下，共同在北京大學衛生科學中心建立了一個「血液流變學生物信息研究中心」。這中心促成很多研究合作和訓練活動，在國際科學期刊上共同發表了二十多篇論文。

吳望一、溫功碧兩位在一九八〇年代在哥大（迪克）及紐約市立大學（薛雷）的研究室任訪問學者，我與他們兩位常相聚、合作研究。二〇一一年七月二十日至

圖六十八　在北京醫科大學受聘為名譽教授，一九九五年九月四日。左起二至五：韓啓德校長、匡政、煦、王德炳校長；右一：文宗曜教授。

二十三日，他們兩位的學生李松、郭向東、王英曉、袁凡、朱承等爲慶賀感謝吳、溫兩位教授的傑出貢獻，在北大舉辦首屆「北京大學工學院生物力學及計算醫學高級研討會」，有五十位年輕學者從全國各地來參加學習，成果極佳。我在會中講「microRNA對內皮細胞動力訊息傳遞的影響」及我的「學習研究生涯」。會中並蒙頒與「第一屆吳望一生物力學傑出成就講座獎」，非常榮幸。

上海是我從五歲到十五歲長大的地方。我在一九四九年隨父母從北京經上海去台灣。四十六年後，當我在一九九五年第一次回上海時，非常高興看到我以前住的地方和當時就讀的小學（圖六十九）。我很感謝施永德教授的邀請，參加了國際醫學生物流變學及中國醫學生物物理學聯合會議（圖七十），並蒙上海生物物理學會授與爲名譽會員。

二〇〇〇年我們和美儀、美恩全家去台灣和中國大陸，有一個非常快樂的旅遊。在台灣我們和家人歡聚，有復弟與玲玲他們一家三代、哥哥的女婿吉人、匡政的大哥匡瑞和他一家。我們去了台北故宮博物院和很多景點，也去看了我們的學校台大、一女中和以前的家，參觀了父親在中央研究院院長任內的辦公室及會客室（圖七十一）和生醫所我工作的地方（圖七十二）。那時的台大校長陳維昭，邀請我們全家去看以前我們跟父母同住的校長宿舍。因爲在台灣遇到颱風，延遲了去大陸的行程，取消了

圖六十九　四十九年後重訪上海。上：古柏小學，下：模範村故居，一九九五年。

圖七十　在上海醫科大學參加上海力學生物會議。前排左起：Mrs. Meiselman，匡政、煦，Dr. Yukihide Isogai、Mrs. Isogai。後排左起：Giles Cokelet、Herbert Meiselman、施永德。最右：Gerhard Artmann。一九九五年九月十日。

圖七十一　全家在中研院會客室合影，二〇〇〇年。

圖七十二　全家在生醫所會客室合影，二〇〇〇年。

上海、杭州之旅，在台北圓山飯店多住了幾天。在大陸，我們去北京遊了長城、故宮、頤和園等地（圖七十三），看我們以前的住處和學校，匡政和我在將近七十年前在北京出生，此刻全家十二口回到我們的出生地，感覺到無限的歡欣和感動。

二〇〇六年七月，匡政和我帶了美儀一家與復弟、玲玲全家一同去上海。表弟鄧淦、表弟媳胡冰和她弟弟胡興中給我們熱誠的招待，住在美麗的富春別墅。我們在上海盡興遊覽，也去看我以前讀的古柏小學和模範村住家。上海交通大學頒給我名譽教授頭銜；姜宗來教授招待我們豐盛可口的晚宴，我們有一個極為愉快的旅遊。

中國生理科學學會（CAPS）及申請主辦國際生理科學聯盟大會

中國生理科學學會是中國生理學家在一九二六年成立的一個全國性學會，其目的是推廣生理科學、促進中國生理學家訓練、發展生理科學技術來加強經濟和社會，以

圖七十三　全家在北京天安門廣場，攝於二〇〇〇年。

及加強生理科學的國際交流合作。在中國生理科學學會成立的最初十年，選了世界上生理學家領袖做爲榮譽會員，這些傑出的生理學家包括巴克羅夫特（Joseph Barcroft）、卡森（A.J. Carson）、夏爾皮－夏菲爾（Edward Sharpey-Schafer）和巴夫洛夫（Ivan Pavlov）等。但是從一九三七年起，就沒有再選新的榮譽會員。非常榮幸地，我在二〇〇三年被選爲六十多年來，中國生理科學學會第一個榮譽會員，在四月二十五日由姚泰會長頒發證書，成爲那時中國生理科學學會唯一的榮譽會員，也是唯一的兩岸生理學會榮譽會員。

二〇一三年，我協助理事長王曉民增聘了另四位傑出生理學者爲榮譽會員，包括美國的萊夫科維茨（Robert Lefkowitz）、瑞士的馬吉斯垂蒂（Pierre Magistretti）、意大利的尼可斯（John Nicholls）和英國的諾博爾（Denis Noble），使中國生理科學學會的榮譽會員由一人增加到五人。

從二〇〇三年我被選爲榮譽會員後，我和中國生理科學學會關係愈趨密切，與國際生理科學聯盟領導共同籌劃了幾次國際會議，並合作準備向國際生理科學聯盟申請，在北京召開國際生理學大會。國際生理科學聯盟對每次主辦大會的單位地點，是在八年之前決定。中國生理科學學會首次在二〇〇五年第三十五屆聖地牙哥年會時，申請主辦二〇一三年的第三十七屆大會，那次最後選定的是英國伯明罕。

四年後，在京都召開二〇〇九年第三十六屆大會時，要決定二〇一七年第三十八屆大會地點。在此之前中國生理科學學會做了充分準備，先是在二〇〇八年十月十九日至二十二日與美國、英國、澳大利亞和加拿大共同合作，主辦在北京舉行的五國聯合生理學國際會議，其目的爲促進國際生理學研究教育的交流合作，並增進世界各國對中國生理學進展現況的瞭解。這會議有三十五國的生理學家和學生參加。我爲中國生理科學學會請到國際生理科學聯盟的會長考利（Allen Cowley）、兩位副會長舒茲（Irene Schultz）與金子（Akimichi Kaneko）和祕書長諾博爾，會議圓滿成功，成果極佳。

中國生理科學學會爲申辦大會塡了申請書，同時準備了要在國際生理科學聯盟報告的投影片。我應用我對國際生理科學聯盟的認知及英文的表達，盡力幫助這些文件的籌劃。中國生理科學學會的籌劃領導有王曉民、楊雄里、姚泰、范明、王憲、王韵等人。我們還請香港（陳應城）和中華台北（華瑜、陳慶鏗）與中國大陸三個國際生理科學聯盟的附屬單元共同參與，群策群力。

這次同時申請的國家除中國外，還有加拿大和巴西。二〇〇九年七月二十七日國際生理科學聯盟大會在京都投票，第一次沒有國家超過半數，票數較多的是巴西和中國。第二次投票決選，結果在七十多票中巴西以兩票獲勝，取得主辦二〇一七年第三十八屆大會的主權。

我們分析結果，認爲失敗的原因是：（一）地區問題。第三十六屆大會在京都召開，而我們提議到中國開會，兩個城市都在亞洲地區；反過來說，南美很久都沒有開過國際生理科學聯盟大會，容易得到同情票。（二）巴西的現場報告用了非常生動有活力的影片，獲得大家欣賞。我們會後檢討，認爲第一點在下次申辦時應該不成問題，反而對我們有利，因爲那時應該輪到回亞洲開會；對於第二點，大家同意我們要加強準備申辦的資料和報告，並向巴西討教成功的經驗。

• 從失敗中學習

我們從二〇〇九年到二〇一三年之間，努力籌劃申辦二〇二一年的第三十九屆大會。二〇一二年十一月一日至四日中國生理科學學會在蘇州又開了一次生理學國際會議，這次除了二〇〇八年參與的五國生理學會之外，巴西、日本、斯堪地納維亞和中華台北的生理學會也共同參與，九個國家和地區共同舉辦，並由國際生理科學聯盟及亞大地區生理學會聯合會（FAOPS）贊助。論文報告水準極高，會議活動促進交流，收穫極大。中國生理科學學會爲確求申辦大會成功，比上次更加強準備申請書和在國際生理科學聯盟大會報告的投影片，我也繼續盡力幫助。

中國生理科學學會於二〇一三年四月五日在青島舉行常務理事會，討論爭取主辦國際生理科學聯盟第三十九屆會議事宜，全體理事取得共識。在申辦資料中，特別指出中國生理學的傑出發展：現有一百多個大學及醫學院有生理系或病理生理系；近二十年來中國生理學研究質與量都有極快速的上升；在高水平的科學期刊，例如在《循環研究》雜誌（*Circulation Research*）發表文章的排名達到世界第三，僅次於美國與德國；中國生理科學學會有九十年的歷史，而且全國有很多區域性的生理學會共同促進生理學的發展；北京是國家的首都，科技教育的中心，有很多頂尖大學；此次會議有政府大力支持，由世界各地容易到達，有古典文化及美麗景點；北京國家會議中心有現代化優異的國際會議場地設備，極爲適合國際生理科學聯盟大會；附近旅館價廉質高，環境安全。會議中對大會註冊收費也有詳盡的討論，一方面要有結餘，因爲其中百分之三十要繳給國際生理科學聯盟，使他們有收入，另一方面收費不能太高，以免有些生理學者和學生不能來參加。最後我們決定盡量籌募款項，少依靠註冊收費，這樣除了可以有合理的收費，同時還可以有結餘。爲了使我們的申請更具吸引力，我們還提出把結餘的百分之四十繳給國際生理科學聯盟。我們知道北京空氣汙染是一個重要問題，舉世皆知，爲了準備回答這方面的問題，還把政府消除汙染的計畫做成一張幻燈片，並且準備萬一需要，可把大會移至其他城市（例如廣州）舉行。

大會決定用我建議的主題「生命的奇妙：整合和轉譯」（Marvels of Life：Integration and Translation），做爲申請主題。「整合」是綜合生理學各階層（由基因到整體）；「轉譯」是由基礎研究到臨床應用。大會由韓啓德和我任榮譽主席，楊雄里和姚泰任榮譽副主席，王曉民是大會主席，王憲和陳應城任副主席，王韵是祕書長，由中國生理科學學會多位高級領導組成委員會，全盤計劃並有妥善安排，全體士氣高昂、志在必得。

我在二〇一三年七月二十日清晨抵達伯明罕，那天國際生理科學聯盟開理事會，由奧地利、中國和南韓三個申請主辦單位個別報告並回答問題。二十一日是決定性的全體代表大會，我以美國代表團首席代表身分參加，三個申請主辦單位再度報告及答問。陳應城報告極佳，居然沒有人提起北京空氣汙染的問題。最後投票結果，在五十三票中，中國得到三十二票，南韓十七票，奧地利四票。所以中國在第一次投票就明確地以過半數通過，獲得在北京主辦二〇二一年第三十九屆大會的主權。我和中國生理科學學會的同仁共同努力十年以上，經過三次申辦，終於爭取到在二〇二一年於北京舉行國際生理科學聯盟大會的勝利成功，眞是無限歡欣（圖七十四）。感謝所有共同合作努力的每一位同仁。

圖七十四　國際生理學會第三十七屆大會，與中國生理學會同仁合影，攝於英國伯明罕，二〇一三年。

中國科學院和中國醫學科學院

二〇〇六年我很榮幸地被中國科學院選爲外籍院士。當時我準備去參加二〇〇八年六月在北京舉行的中國科學院院士第十四屆院士大會，但是會期因爲四川大地震而延期，所以我未能去參加；我也沒有參加二〇一〇年的大會。二〇一二年六月，在當選六年之後，我終於第一次參加中國科學院兩年一度的院士大會。六月十日我接受由白春禮院長頒發的院士證書和中國科學院院章，在一本新院士及外籍院士簽名冊上成爲第一個簽名者。六月十五日我在生命科學及醫學組以「生物醫學科學前瞻」爲題發表演講。

中國醫學科學院及北京協和醫學院合辦的微循環研究所（所長修瑞娟），與加大聖校生物工程系有多年合作，從事微循環生理病理及臨床研究，並簽有合作備忘錄。我在一九九七年被聘爲名譽教授，我曾去微循環研究所多次訪問及演講，與幾位中國醫學科學院院長（吳階平、顧方舟、劉德培、曹雪濤）也多次見面。

二〇一四年初，由於浙江大學蔣建文醫師的建議，中國醫學科學院邀請我參與該院與醫學有關的中國科學院與中國工程學院院士出版的院士文集，每本文集專注介紹一位院士的生平。我是第一個被邀寫文集的外籍院士。依據院士文集規定，由所寫院士爲主編，但實際上蔣建文做了很大貢獻；我對他和施永德、李小媛、汪南平三位副主編與五十五位編著者，以及人民軍醫出版社的郝文娜和姚磊編輯，敬致誠摯謝意。該書包括六部分，全長五百六十八頁。第一部分的奮鬥歷程包含我的往事回憶、簡介和家族史，以及錢氏家訓。第二部分學術貢獻的三百五十八頁是我三十九篇精選文章的複印本。第三、四、五部分（治學之道、大師風範、社會影響）是四十九篇親友、同事、同學以及媒體所寫關於我的文章。每位都賜給極好的讚譽，超過我所做所爲，眞是愧不敢當。第六部分的人生風采內，有五十四張我一生經歷的可貴圖片。

錢煦班

• 華中科技大學（HUST）

二〇〇八年，華中科技大學副校長駱清銘邀請我參加錢百敦（Britton Chance）生物醫學光電中心的諮詢委員會。自此，我幾乎每年都去武漢參加諮詢委員會和相關科學活動，例如生物醫學光電影像國際會議、國際光學與光電會議，以及中國生物工程學會會議。華中科技大學在二〇〇九年聘我爲名譽教授，並在二〇一一年頒給我榮譽博士學位。在同一年，華中科技大學建立了一個「錢煦班」，選出三十幾位二年級和三年級本科生參加（圖七十五），其目的是爲了促進學生的品質和能力、從事傑出的科學研究和技術創新。我每次去武漢就和他們相聚討論，聽取他們的研究報告，對他們能夠學習和創造新知識感覺非常欣慰。和年輕有志、努力向學的同學在一起，眞是極爲愉快。

・重慶科技大學

二〇一四年十月十日，我去重慶科技大學參加以我名字所命名，該校新設的「錢煦生物醫學工程研究院」成立儀式，魏世宏書記、嚴欣平校長及重慶大學楊力教授等均出席。同日也舉行為獎譽和鼓勵成績優良學生設立的「錢煦實驗班」，我以「科學與人生」為題給實驗班同學演講（圖七十六上），然後會談合影，甚為歡欣。二〇一五年我沒能去重慶，承南加大鍾正明院士在十月十五日代我與同學演講討論。

・育英中學

前面提過，我在一九四六年由上海育才中學轉到北京育英中學高二，因為在高二下考入北大，沒有從育英中學畢業。二〇一四年十月十二日，是育英中學一百五十週年校慶。承母校不棄，邀我去參加。這起因是二〇一一年七月二十一日我在吳望一教授慶賀研討會上講我學習研究生涯時，提到曾在育英中學讀過書。袁凡是育英中學畢業的，發現我們是先後同學、很是興奮。當育英中學要辦慶賀會時，他就通知校友會長錢佩珍邀請我參加。我收到校長鄧少軍親筆寫的邀請函，非常感動，我用毛筆寫了

圖七十五　華中科技大學首屆錢煦班。第二排左起第五位是駱清銘副校長（站在煦的右側），二〇〇九年十月。

圖七十六（上）　重慶科技學院首屆錢煦班與煦談話，二〇一四年十月十日。
（下）　北京育英中學（二十五中），煦為首屆錢煦班同學在典禮後簽名，二〇一四年十月十二日。

一張賀詞「育德助人，英才濟世」寄給母校，聊表賀意。

不久校方知道復弟是初中畢業生，也邀他參加。二〇一四年十月十二日我和匡政及復弟一同到育英中學參與盛典。看到學校大門仍維持原來形狀（雖然裝修過），喚起很多美好的回憶；學校有很多新建築，令人歡欣。上午十點典禮開始，由校長、來賓及校友演講。我和復弟也被邀一同上台，表達我們對母校的懷念與感恩。

在校慶前，校方在高三各班中，以智德體群為標準，選出最好的一班稱為「錢煦班」，在典禮中由我授旗給班代表，使我覺得無限榮幸和感愧。十月十三日下午，我以「從育英的教育談科學與人生」為題，作「育英大講堂」的公開演講，接著與錢煦班同學歡談合影（圖七十六下），他們送我一張自己做的美麗國畫。這次參加母校一百五十週年慶典，眞是極為歡欣。承校方及袁凡的老師羅宏度夫婦熱誠招待，我非常感激。

三個錢煦班的同學都和我用電傳聯繫，討論有關求學、為人和未來前途等問題，使我感覺到年輕一代對立志充實自己、服務社會人群，有極明確的見解和熱忱，使我感到非常欣慰。

暑期學生訓練

由於浙江大學楊軍教授的建議和我的贊助，浙大和加大聖校在二○一二年簽約，浙大每年會送六位優秀的大學本科生來加大聖校，在暑期接受六週的研究訓練，往返經費及生活費用由浙大及同學共同負擔；加大聖校方面由我負責安排教授及實驗室，給予訓練。六週後學生們報告研究成果，極爲成功。二○一四年，台聯大也參與，這給兩岸的同學們有交流機會，是除了研究訓練以外，另一個很好的收穫。二○一六年起，加大聖校由環球教育處的Courtney Giordeno負責安排教授及實驗室；每年浙大和台聯大各送八至十位同學來加大聖校，研究訓練的期間則延長到八週。最近並有台灣的國立台灣大學和國立中山大學，大陸的中國海洋大學和中國科技大學，香港的中文大學和英國的南安普敦大學的同學們參加這個暑期訓練班。早年的同學現在已經到美國知名大學讀博士學位，成績極佳。

錢王祠

如第一章開頭所說，我家的祖先是宋代吳越王（謚武肅王）錢鏐，我是他第三十六世的後裔。杭州是吳越國首都，在美麗的西湖旁有一座紀念武肅王的錢王祠。我和匡政在離開中國大陸四十七年後，於一九九五年回國，初次觀賞錢王祠，之後和我們家人又去了好幾次。每次去到錢王祠，我就更加讚歎那些珍貴的銅像、壁畫和字跡，對武肅王的豐功偉績和我們家族的卓越成就，深感欽敬。

二〇一〇年，聖地牙哥中美生物科技與藥學聯誼會主席方祥明邀我參加十月二十七日在杭州舉行的浙江國際合作交流論壇，當時我遇到很多位錢氏宗親，這促成了我和家族二〇一一年的杭州之旅。經由在浙江—加州國際奈米系統研究院陳誠女士及浙江大學楊軍教授的接洽，得到浙江省僑聯吳晶主席及朱小敏副部長，和在上海的錢漢東宗親的鼎力幫助，我替父親辦理了晉入錢王祠堂的表格。

經過多次信件、郵件和電話聯繫，浙江省政府和錢氏宗親會接受我的請求，通知我父親的入祠祭典將在二〇一一年五月十日舉行。哥哥、我和匡政及美儀，復弟和玲玲及子國維、媳家琪同去參加這個莊嚴隆重的儀式。我們都佩戴爲這儀式特別製作的精美黃色肩巾（圖七十七）。杭州錢鏐研究會錢法成會長致開幕詞後，父親的錢氏名人牌及照片由中國僑聯林軍主席及浙江省政協副主席湯黎路揭幕，接著就是十四輪的鳴鐘和擊鼓。我們三兄弟和家屬恭敬地呈獻花籃和焚香，然後有專人宣讀祭典文章和錢氏家訓。在我們叩拜後，典禮在美妙的祭祀音樂聲中結束。典禮後，浙江省黨委書記趙洪祝接見我們全家。晚間中國僑聯王永樂副主席以豐盛的晚宴熱誠招待我們。王永樂是匡政大姊匡敏之子。

二〇一一年五月十一日，我們去距杭州四十七公里的臨安，瞻仰安葬武肅王的錢王廟，再有一次隆重的祭典。我們非常感激主辦單位和錢氏宗親的周到安排和盛情接待。這次的旅行給我們極珍貴的記憶，永念不忘。

二〇一二年四月四日，錢氏宗親會邀請我去臨安，爲清明祭典四位主祭人之一。其他三位是中國最有名的科學家「三錢」（錢學森、錢偉長、錢三強）之子：錢永剛、錢元凱、錢思進。這是一個莊嚴高雅的儀式。典禮後有一個依照武肅王傳統舉行的隆重典雅的皇家宴會。這幾年來能和我們偉大的先人和優秀的宗親聯繫，眞是難能可貴、無限感激。

文匯新民聯合報業集團雜誌社社長及上海錢鏐研究會會長錢漢東邀我在錢王祠活動

之後，在四月五日去上海華東理工大學以「科學與人生：由心發出的七原則」爲題，做《文匯報》主辦的文匯講壇演講。演講完畢後，和華東理工大學錢旭紅校長及聽衆做公開談話討論，涉及頗爲廣泛的題目，包括家庭、學校、文化、歷史、科學和宗教。我覺得這是一個非常有興趣及有意義的論壇。這論壇在《文匯報》有詳盡的報導。

父親在二〇一一年入祠時，因名人堂即將開始整修，所以當時沒有把他的相片事蹟晉入。二〇一五年初名人堂修建完畢，在堂內的錢氏名人由三十多位減到十七位。第一位是錢鏐第六子錢元璙，父親是最新入祠的後裔；在十九及二十世紀入祠的有錢文選、錢玄同、錢穆、錢鍾書，和前面提到的「三錢」。

二〇一五年我在浙江大學竺可楨講座發表演講之前，承蒙吳晶、朱小敏、錢漢東及其他錢氏宗親的安排、在六月二十九日去錢王祠看新近改建的名人堂。這新修建築的二樓沿堂周邊，排列了十七位錢氏名人；一上樓就首先看到父親的相片事蹟，眞是萬分的感動興奮（圖七十八），虔誠瞻仰默念許久後，再瞻仰其他十六位在過去十二個世紀中的錢氏名人豐功偉績，深受啓發。

六月二十九日那天，正巧是錢王祠爲錢學森辦的生平事蹟展示預展，有一百多張展版，以圖片與文字明晰顯示他的一生，包括他對學術與國家的巨大貢獻，看後令人無限欽佩、肅然起敬。陪我看這預展的同仁看了我的反應，就建議爲我父親也辦一個

圖七十七　杭州錢王祠祭典，前排左起：復弟、哥哥、煦；後排左起：國維、玲玲、匡政、美儀。二〇一一年五月九日。

圖七十八　瞻仰父親在錢王祠名人堂的相片和事蹟，二〇一五年。

同樣的展示。

因爲父親的事業大部分在台灣，他們希望與中央研究院及台灣大學合作，把父親一生事蹟貢獻在兩岸展示。這得到中央研究院翁啓惠院長、陳建仁、王汎森、王瑜三位副院長，和台灣大學楊泮池校長及張慶瑞副校長的大力支持。經由化學所的陳玉如所長和鄒德理、林質修兩位研究員，近史所的呂妙芬所長、張哲嘉研究員和劉佳琳編審，以及台大圖書館校史館張安明組長及陳鵬帆、陳南秀、蘇立欣、林言太等各位的熱忱賜助與精心籌劃，進行順利，先是二〇一六年二月二十二日在中央研究院揭幕，翁啓惠院長親臨主持，接著三月二十四日在台灣大學由楊泮池校長主持揭幕。這兩次展示，除了台大和中研院的寶貴資料外，還承王穎霞教授傳來北大珍藏的圖片和文獻。展覽完畢後，中研院和台大把在台展覽的資料傳給大陸主辦單位，二〇一六年五月一日及三日，在杭州錢王祠和北京大學先後揭幕，由吳晶主席及林建華校長分別主持。然後資料又寄到聖地牙哥，二〇一七年二月二十二日起在中華歷史博物館展覽，由劉麗容教授主持。非常感謝杭州僑聯的吳晶主席與朱小敏部長，浙江大學的蔣建文主任，北京大學的林建華校長、周江院長與王穎霞教授，以及聖地牙哥的劉麗容教授的鼎力策劃。這三岸五處的展示（圖七十九），都極爲成功，充分表現各院校、各界爲紀念先父的共同努力合作。謹此代表家屬表示最誠摯的感謝和敬意。

圖七十九　父親生平成就展示。A：中央研究院（台北），B：台灣大學（台北），C：錢王祠（杭州），D：北京大學，E：聖地牙哥中華歷史博物館。

中國大陸及香港其他學術機構

我和很多中國大陸的學術機構有合作交流，包括清華大學（程京），北京航空航天大學（樊渝波），中日友好醫院（莊逢源），北京首都醫科大學（王曉民、李曉光），上海交通大學（姜宗來、齊穎新），重慶大學（吳雲鵬、楊瑞芳、楊力），四川大學（陳槐卿、張興東），武漢大學（歐陽靜萍），西安交通大學（鄭南寧）。我很榮幸地被浙江大學兩次選爲竺可楨特別講座（二〇〇五年及二〇一五年）。

我兩度應香港科技大學校長（二〇〇八年朱經武、二〇一二年陳繁昌）之邀爲傑出講座，並與潘家駒、邢怡銘等多位商談研究合作。二〇一三年，我接受香港中文大學聯合書院院長余濟美和生物醫學學院黃聿的邀請，擔任慶賀建校五十週年的傑出訪問學者。

其他國家學術機構

二〇〇八年我被新加坡選爲李光耀傑出講座。我也曾在下述學校機關擔任諮詢委員：日本筑波國家頂尖科際間研究院（一九九八年至二〇〇〇年），新加坡國立大學組織工程（二〇〇四年至二〇〇六年），英國牛津大學生物醫學工程研究院（二〇〇八年至二〇一七年），西班牙卡羅斯三世王子大學生物醫學工程院（二〇一〇年）。我和法國南錫（Nancy）大學的王雄及德國亞琛（Aachen）科技大學的阿特曼（Gerhard Artmann）合作研究。我和迪克在瑞典與伯蘭馬克的合作，已在一三八頁提及。

—結語—

回顧與前瞻

眞是難以置信我是在八十多年前出生的。當我們快活的時候，時間過得眞快。我很幸運有這樣快樂的時光，我對一切都非常感恩，特別是我的祖先、父母，我的妻、女、孫輩、家庭，和我的親朋好友、師長和學生。這本書回顧我的一生，從我的祖先和父母開始、最後回到祖先的錢王祠。我珍惜祖先給我的生命、智慧和能力，也感激家人、社會及人群給我的啓發、機會和賜助，使我能做我想要做的事，甚至遠超過我的想像。我在感恩之餘，很願意和大家，特別是年輕的朋友，分享我一生的經驗。

我們在事業上應該選擇自己喜愛的事去做，這樣在做的時候就會有熱愛、熱忱，可以選定方向，全心全力投入。人生需要有方向，但必要時也要能夠適應而做某些調節。我這一生在很多分叉的地方有選擇：如果我學數學的話，就不會遇到匡政，就不會有現在一起的快樂生活。如果我們一家在一九四九年沒有坐最後一架飛機離開北京，我這一生就會完全不同。

我們可以問很多這樣的問題：如果沒有走目前選擇的路，會怎麼樣？如果我選擇做臨床醫學而不去學生理學或生物工程，會怎麼樣？如果我早年離開哥大去了別的學校，會怎麼樣？如果我選擇留在哥大而沒有來聖地牙哥，會怎麼樣？我們不必回答這些問題，也沒有必要問這些問題，重要的是我們現在怎麼樣，我們是誰。

培養實力，勇於接受挑戰

回頭看，只是要知道過去走了什麼樣的路，不必去考慮如果我們走了一條不同的路會怎麼樣。有時我們是過河卒子，只有向前。我們在已定的方向上要努力培養興趣、產生熱忱。我們有責任使自己快樂，不論什麼情況都要能適應，盡量使自己快樂成功。快樂是有感染性的，若自己快樂，就能使別人也快樂，讓生活更有意義。

有時因爲環境的限制或機會的來臨，我們需要改變方向。我們要能順應變換，我們要了解自己、了解環境，觀察什麼是最好的機會，機會來時要能抓住。有些機會有困難性、有挑戰性，如果我們有準備、有自信，遇到重要而有意義的機會，就不應懼怕，要迎接挑戰，爲自己創造新方向。

我從年輕時就是有機會就去嘗試，例如在高二的時候去考大學。年輕時不知道自己的潛力、潛能和限度，經過多次嘗試後才鑑定了自己的能力。不嘗試就不會知道自己的限度（上限與下限）。認識自己是人生學習的一個重點，誠如孫子所說：「知彼知己，百戰不殆」。

要能迎接挑戰、成功地把握機會，我們必須有充分的準備。有些準備是針對某種挑戰，但有些準備是一般性的，是爲了加強我們的能力，不一定要有特定目標，在適當場合即可用到。我在一九九〇年時成立加大聖校生物醫學工程研究所，聚集校內各院教授討論合作、決定用「組織工程科學」爲題來聚合我們的研究工作。那時的目標是充實自己、加強組織，並非專門針對某一個機會。因此當一九九一年初，惠特克基金會發布可以申請生物工程發展基金時，我們已有很好的基礎，使申請能順利成功。這是「有備無患」；也如巴斯德（Louis Pasteur）所說：「機會是留給有準備的人。」（Chance favors the prepared mind.）

我們要不停地學習，主動學習，終身學習。回顧我的研究生涯，我是不斷在學習新的方向，例如一九六〇年代開始研究流變學，一九七〇年代開始研究單細胞生物力學和微循環，一九八〇年代開始分子生物學，一九九〇年代注重內皮細胞動力訊息傳遞，二〇〇〇年代開始幹細胞和微細核糖核酸研究，二〇一〇年代開始做表基因調控研究。雖然基本的研究重點還是在循環系統的調控，可是所用的方法隨著時代不停的前進。

這些方法都不是我在學校裡學過的，而是自修或跟別人學來的。我從來沒有得過一張工程學位文憑，但居然被選爲美國國家工程學院的院士，並且得到該院每年一度給全國最佳工程師的創始者獎。我希望以此爲例，鼓勵青年學者孜孜不倦地選擇喜愛而重要的課題主動學習，不怕困難地學習，不停地學習。學習的結果讓我們有了新知識，可以產生新的構想，創造新的研究。

不論做什麼事，時間是一個很重要的因素。我們準備任何事項，都要把時間計算好。譬如說申請研究計畫，我一般都在一個月以前就把申請書寫好，然後可以仔細改進，還可送請同事專家給意見，達到卓越的程度。我在哥大申請美國國家衛生研究院群體研究計畫和訓練計畫時都是這樣做，每次都順利成功。但當我剛遷到加大聖校時，很匆忙的送進一份群體研究計畫，沒有照我一向的原則去做，果然第一次沒有成功。第二次修改，照一向的方法去做，就成功了。這個例子很明顯的指出利用時間做充分準備的重要性，欲速則不達。

社團經驗、豐富人生

雖然我們常常不能預測人生要走的方向和會走到哪裡，可是有時似乎是命中註定。我很幸運一生中有好幾次機會爲學術社團或機構服務，似乎是在一些關鍵的時刻被放在一個關鍵的位子，考驗我是否能迎接挑戰，奉獻公益。

當我被選爲美國生理學會會長時，學會有一種瀰散的氣氛。於是我在任內加強各領域分組的職責、設立地區分會、增收會員、引進分子生物學，使美國生理學會重新活躍。當我被選爲美國實驗生物學會聯盟主席時，聯盟面臨崩潰危機，我迎接這個挑戰，把握機會與各學會合作，以公共事務做爲主要使命，使聯盟健壯成長。

當我被選爲美國醫學與生物工程研究院主席時，巧逢時機，得以達成美國國家衛生研究院與院外生醫影像界和生物工程界的共識，順利建立新的美國國家生物醫學影像和生物工程研究院。當我被選爲國際生理科學聯盟第三十五屆大會主席時，美國生理學會要更改大會時間地點，最初遭遇國際生理學界相當強烈的反對，我經由國際生理科學聯盟執行委員會及理事會，促成代表大會同意美國生理學會提案，使聯盟保持團結。大會最後順利成功，使國際生理學合作進步。

當我被選爲中央研究院院士後，我就參與台灣生物醫學的發展。在一九八〇年院士會議時，我和蔡作雍院士即時寫好建立生醫所的提案，在會議即將結束前通過。我擔任設所諮詢委員，籌備成所，在一九八七年回台擔任第一任籌備處主任、招聘海外學者回國建所。我積極參與國衛院的建立，在它即將被取消時，帶同仁去見國家領袖，把它挽救回來。

人生過程中很多事情都是互相有關聯的。我先做紐約地區的華人學會（美東華人學術聯誼會和美洲華人醫學會）和比較小的全國學會（微循環學會）會長，這些學習機會給我經驗與能力去做美國生理學會及生物醫學工程學會會長，和美國實驗生物學會聯盟及美國醫學與生物工程研究院主席。

我在哥大主持群體研究計畫和訓練計畫的經驗，幫助我在生醫所和加大聖校進行這些計畫的申請，以及惠特克基金會的發展獎和領導獎，並在加大聖校的醫學工程研究院和全加大系統的加州生物工程研究所，建立醫學與工程結合的研究機構。經由很多同仁的共同努力，加大聖校生物醫學工程達到全美排名第一的地位。我在台灣生醫所編印簡介的經驗，幫助我在加大聖校生物醫學工程研究所簡介的編印。我在美國國家衛生研究院審核研究計畫申請的經驗，使我能在台灣國衛院建立一個新的科研審查機制。我們要能把所學的知識和能力運用到不同的情況，超越時間和空間的限制。

七個人生體悟

當我被學術團體或學校邀請去和青年朋友談科學與人生時，我常用七個「C」字做為要點，來綜合我上面所說的個人經驗。

一、熱愛（Compassion）：不論做什麼事，我們都必須要有熱忱。衷心喜歡去做，才會成功。除了愛工作之外，我們要愛家庭，也要愛社會人群，使生活有意義。愛由心出發，有心有志，事會竟成。

二、投入（Commitment）：對我們愛好的事，我們要盡心盡力投入。做為一個科學家，我們要獻身科學，包含研究、教育和服務。做任何事，我們要在能力範圍之內做到最好、追求卓越。這並不是和別人比，而是跟自己的能力來比，達到最高境界。做為一個科學家，我們同時也必須顧到人生、家庭，保持平衡。我前面已經說過，時間的分配及運用極爲重要，一個快樂的家庭對事業有極大的幫助。在事業上我們常要同時負責多項工作，所以需要建立優先順序，有效運用時間、各方兼顧。每個人都擁有同樣的時間，運用之妙，存乎一心。

三、理解（Comprehension）：前面提過學習的重要，我們在學校裡的學習是有限的，我們一定要學習「如何學習」，主動去學習，終生不斷的繼續學習，隨時隨地隨人學習，如《論語》所說：「三人行，必有吾師焉。擇其善者而從之，其不善者而改之。」胡適說：「爲學當如金字塔，要能廣大要能高。」我們一方面要造詣高深，同時也要學本科以外的知識，這對跨領域研究極爲重要。學習新知識、獲得新能力，是人生一大樂事：人生的樂趣在學習。

四、創新（Creativity）：研究一定要注重創新。我們需要熟習現有的知識，因此得以判斷什麼是有待解決的重要課題。利用各相關領域的發展，開創新穎的思想和方法來尋求解答。不但研究要創新，在社團的服務也要創新；我們要先了解團體的任務、現在的情況和將來的需求，由此判斷創新的方向和途徑。不論做什麼事，我們要努力發展新方向、創造新成果，這樣才能促使社會進步、增強人類福祉：人生的意義在創造。

五、合作（Cooperation）：不論做什麼事，與人合作都非常重要。現代交叉科學研究更需要科際間合作。在合作時，每個參與的人都要付出思想、精神、勞力，但同時也有收穫。一般來說，我願意多付出（例如百分之六十）少收穫（例如百分之四十），這會有助於合作的成功。長久來說，對自己是有益的。

在一個團隊內，要重視團體（大我）的利益，和個人（小我）所得保持平衡。大我的成功對小我是非常重要的。我們在團隊裡有時是領導者，有時只是一個隊員，我們要依據自己的地位與整個團體合作，成全大我。只問耕耘奉獻，不論個人所得；團體的成功就是我們最大的收穫：人生的收穫在奉獻。

六、溝通（Communication）：要與人合作，必須要能有效的溝通，這包括寫和說。在學術機構做事，需要寫論文及計畫申請書；在工業界，需要寫各項報告。學科學的人必須要有扎實的文學基礎，寫文章才能夠有良好的結構、用詞恰當、條理明晰。說話、演講也是一樣，要能把我們的思想有效的傳達給別人。我年輕時常用錄音機聽自己練習的演講，這樣才知道別人聽到的是什麼，才能發現有什麼地方需要改進。現在的科學交流以英文爲主，我們需要儘量學習英文，在聽、說、讀、寫各方面持續不斷進步。事實上，生物醫學和數理工程不但與語言文字有密切關係，與人文社會也有重要的互動[185]。

七、完成（Consummation）：不論做什麼事，都要有始有終，完成後才算眞正達到目標。《戰國策》說：「行百里者，半九十」，表示做事愈接近完成時愈困難，更需認眞對待。譬如各項球類運動，不論帶球傳送多麼美妙，若沒有投入籃框或踢進球門，還是沒有分數。完成最重要。

用心感恩，持續奉獻

上述七點主要是對做事來說。不論做什麼事，一定要有高尚的人格品德。爲人要正直、誠實、謙虛、負責，對人要眞誠、寬宏、公平、均等。七個「C」都和「人」有關係。人與人之間的關係，最重要的是我們的「心」。如果我們對每個人都是以由心發出的關懷、崇敬的態度來交往、合作和溝通，自然就容易圓滿和成功。因爲「心」的重要，我把前面七點每一點都加一個「心」字，一切事都由「心」出發，我們用「心」來待人處事，一定會成功。

全心熱愛（Compassion）
決心投入（Commitment）
用心理解（Comprehension）
精心創新（Creativity）
同心合作（Cooperation）
推心溝通（Communication）
盡心完成（Consummation）

回顧過去八十年來的快樂時光，我眞是非常感恩。我有父母的慈愛教導、匡政的全心恩愛、兄弟家庭的親愛、兒孫的孝愛、師長的愛心教育、親朋同事的友愛、青年學子的敬愛和愛心的繼續傳承，使我有機會、有能力、有自信做我喜歡做的事，特別是和志同道合的人合作、爲社會人群服務奉獻。我眞是一個最幸運的人，心中充滿了無限的感恩。誠如復弟所說：「上蒼對二家兄眞的是特別眷顧。」

我一生得到很多獎譽，遠超過我所應得，遠超過我很小的奉獻，這些獎譽都是很多同仁學生合作的結果，他們才是應得獎的人。所有獎譽匡政都有一半的功勞。我對每項獎譽都非常珍愛。我一生在中國大陸、台灣和美國，對三地給我的認可，包括三地的國家院士及台灣和美國的總統獎，特別感覺珍貴。我讀過的育英中學（北京第二十五中學）設立了「錢煦班」。我在三地讀過三個大學，北大聘我爲名譽教授，台大和哥大頒給我榮譽博士。我一生僅任教於哥大和加大聖校，哥大給我傑出校友研究獎。加大聖校頒給我全校最高榮譽的雷維爾獎章。學子被自己的母校認可，快慰感恩之情難以形容。外祖父（圖六）和父親（圖四）親筆寫詩詞對我表示滿意，眞是萬分寶貴和無限的鼓勵。

我特別要感謝父母生育之恩。沒有父母，我不會在這世界上；沒有他們的教養，不會成爲今天的我。我特別要感謝匡政給我六十多年的恩愛照顧。我要感謝女兒、女婿和外孫女給我這麼多快樂的動力。匡政和我要向每一位師長、同事、同學、親朋好友、敬表我們衷心誠摯的感激，使我們有這以前無法想像的快樂一生。

我很感恩現在還有健康的身心，仍在全勤工作。我在能夠做的時候，還是會做我喜愛的事，繼續熱心投入、學習、創新、合作、溝通、完成。我仍在工作，不是爲求名利；我的所得已經遠超過我應該有的。我願意在可能的範圍內，對社會人群還可以有些奉獻。每個人都有年限，當我覺得不能繼續做同樣事情的時候，我會調整時間，變換生活重點，適合身心情況，繼續保持快樂的心情，使別人也快樂，永遠感激我所得的一切恩典。我一生沒有任何遺憾，沒有更多的願望，只有無限的感恩！

後記

李小媛

我於一九八二年底完成博士學位及一九八三年底博士後研究工作後，自美返台服務，任職於中央研究院生物醫學研究所（生醫所）籌備處。一九八七年初，錢煦院士由美國哥倫比亞大學抵台擔任生醫所籌備處主任，那時所內研究人員不多，由於我較資深，除了原本的研究工作外，亦擔任錢院士的行政助手，襄理所務，因而對錢院士有較多的了解。錢院士於一九八八年中返美，至加州大學聖地牙哥分校任教，但仍擔任生醫所學術諮詢委員會主席及國內其他學術機構要職，並經常回國推動國內生物醫學發展。二〇一一年，錢院士的同事、學生與親友爲慶祝他及夫人的八秩壽辰，特別撰寫文章，我負責編輯，由生醫所出刊了一本祝賀專刊，內容詳盡描述了錢院士的一生。這本《學習、奉獻、創造：錢煦回憶錄》的構想，就是從那本專刊延伸而來。

錢院士早年在中國受教育，一九四九年轉入台大醫學院醫學系，畢業後赴美在哥倫比亞大學獲得生理學博士學位，隨後任教於哥大三十載。一九八七年，他回台推動中研院生醫所的成立及發展後，繼之任教於加州大學近三十載。這期間，錢院士一直參與及推動台灣生物醫學及醫學工程的研究與發展，近幾年亦積極參與及提升中國大陸的生物醫學及醫學工程的學術活動及發展。他的足跡行遍天下，世界各國也都有他的學生。

錢院士一生鑽研學術，成就斐然，有教無類，提攜後輩；同時他積極參與學術活動，促進學術交流，服務人群，回饋社會。這本書從錢院士自幼受教育起，一直寫到八十多歲。書中除了談到怎麼做學問之外，更談到人生處事的態度與責任。一如我們所認識的他，雖已年逾八旬，但他的努力、執著與熱誠，卻是有增無減。我雖然是這本書的主編，但全書內容完全是由錢院士親筆撰寫、盡心規畫，我僅提供意見及參與校閱。我很榮幸有機會參與這本書的編輯過程，更期待藉由這本書的出版，提供年輕朋友一位傑出學者的典範。

（本文作者爲中央研究院生醫所特聘研究員）

錢煦院士大事紀

一九三一年——•出生於北京。
一九三七年——•遷居上海，開始就讀小學。
一九四七年——•由高二考入北京大學醫預科就讀。
一九四九年——•因國共內戰離開大陸，轉學至台灣大學醫學院就讀。
一九五三年——•台灣大學醫學院畢業，受一年預備軍官訓練。
一九五四年——•至紐約哥倫比亞大學攻讀生理學。
一九五七年——•在紐約與匡政結婚，獲哥倫比亞大學生理學博士學位。
一九五八年——•升為哥大助理教授，自此開始在哥大三十年的教職生涯。
一九五九年——•大女兒美儀誕生。
一九六一年——•二女兒美恩誕生。
一九六六年——•赴美多年後第一次返台休假，參與台大研究講學工作。
一九七六年——•獲選為中央研究院院士。
一九八七年——•接受中央研究院邀請，返台任生物醫學科學研究所籌備處主任。
一九八八年——•接受加州大學聖地牙哥分校邀請，西遷至加大聖校任生物工程及醫學教授。

一九九〇年——•獲選為美國生理學會會長。
一九九二年——•獲選為美國實驗生物學會聯盟主席。
一九九四年——•獲得惠特克基金會發展獎，充實加大聖校生物醫學工程研究所的研究能量；同年成立加大聖校生物工程系，任創系主任。
•獲選為美國國家醫學科學院院士。
一九九五年——•離開大陸四十六年後，第一次回去參加學會會議。
•獲聘為北京醫科大學榮譽教授。
•獲選為聖地牙哥歷史博物館董事會首屆主席。
一九九七年——•獲選為美國國家工程科學院院士。
一九九八年——•獲得惠特克基金會領導獎，加大聖校得以興建鮑威爾—福赫特生物工程大樓，二〇〇二年完工遷入。
二〇〇〇年——•獲選為美國醫學及生物工程學院主席。
•獲中華民國衛生署頒授壹等衛生獎章。
二〇〇二年——•獲選為國際生物流變學會主席。
二〇〇三年——•獲選為中國生理科學學會榮譽會員。
二〇〇四年——•獲選為中國生理學會（台北）榮譽會員。
二〇〇五年——•獲選為美國國家科學院院士。
•獲美國中國工程師學會選為全美最佳亞裔工程師。
•獲選為美國醫學及生物工程學院主席。

二〇〇六年——●獲美國國家工程科學院頒授創始者獎。
●獲選為美國藝術及科學學院院士。
●獲選為中國科學院外籍院士。
●獲中原大學頒授榮譽工程學博士。
●獲台灣大學頒授榮譽博士學位。

二〇〇八年——●聘擔任加大聖校醫學工程研究院創院院長。

二〇〇九年——●獲中華民國總統馬英九頒授中華民國總統生命科學獎獎章。
●獲交通大學頒授榮譽博士學位。
●獲陽明大學頒授榮譽博士學位。

二〇一〇年——●獲華中科技大學頒授榮譽博士學位。

二〇一一年——●獲美國總統歐巴馬頒授美國國家科學獎獎章。
●參與父親錢思亮於杭州錢王祠的入祠典禮。

二〇一二年——●獲紐約哥倫比亞大學頒授榮譽博士學位。

二〇一四年——●獲加大聖校頒授羅傑·雷維爾獎章。

二〇一五年——●獲選為美國發明家學院院士。

二〇一六年——●獲班傑明·富蘭克林獎章。
●獲美國醫學及生物工程學院二十五週年傑出貢獻獎。
●獲美國亞太聯盟傑出終身成就獎。

二〇一七年——
- 獲中國工程師學會一百週年獎章。
- 獲聘為唐獎遴選委員會主席。

二〇一九年——
- 獲美國生理學會卡爾維格氏獎。
- 獲美國生理學會二〇二〇年克勞伯納傑出教育獎。
- 獲聘為第三十九屆國際生理科學大會榮譽主席。
- 獲加大聖校募款傑出成就獎。
- 獲選為二〇一九年第十七屆華人領袖遠見高峰會第一屆君子科學家。

美國與國際學術機構及學會名稱中英文對照表

美國醫學與生物工程研究院
（American Institute for Medical and Biological Engineering, AIMBE, 264頁）

美國生理學會
（American Physiological Society, APS, 237頁）

美國生物化學及分子生物學會
（American Society for Biochemistry and Molecular Biology, ASBMB, 242頁）

美國力學工程師學會
（American Society for Mechanical Engineers, ASME, 260頁）

加州生物工程研究所
（Bioengineering Institute of California, BIC, 208頁）

生物醫學工程學會
（Biomedical Engineering Society, BMES, 257頁）

美東華人學術聯誼會
（Chinese American Academic and Professional Association, CAAPS, 232頁）

美洲華人醫學會
（Chinese American Medical Society, CAMS, 231頁）

美國實驗生物學會聯盟
（Federation of American Societies for Experimental Biology, FASEB, 242頁）

電機與電子工程師學會的工程與醫學生物學會
（Institute of Electrical and Electronic Engineers' Engineering in Medicine and Biology Society, IEEE-EMBS, 261頁）

醫學工程研究院（加大聖校）
（Institute of Engineering in Medicine, IEM UCSD, 182頁）

國際生物流變學學會
（International Society for Biorheology, ISB, 262頁）

國際生理科學聯盟
（International Union of Physiological Sciences, IUPS, 250頁）

微循環學會
（Microcirculatory Society, MCS, 236頁）
美國國家生物醫學影像和生物工程研究院
（National Institutes of Biomedical Imaging and Bioengineering, NIBIB, 266頁）
美國國家衛生研究院
（National Institutes of Health, NIH）
中美生物科技與藥學聯誼會
（Sino-American Biotechnology and Pharmaceutical Professional Association, SABPA, 234頁）
聖地牙哥在美華人科學與工程聯誼會（科工會）
（San Diego Chinese American Scientists and Engineers Association, SDCASEA, 233頁）
加州大學聖地牙哥分校（加大聖校）
（University of California San Diego, UCSD）

參考文獻

1. 錢煦：父親，您是完人。錢純、錢煦、錢復編“永恆的懷念，錢思亮先生百齡冥壽紀念文集”。八方文化創作室，新加坡，第245至254頁，2008。

2. 李嗣涔：序。鄭吉雄編：“薰天事業成亮節：錢思亮校長傳”。台大出版中心，台北，2010。

3. https://www.youtube.com/watch?v=iU3HQaYDQPs

4. 錢純、錢煦、錢復編“永恆的懷念，錢思亮先生百齡冥壽紀念文集”。八方文化創作室，新加坡，318頁，2008。

5. 錢純：煦弟政妹八十壽慶。李小媛編“慶賀錢煦院士及夫人八秩壽辰紀念集”。中央研究院生物醫學科學研究所。台北南港，第149至150頁，2011。

6. 李小媛編：慶賀錢煦院士及夫人八秩壽辰紀念集。中央研究院生物醫學科學研究所。台北南港，180頁，2011。

7. Chien, F.F.: Many happy returns to a most generous brother. In: “*Shu Chien: Tributes on His 70th Birthday”, ed.* Sung, L.A., and Chien, K.-C. H. World Scientific Publishers, Singapore, pp. 13-15, 2004.

8. 錢復：為二哥八秩榮壽祝嘏。李小媛編“慶賀錢煦院士及夫人八秩壽辰紀念集”。中央研究院生物醫學科學研究所。台北南港，第151至152頁，2011。

9. 王力行：“天生的三傑？錢純、錢煦、錢復三兄弟”《遠見雜誌》1986年7月號第001期《http://www.gvm.com.tw/Boardcontent_8898.html》

10. 錢煦：胡匡政：我的神仙伴侶。李小媛編“慶賀錢煦院士及夫人八秩壽辰紀念集”。中央研究院生物醫學科學研究所。台北南港，第161至178頁，2011。

11. 錢胡匡政：傑出的錢煦：我的終身伴侶。李小媛編“慶賀錢煦院士及夫人八秩壽辰紀念集”。中央研究院生物醫學科學研究所。台北南港，第153至159頁， 2011。

12. Sung, L.A., and Chien, K.-C. H. (Ed.): *Shu Chien: Tributes on His 70th Birthday*. World Scientific Publishers, Singapore, 573 pages, 2004.

13. Busch, May Chien: My dad, In: "*Shu Chien: Tributes on His 70th Birthday*", *ed.* Sung, L.A., and Chien, K.-C. H. World Scientific Publishers, Singapore, pp. 23-26, 2004.

14. Guidera, Ann Chien: Professor Shu Chien, my dad, In: "*Shu Chien: Tributes on His 70th Birthday*", *ed.* Sung, L.A., and Chien, K.-C. H. World Scientific Publishers, Singapore, pp. 27-29, 2004.

15. Chien, S.: Quantitative evaluation of circulatory adjustment of splenectomized dogs to hemorrhage. Am. J. Physiol. 193:605-614, 1958.

16. Gregersen, M.I.; Peric, B.; Usami, S., and Chien, S.: Relation of molecular size of dextran to its effects on the rheological properties of blood. Proc. Soc. Exper. Biol. Med. 112:883-887, 1963.

17. Gregersen, M.I.; Bryant, C.A.; Hammerle, W.; Usami, S., and Chien, S.: Flow characteristics of human erythrocytes through polycarbonate sieves. Science 157:825-827, 1967.

18. Chien, S.; Usami, S.; Dellenback, R.J., and Gregersen, M.I.: Blood viscosity: Influence of erythrocyte deformation. Science 157: 827-829, 1967.

19. Chien, S.; Usami, S.; Dellenback, R.J.; Gregersen, M.I.; Nanninga, L.B., and Guest, M.M.: Blood viscosity: Influence of erythrocyte aggregation. Science 157: 829-831, 1967.

20. Skalak, R. and Chien, S. (eds.): *Handbook of Bioengineering*. McGraw-Hill, New York 1986, 932 pp.

21. Chien, S.: Biophysical behavior of red cells in suspensions. In the Red Blood Cell, 2nd edition, edited by D. MacN. Surgenor, Academic Press, N.Y., Vol. 2, pp. 1031-1133, 1975.

22. Skalak, R., Tozeren, A., Zarda, R.P., and Chien, S.: Strain energy function of red blood cell membranes. Biophys. J. 13:245-264, 1973.

23. Chien, S.; Sung, K.L.P.; Skalak, R.; Usami, S., and Tozeren, A.: Theoretical and experimental studies on viscoelastic properties of red cell membrane. Biophys. J. 24:463-487, 1978.

24. Dong, C.; Skalak, R.; Sung, K.L.P.; Schmid-Schönbein, G.W., and

Chien, S.: Passive deformation analysis of human leukocytes. J. Biomech. Engineering 110:27-36, 1988.

25. Chien, S. and Jan, K.-M.: Red cell aggregation by macromolecules: roles of surface adsorption and electrostatic repulsion. J. Supramolecular Structure 1:385-409, 1973.

26. Chien, S.: Electrochemical interactions between erythrocyte surfaces. Thrombosis Res. 8:189-202, 1976.

27. Chien, S., and Sung, L.A.: Physicochemical basis and clinical implications of red cell aggregation. Clin. Hemorheology 7:71-92, 1987.

28. Schmid-Schoenbein, G.W.; Usami, S.; Skalak, R., and Chien, S.: Cell distribution in capillary networks. Microvasc. Res. 19:18-44, 1980.

29. Lipowsky, H.H.; Usami, S., and Chien, S.: In vivo measurements of "apparent viscosity" and microvessel hematocrit in the mesentery of the cat. Microvasc. Res. 19:297-319, 1980.

30. Chien, S.; Lee, M.M.L.; Laufer, L.S.; Handley, D.A.; Weinbaum, S.; Caro, C.G. and Usami, S.: Effects of oscillatory mechanical disturbance on macromolecular uptake by arterial wall. Arteriosclerosis 1:326-336, 1981.

31. Wen, G.B.; Weinbaum, S.; Ganatos, P.; Pfeffer, R., and Chien, S.: On the time-dependent diffusion of macromolecules through transient open junctions and their subendothelial spread. 2 Long-time model for interaction between leaky sites. J. Theor. Biol. 135:219-253, 1988.

32. Lin, S.J.; Jan, K.M., and Chien, S.: Temporal and spatial changes in macromolecular uptake in rat thoracic aorta and relation to thymidine uptake. Atherosclerosis 85:229-238, 1990.

33. Huang, Y.; Rumschitzki, D.; Chien, S., and Weinbaum, S.: A fiber matrix model for the growth of macromolecular leakage spots in the arterial intima. J. Biomech. Engineering 116:430-445, 1995.

34. Sung, L.A.; Kabat, E.A., and Chien, S.: Energies involved in cell-cell association and dissociation. I. Interaction of lectins with membrane receptors on red cell surfaces. J. Cell Biol. 101:646-6651, 1985.

35. Chien, S., and Sung, L.A.: Molecular basis of red cell membrane rheology. Biorheology 27:589-597, 1990.

36. Chien, S.; Usami, W.; and Bertles, J.F.: Abnormal rheology of oxygenated blood in sickle cell anemia. J. Clin. Invest. 49:623-634, 1970.

37. Usami, S.; Chien, S.; Scholz, P.M., and Bertles, J.F.: Effect of deoxygenation on blood rheology in sickle cell disease. Microvasc. Res. 9:324-334, 1975.

38. Schmalzer, E.; Chien, S., and Brown, A.K.: Transfusion therapy in sickle cell disease. Am. J. Ped. Hematol./Oncol. 4:395-406, 1983.

39. Jan, K.M.; Chien, S., and Bigger, J.T., Jr.: Observations on blood viscosity changes after acute myocardial infarction. Circulation 51:1079-1084, 1975.

40. Letcher, R.L.; Chien, S., and Laragh, J.H.: Changes in blood viscosity accompanying the response to Prazosin in patients with essential hypertension. J. Cardiovasc. Pharmacol. 1 (Suppl.):S8-S20, 1979.

41. Devereaux, R.; Drayer, J.; Chien, S.; Pickering, T.; Letcher, R.; DeYoung, J.; Sealey, J., and Laragh, J.: Whole blood viscosity as a determinant of cardiac hypertrophy in systemic hypertension. Am. J. Cardiol. 54:592-595, 1984.

42. Fan, F.C.; Chen, R.Y.Z.; Chien, S. and Correll, J.W.: Bypass blood flow during carotid endarterectomy. Anesthesiology 55:305-310, 1981.

43. Tietjen, G.W.; Chien, S.; Scholz, P.M.; Gump, F.E., and Kinnery, J.M.: Changes in blood viscosity and plasma proteins in carcinoma. Surg. Forum 26:166-168, 1975

44. Scholz, P.M.; Chien, S.; Gump, F.E.; Karis, J.H., and Kinney, J.M.: Use of blood viscosity measurements to assess vascular tone in patients with altered peripheral resistance. Surg. Forum 25:239-241, 1974.

45. Scholz, P.M.; Karis, J.H.; Gump, F.E.; Kinney, J.M., and Chien, S.: Correlation of blood rheology with vascular resistance in critically ill patients. J. Appl. Physiol. 39:1008-1011, 1975

46. Burke, A.M.; Chien, S.; McMurtry, J.G. III, and Quest, D.O.: Effects of low molecular weight dextran on blood viscosity after craniotomy for intracranial aneurysms. Surg. Obstet. Gynec. 148:9-15, 1979.

47. Solomon, R.A.; Antunes, J.L.; Chen, R.Y.Z.; Bland, L., and Chien, S.: Decrease in cerebral blood flow in rats after experimental subarachnoid

hemorrhage: A new animal model. Stroke 16:58-64, 1985.

48. Solomon, R.A.; Lovitz, R.L.; Hegemann, M.T.; Schuessler, G.B.; Young, W.L., and Chien, S.: Regional cerebral metabolic activity in the rat following experimental subarachnoid hemorrhage. J. Cereb. Blood Flow Metab. 7:193-198, 1987

49. Chen, R.Y.Z.; Wicks, A.E., and Chien, S.: Hemoconcentration induced by surface hypothermia in infants. J. Thorac. Cardiovasc. Surg. 80:236-241, 1980.

50. Reinhart, W.H.; Danoff, S.J.; King, R.G., and Chien, S.: Rheology of fetal and maternal blood. Pediatric Res. 19:147-153, 1985.

51. Chen, R.Y.Z.; Lee, M.M.L., and Chien, S.: Local anesthetics and the rheologic behavior of red cell suspensions. Anesthesiology 51:245-250, 1979.

52. Young, W.L., and Chien, S.: Effect of nimodipine on cerebral blood flow and metabolism in rats during hyperventilation. Stroke 20:275-280, 1989.

53. Somer, H.; Sung, L.A.; Thurn, A., and Chien, S.: Erythrocytes in Duchenne dystrophy: Osmotic fragility and membrane deformability. Neurology 29:519-522, 1979.

54. Chien, S.: Hemodynamics of the Dental Pulp. J. Dent. Res. 64:602-606, 1985.

55. Miller, L.H.; Usami, S., and Chien, S.: Alteration in the rheologic properties of Plasmodium knowlesi-infected red cells. A possible mechanism for capillary obstruction. J. Clin. Invest. 50:1451-1455, 1971.

56 Miller, L.H.; Cooper, G.W.; Chien, S., and Fremount, H.N.: Surface charge on Plasmodium knowlesi and p. coatneyi-infected red cells of macacamullata. Exptl. Parasitology 32:86-95, 1972.

57. Wang, Y.X.; Chang, J.; Chen, K.D.; Li, S.; Julie Li, Y.S.; Wu, C., and Chien. S.: Selective adapter recruitment and differential signaling networks by VEGF vs. shear stress. Proc. Natl. Acad. Sci. USA, 104:8875-8879, 2007.

58. Ranade, S.S.; Qiu, Z.: Woo, S.H.; Hur, S.S.; Murthy,S.E.; Cahalan, S.M.; Xu, J.; Mathur, J.; Bandell, M.; Coste, B.;. Li, Y.S.J.; Chien, S.,

and Patapoutian, A.: Piezo1, a mechanically activated ion channel, is required for vascular development in mice. Proc. Natl. Acad. Sci. USA 111:10347-10352, 2014.

59. Miao, H.; Hu, Y.L.; Shiu, Y.T.; Yuan, S.; Zhao, Y.; Kaunas, R.; Wang, Y.; Jin, G.; Usami, S., and Chien, S.: Effects of flow patterns on the localization and expression of VE-cadherin at vascular endothelial cell junctions: *In-vivo* and *in-vitro* investigations. J. Vasc. Res. 42:77-89, 2005

60. Wang, Y.; Jin, G.; Miao, H.; Li, J. Y.-S.; Usami, S., and Chien, S.: Integrins regulate VE-cadherin and catenins: Dependence of this regulation on Src, but not on Ras. Proc. Natl. Acad. Sci. USA, 103:1774-1779, 2006.

61. Li, S.; Kim, M.; Schlaepfer, D.D.; Hunter, T.; Chien, S., and Shyy. J. Y.-J.: Fluid shear stress activation of focal adhesion kinase - Linking to mitogen-activated protein kinases. J. Biol. Chem. 272:30455-30622, 1997.

62. Li, S.; Butler, P.; Wang, Y.X.; Shiu, Y.T.; Hu, Y.L.; Han, D.C.; Usami, S.; Guan, J.L., and Chien, S.: The role of the dynamics of focal adhesion kinase in the mechanotaxis of endothelial cells. Proc. Natl. Acad. Sci. USA 99:3546-3551, 2002.

63. Hu, Y.L.; Haga, J.H.; Miao, H.; Wang, Y.; Li, Y.S., and Chien, S.: Roles of microfilaments and microtubules in paxillin dynamics. Biochem. Biophys. Res. Commun. 348:1463-1471, 2006.

64. Hu, Y.L.; Lu, S.; Szeto, K.W.; Sun, J.; Wang, Y.; Lasheras, J.C., and Chien, S.: FAK and paxillin dynamics at focal adhesions in the protrusions of migrating cells. Sci Rep. 2014 Aug 12;4:6024. doi: 10.1038/srep06024.

65. Wang, Y.; Botvinick, E.L.; Zhao, Y.; Berns, M.; Usami, S.; Tsien, R.Y., and Chien, S.: Visualizing the mechanical activation of Src. Nature 434:1040-1045, 2005.

66. Ouyang, M.; Sun, J.; Chien, S., and Wang, Y.: Determination of hierarchical relationship of Src and Rac at subcellular locations with FRET biosensors. Proc. Natl. Acad. Sci. USA, 105:14353-14358, 2008.

67. Shyy, J.Y.J., and Chien, S.: Role of integrins in cellular responses to mechanical stress and adhesion. Cur. Opin. Cell Biol. 9:707-713, 1997.

68. Jalali, S.; del Pozo, M.A.; Chen, K.D.; Miao, H.; Li, Y.S.; Schwartz, M.A.; Shyy, J.Y.J., and Chien, S.: Integrin-mediated mechanotransduction requires its dynamic interaction with specific ECM ligands. Proc. Natl. Acad. Sci. USA, 98:1042-1046, 2001.

69. Shyy, J.Y.-J., and Chien, S.: Role of Integrins in Endothelial Mechanosensing of Shear Stress. Circulation Res. 91:769-776, 2002.

70. Butler, P. J.; Norwich, G.; Weinbaum, S., and Chien, S.: Shear stress induces a time- and position-dependent increase in endothelial cell membrane fluidity. Am. J. Physiol. (Cell Physiol.) 280: C962-C969, 2001.

71. Butler, P.J.; Tsou, T.C.; Li, J.Y.S.; Usami, S., and Chien, S.: Rate sensitivity of shear-induced changes in the lateral diffusion of endothelial cell membrane lipids: a role for membrane perturbation in shear-induced MAPK activation. FASEB J. 16:216-218, 2002.

72. Chien, S.: Mechanotransduction and endothelial cell homeostasis: the wisdom of the cell. Am. J. Physiology: Heart and Circulatory Physiology, 292:H1209-1224, 2007.

73. Wang, Y.; Miao, H.; Li, S.; Chen, K.D.: Li, Y.-S.; Yuan, S.; Shyy, J.Y.-J., and Chien, S.: Interplay between integrins and Flk-1 in shear stress-induced signaling. Am. J. Physiol. (Cell Physiol.), 283:C1540-1547, 2002.

74. Li, Y.S.; Shyy, J.Y.J.; Li, S.; Lee, J.D.; Su, B.; Karin, M., and Chien, S.: The Ras/JNK pathway is involved in shear-induced gene expression. Molec. Cell. Biol. 16:5947-5954, 1996.

75. Kaunas, R.; Usami, S., and Chien, S.: Regulation of stretch-induced JNK activation by stress fiber orientation. Cellular Signaling 18:1924-1931, 2006.

76. Wang, Y.; Chang, J.; Li, Y.-C.; Li, Y.-S.; Shyy, J.Y.-J., and Chien, S.: Shear stress and VEGF regulate IKK via the Flk-1/Cbl/Akt signaling pathway. Am. J. Physiol.:Heart & Circ. Physiol. 286:H685-H692, 2004.

77. Young, A.; Wu, W.; Sun, W.; Larman, H.B.; Wang, N.; Li, Y.-S., Shyy, J.Y.; Chien, S., and Garcia-Cardena, G.: Flow activation of AMP-activated protein kinase leading to the expression of Krüppel-like factor 2. Arterioscler. Thromb. Vasc. Biol.. 29:1902-1908, 2009.

78. Guo, D.; Chien, S., and Shyy, J.Y.J.: Regulation of endothelial cell

cycle by laminar versus oscillatory flow. Distinct modes of interactions of AMP-activated protein kinase and Akt pathways. Circulation Res. 100:564-571, 2007.

79. Gongol, B.; Marin, T.; Peng, I.C.; Woo, B.; King, S.; Martin, M.; Sun, W., Johnson, D.A.; Chien, S., and Shyy, J.Y.: AMPKa2 exerts its anti-inflammatory effects through PARP-1 and Bcl-6. Proc. Natl. Acad. Sci. USA, 110:3161-3166, 2013.

80. Miao, H.; Yuan, S.; Wang, Y.; Tsygankov, A., and Chien, S.: Role of Cbl in shear-activation of PI 3-kinase and JNK in endothelial cells. Biochem. Biophys. Res. Commun. 292:892-899, 2002.

81. Tang, Z.; Ying Wang, Y.; Fan, Y.; Zhu, Y.; Chien, S., and Wang, N.: Suppression of c-Cbl tyrosine phosphorylation inhibits neointimal formation in balloon-injured rat arteries. Circulation 118:764-72, 2008.

82. Li, S.; Chen, P-C. B.; Azuma, N.; Hu, Y-L.; Wu, Z. S.; Sumpio, B. E.; Shyy, J. Y-J., and Chien, S.: Distinct roles for the small GTPases Cdc42 and Rho in endothelial responses to shear stress. J. Clin. Invest. 103:1141-1150, 1999.

83. Hu, Y.L; Li, S.; Miao, H.; Tsou, T.-C.; del Pozo, M.A., and Chien, S.: Roles of microtubule dynamics and small GTPaseRac in endothelial cell migration and lamellipodium formation under flow. J. Vasc. Res. 39:465-476, 2002.

84. Shiu, Y.-T.; Li, S.; Yuan, S.; Wang, Y.-X.; Nguyen, P., and Chien, S.: Shear stress-induced c-fos activation is mediated by Rho in a calcium-dependent manner. Biochim. Biophys. Res. Commun. 303:548-555, 2003.

85. Kaunas, R.; Nguyen, P.; Usami, S., and Chien, S.: Cooperative effects of Rho and mechanical stretch on stress fiber organization. Proc. Natl. Acad. Sci. 102:15895-15900, 2005.

86. Bhullar, I. S.; Li, Y.-S;. Miao, H.; Zandi, E.;. Kim, M.;.Shyy, J. Y-J., and Chien, S. :Fluid shear stress activation of IkB kinase is integrin-dependent. J. Biol. Chem. 273:30544-30549, 1998.

87. Du, J.; Chen, X.; Liang, X.; Zhang, G.; Xu, J.; He, L.; Zhan, Q.; Feng, X.-Q.; Chien, S., and Yang, C.: Soft ECM triggers integrin activation and internalization: A mechanism of ECM stiffness-induced mesenchymal stem cells lineage specification. Proc. Natl Acad. Sci.

USA, 108:9466-9471, 2011.

88. Yeh, Y.T.; Hur, S.S.; Chang, J.; Wang, K.C.; Chiu, J.J.; Li, Y.S., and Chien, S.: Matrix stiffness regulates endothelial cell proliferation through septin 9. PLoS One 7:e46889, 2012.

89. Galbraith, C.G.;Skalak, R., and Chien, S.: Shear stress produces three-dimensional remodeling in the endothelial cell cytoskeleton. Cell Motility and Cytoskeleton 40:317-330, 1998.

90. Chiu, J.J. and Chien, S.: Effects of disturbed flow on vascular endothelium: pathophysiological basis and clinical perspectives. Physiol. Rev. 91:327-387, 2011.

91. Chien, S.: Molecular and mechanical bases of focal lipid accumulation in arterial wall. Prog. Biophys. Molec. Biol. 83:131-151, 2003.

92. Hur, S.; Zhao, Y.; Li, Y.-S., Botvinick, E., and Chien, S.: Live Cells Exert 3-Dimensional Traction Forces on Their Substrata. Cellular and Molecular Bioengineering 2:425-436, 2009.

93. Hur, S.; Li, Y.S.; Hu, Y.L., and Chien, S.: 3-dimensional forces and molecular dynamics of live cells. Proc. Soc. Photo-Optical Instrum. Engineers (SPIE), 7759, pp. 7790S1-7790S6, 2010.

94. Wu, C.C.; Li, Y.S.J.; Haga, J.H.; Kaunas, R.; Chiu, J.J.; Su, F.C.; Usami, S., and Chien, S.: Directional shear flow and Rho activation prevent the endothelial cell apoptosis induced by micropatterned anisotropic geometry. Proc. Natl. Acad. Sci. USA, 104:1254-1259, 2007.

95. Flaim, C.J.; Chien, S., and Bhatia, S.: An extracellular matrix microarray for probing cellular differentiation. Nature Methods 2:119-125, 2005.

96. Choi, J.; Zhao, Y.; Zhang, D.; Chien, S., and Lo, Y.-H.: Patterned fluorescent particles as nanoprobes for investigation of molecular interactions. Nanoletters 3:995-1000, 2003.

97. Hung, H.S.; Wu, C.C.; Chien, S., and Hsu, S.H.: The behavior of endothelial cells on polyurethane nanocomposites and the associated signaling pathways. Biomaterials 30:1502-1511, 2009.

98. Yim, W.W.; Chien, S.; Kusumoto, Y.; Date, S,, and Haga, J. Grid heterogeneity in in-silico experiments: an exploration of drug screening using DOCK on cloud environments. Stud. Health Technol. Inform. 159:181-190, 2010.

99. Lau, C.D.; Levesque, M.J.; Chien, S.; Date, S., and Haga, J.H.: ViewDock TDW: High-throughput visualization of virtual screening results. Bioinformatics 26:1915-1917, 2011.

100. Chen, B.P.C.; Li, Y.-S.; Zhao, Y.; Chen, K.-D.; Li, S.; Lao, J.; Yuan, S.; Shyy, J.Y.-J., and Chien, S.: DNA microarray analysis of gene expression in endothelial cells in response to 24-hour shear stress. Physiol. Genomics 7:55-63, 2001.

101. Zhao, Y.; Chen, B.P.C.; Miao, H.; Yuan, S.; Li, Y.-S.; Hu, Y.; Rocke, D.M., and Chien, S.: Improved significance test for DNA microarray data: Temporal modulation of gene expression by shear stress. Physiol. Genomics 12:1-11, 2002.

102. Chiu, J.J.; Wang, D.L.; Chien, S.; Skalak, R., and Usami, S.: Effects of disturbed flows on endothelial cells. J. Biomech. Engineering 120:2-8, 1998.

103. Usami, S.; Chen, H.H.; Zhao, Y.; Chien, S, and Skalak, R.: Design and construction of a linear shear stress flow chamber. Ann. Biomed. Engineering 21:77-83, 1993.

104. Sotoudeh, M.; Jalali, S.; Usami, S.; Shyy, J.Y.J., and Chien. S.: A strain device imposing dynamic and uniform equi-biaxial strain to cultured cells. Annals of Biomedical Engineering 26:181-189, 1998.

105. del Alamo, J.C.; Norwich, G.N.; Li, Y.S.; Lasheras, J.C., and Chien S.: Anisotropic rheology and directional mechanotransduction in vascular endothelial cells. Proc. Natl. Acad. Sci. USA, 105:15411-15416, 2008.

106. Hur, S.S.; del Álamo, J.C.; Park, J.S.; Li, Y.S.; Nguyen, H.A.; Teng, D.; Wang, K.C.; Flores, L.; Alonso-Latorre, B.; Lasheras, J.C., and Chien, S.: Roles of cell confluency and fluid shear in 3-dimensional intracellular forces in endothelial cells. Proc. Natl. Acad. Sci. USA, 109:11110-11115, 2012.

107. Seong, J.; Ouyang, M.; Kim, T.; Sun, J.; Wen, P.C.; Lu, S.; Zhuo, Y.; Llewellyn, N.M.; Schlaepfer, D.D.; Guan, J.L.; Chien, S., and Wang, Y.: Detection of focal adhesion kinase activation at membrane microdomains by fluorescence resonance energy transfer. Nature Commun. 2011 Jul 26;2:406. doi: 10.1038/ncomms1414.

108. Hu, C.M.; Fang, R.H.; Wang, K.C.; Luk, B.T.; Thamphiwatana, S.; Dehaini, D.; Phu, N.; Angsantikul, P.; Wen, C.H.; Kroll, A.V.;

Carpenter, C.; Ramesh, M.; Qu, V.; Patel, S.H., Zhu, J.; Shi, W.; Hofman, F.M.; Chen, T.C.; Gao, W.: Zhang, K.; Chien, S., and Zhang, L.: Nanoparticle biointerfacingby human platelet membrane cloaking. Nature 526: 118-121, 2015.

109. Ma, X.; Qu, X.; Zhu, W.; Li, Y.S.; Yuan, S.; Zhang, H.; Liu, J.; Wang, P; Lai, C.S.E.; Zanella, F.; Feng, G.S.;Sheikhe, F.; Chien, S., and Chen, S.: A deterministically patterned biomimetic human iPSC-derived hepatic model via rapid 3D bioprinting. Proc. Natl. Acad. Sci. USA, in press, 2016.

110. Wang KC.; Nguyen, P,; Weiss, A,; Yeh, Y.T.; Chien, H.S'; Lee, A.; Teng, D.; Subramaniam, S.; Li, Y.S., and Chien, S.: MicroRNA-23b regulates cyclin-dependent kinase-activating kinase complex through cyclin H repression to modulate endothelial transcription and growth under flow. Arterioscler. Thromb. Vasc. Biol. 34: 1437-1445, 2014.

111. Jin, G.; Wu, C.H.; Li, Y.H.; Hu, Y.L.; Shyy, J.Y.J., and Chien, S.: Effects of active and negative mutants of Ras on rat arterial neointima formation. J. Surg. Res. 94:124-132, 2000.

112. Wu, C.H.; Lin, C.S.; Hung, J.S.; Wu, C.J.; Lo. P.H.; Jin, G.; Shyy, J.Y.J.; Mao, S.J.T., and Chien, S.: Inhibition of neointimal formation in porcine coronary artery by a Ras mutant. J. Surg. Res. 99:100-106, 2001.

113. Lipowsky, H.H., and Chien, S.: Role of leukocyte-endothelium adhesion in affecting recovery from ischemic episodes. Ann. N.Y. Acad. Sci. 565:308-315, 1989

114. Zhao, Y.H.; Lipowsky, H.H.; Skalak, R., and Chien, S.: Leukocyte rolling in rat mesenteric venules. Ann. Biomed. Engineering 29:360-372, 2001.

115. Zhao, Y.; Chien, S., and Skalak, R.: A stochastic model of leukocyte rolling. Biophys. J. 69:1309-1320, 1995.

116. Zhao, Y.H.; Chien, S., and Weinbaum, S.: Dynamic contact forces on leukocyte microvilli and their penetration of the endothelial glycocalyx. Biophys. J. 80:1124-1140, 2001.

117. Chen, C.N.; Chang, S.F.; Lee, P.L.; Chang, K.; Chen, L.J.; Usami, S.; Chien, S., and Chiu, J.J.: Neutrophils, lymphocytes, and monocytes exhibit diverse behaviors in transendothelial and subendothelial

migrations under co-culture with smooth muscle cells in disturbed flow. Blood 107:1933-1942, 2006.

118. Chiu, J.-J., Chen, L.-J., Lee, P.-L., Lee, C.-I., Lo, L.-W., Usami, S., and Chien, S.: Shear stress inhibits the adhesion molecule expressions in vascular endothelial cells induced by co-culture with smooth muscle cells. Blood 101:2667-2674, 2003.

119. Chiu, J.-J.; Chen, L.J.; Lee, C.L.; Lee, P.-L.; Lee, D.Y.; Tsai, M.C.; Lin, C.W.; Usami, S., and Chien, S.: Mechanisms of induction of endothelial cell E-selectin expression by smooth muscle cells and its inhibition by shear stress. Blood 110:519-528, 2007.

120. Tsai, M.-C.; Chen, L.; Zhou, J.; Tang, Z., Hsu; T.-F..; Wang, Y.; Shih, Y.-T.; Peng, H.-H.; Wang, N.; Guan, Y.; Chien, S., and Chiu, J.-J.: Shear stress induces synthetic-to-contractile phenotypic modulation in smooth muscle cells via PPAR-a/d activations by prostacyclin released by sheared endothelial cells. Circulation Res. 105:471-80, 2009.

121. Wang, K.C.; Garmire, L.X.; Young, A.; Nguyen, P.; Trinh, A.; Subramaniam, S.; Wang, N.; Shyy, J.Y.; Li, Y.S., and Chien, S.: Role of microRNA-23b in flow-regulation of Rb phosphorylation and endothelial cell growth. Proc. Natl. Acad. Sci. USA, 107:3234-3239, 2010.

122. Qin, X.; Wang, X.; Wang, Y.; Tang, Z.; Cui, Q.; Xi, J.; Li, Y.S.; Chien, S., and Wang N.: MicroRNA-19a mediates the suppressive effect of laminar flow on cyclin D1 expression in human umbilical vein endothelial cells. Proc. Natl. Acad. Sci. USA, 107:3240-3244, 2010.

123. Zhou, J.; Wang, K.C.; Wu W.; Subramaniam, S.; Shyy, J.Y-J.; Chiu, J.J.; Li, J. Y-S., and Chien, S.: MicroRNA-21 targets peroxisome proliferatorsactivated receptor- α in an autoregulatory loop to modulate flow-induced endothelial inflammation. Proc. Natl. Acad. Sci. USA, 108:10355-10360, 2011.

124. Wu, W.; Xiao, H.; Laguna-Fernandez, A.; Villarreal, G. Jr.; Wang, K.C.; Geary, G.G.; Zhang, Y.; Wang, W.C.; Huang, H.D.; Zhou, J.; Li, Y.S.; Chien, S.; Garcia-Cardena, G., and Shyy, J.Y.: Flow-Dependent Regulation of Kruppel-Like Factor 2 Is Mediated by MicroRNA-92a. Circulation 124:633-641, 2011.

125. Zhou, J.; Li, Y.S.; Nguyen, P.; Wang, K.C.; Weiss, A.; Kuo, Y.C.; Chiu,

J.J.; Shyy, J.Y., and Chien, S.: Regulation of vascular smooth muscle cell turnover by endothelial cell–secreted microRNA-126: Role of shear stress. Circ. Res. 113:40-51, 2013.

126. Huang, T.S.; Wang, K.C.; Quon, S.; Nguyen, P.; Chang, T.Y.; Chen. Z.; Li, Y.S.; Subramanian, S.; Shyy, J., and Chien S.: LINC00341 exerts an anti-inflammatory effect on endothelial cells by repressing VCAM1. Physiol. Genomics 49:339-345, 2017.

127. Miao, Y.; Ajami, N.E.; Huang, T.S.; Lin, F.M.; Lou, C.H.; Wang, Y.T.; Li, S.; Kang, J.; Munkacsi, H.; Maurya, M.R.; Gupta, S.; Shyy, J.Y.J.; Chien, S.; Subramaniam, S., and Chen, Z.: Enhancer-Associated Long Non-Coding RNA LEENE Regulates Endothelial Nitric Oxide Synthase and Endothelial Function. Nature Comm. 9(1):292, doi: 10.1038/s41467-017-02113-y, Jan 18. 2018.

128. Lee, D.Y.; Lee, C.I.; Lin, T.E.; Lim, S.H.; Zhou, J.; Tseng, Y.C.; Chien, S., and Chiu, J.J.: Role of histone deacetylases in transcription factor regulation and cell cycle modulation in endothelial cells in response to disturbed flow. Proc. Natl. Acad. Sci. USA, 109:1967-1972, 2012.

129. Zhou J, Li YS, Wang KC, Chien S.: Epigenetic mechanism in regulation of endothelial function by disturbed flow: Induction of DNA hypermethylation by DNMT1. Cell. Mol. Bioeng. 7:218-224, 2014.

130. Brafman, D.; Shah, K.; Fellner, T.; Chien, S., and Willert, K.: Defining long-term maintenance conditions of human embryonic stem cells with arrayed cellular microenvironment technology. Stem Cells Dev. 18:1141-1154, 2009.

131. Brafman, D.; Chien, S., and Willert, K.: Arrayed cellular microenvironments for identifying culture and differentiation conditions for stem, primary and rare cell populations. Nature Protocols 7:703-717, 2012.

132. Brafman, D.A.; Chang, C.W.; Fernandez, A.; Willert, K.; Varghese, S., and Chien, S.: Synthetic polymers support long-term human pluripotent stem cell self-renewal. Biomaterials 31:9135-9144, 2010.

133. Brafman, D.; de Minicis, S.; Seki, E.; Shah, K.D.; Teng, D.; Brenner, D.; Willert, K., and Chien, S.: Investigating the role of the extracellular environment in modulating hepatic stellate cell biology with arrayed combinatorial microenvironments. Integrative Biology 1: 513–524, 2009.

134. Oh, S.; Brammer, K.S.; Li, Y.S.J.; Teng, D., Engler, A.J.; Chien, S., and Jin, S.: Stem cell fate dictated solely by altered nanotube dimension. Proc. Natl. Acad. Sci. USA, 106:2130-2135, 2009.

135. Qu, X.; Zhu, W.; Huang, S; Li, J.Y.-S.; Chien, S., and Chen, S.: Relative impact of uniaxial alignment vs. form-induced stress on differentiation of human adipose derived stem cells. Biomaterials 34:9812–9818, 2013.

136. Du, J.; Chen, X.; Liang, X.; Zhang, G.; Xu, J.; He, L.; Zhan, Q.; Feng, X.-Q.; Chien, S., and Yang, C.: Soft ECM triggers integrin activation and internalization: A mechanism of ECM stiffness-induced mesenchymal stem cells lineage specification. Proc. Natl. Acad. Sci. USA, 108:9466-9471, 2011.

137. Xue, R.; Li, J. Y-S.; Yeh, Y.; Yang, L., and Chien, S.: Effects of matrix elasticity and cell density on human mesenchymal stem cells differentiation. J. Orthop. Res. Wiley Online Library (wileyonlinelibrary.com). DOI 10.1002/jor.22374, 2013.

138. Shih, Y.R.; Hwang, Y.; Phadke, A.; Kang, H.; Hwang, N.S.; Caro, E.J.; Nguyen, S.; Siu, M.; Theodorakis, E.A.; Gianneschi, N.C.; Vecchio, K.S.; Chien, S.: Lee, O.K.-S., and Varghese, S.: Calcium-phosphate bearing matrices induce osteogenic differentiation of stem cells through adenosine signaling. Proc. Natl. Acad. Sci. USA, 111:990-995, 2014.

139. Kuo, Y-C.; Li, Y-S.; Zhou, J.; Shih, R-V.V.; Miller, M.; Broide, D.; Lee, O. K-S., and Chien, S: Human mesenchymal stem cells suppress the stretch–induced inflammatory miR-155 and cytokines in bronchial epithelial cells. PLoS One 8: e71342. 2013. Doi:0.1371/journal.pone.0071342

140. Lorenzen-Schmidt, I.; Schmid-Schönbein, G.W.; Giles, W.R.; McCulloch, A.D.; Chien, S., and Omens, J.H.: Chronotropic response of cultured neonatal rat ventricular myocytes to short-term fluid shear. Cell. Biochem. Biophys. 46:113-122, 2006.

141. Peng, X.; Wu, X.; Druso, J.E.; Wei, H.; Park, A.Y.-J.; Kraus, M.S.; Alcaraz, A.; Chen, J.; Chien, S.; Cerione, R.A., and Guan, J.-L.: Cardiac developmental defects and spontaneous eccentric right ventricular hypertrophy in cardiomyocyte FAK conditional knockout mice. Proc. Natl. Acad. Sci. USA, 105:6638-6643, 2008.

142. Hornberger, T.A., and Chien, S.: Mechanical stimuli and nutrients regulate rapamycin-sensitive signaling through distinct mechanisms in skeletal muscle. J. Cell. Biochem. 97:1207-1216, 2006.

143. Hornberger, T.A.; Chu W.K.; Mak Y.W.; Hsiung J.W.; Huang S.A. and Chien S.: The role of phospholipase D and phosphatidic acid in the mechanical activation of mTOR signaling in skeletal muscle. Proc. Natl. Acad. Sci., USA, 103:4741-4746, 2006.

144. Schinagl, R. M.; Kurtis, M. S.; Ellis, K. D.; Chien, S., and Sah, R. L.,: Effects of seeding duration on the strength of chondrocyte adhesion to articular cartilage. J. Orthop. Res. 17:121-129, 1999.

145. Jin, G.; Sah, R.L.; Li, Y.S.; Lotz, M.; Shyy, J.Y.J. , and Chien, S.: Biomechanical regulation of matrix metalloproteinase-9 in chondrocytes. J. Orthop. Res. 18:899-908, 2000.

146. Yeh, C.C.; Chang, H.I.; Chiang, J.K.; Tsai, W.T.; Chen, L.M.; Wu, C.P.; Chien, S., and Chen, C.N.: Regulation of plasminogen activator inhibitor 1 expression in human osteoarthritic chondrocytes by fluid shear stress: Role of PKCa. Arthritis Rheum. 60:2350-2361, 2009.

147. Weyts, F.A.A.; Li, Y.-S.; van Leeuwen, J.; Weinans, H., and Chien, S.: ERK activation and alphavbeta3 integrin signaling through Shc recruitment in response to mechanical stimulation in human osteoblasts. J. Cell. Biochem. 87:85-92, 2002. No

148. Wu, C.C.; Li, Y.S.J.; Haga, J.H.; Wang, N.; Lian, L.Y.Z.; Su, F.C.; Usami, S., and Chien, S.: Roles of MAP kinases in the regulation of bone matrix gene expressions in human osteoblasts by oscillatory fluid flow. J. Cell. Biochem. 98:632-641, 2006.

149. Lee, D.Y.; Li, Y.S.; Chang, S.-F.; Zhou, J.; Ho, H.-M.; Chiu, J.-J., and Chien, S.: Oscillatory flow-induced proliferation of osteoblast-like cells is mediated by avb3 and b1 integrins through synergistic interactions of FAK and Shc with PI3K and the Akt/mTOR/p70S6K pathway. J. Biol. Chem. 285:30-42, 2010.

150. Yeh, C.R.; Chiu, J.J.; Lee, C.I.; Lee, P.L.; Shih, Y.T.; Sun, J.S.; Chien, S., and Cheng, C.K.: Estrogen augments shear stress-induced signaling and gene expression in osteoblast-like cells via estrogen receptor-mediated expression of beta(1) integrin. J. Bone Miner. Res. 25:627-639, 2010.

151. Liu, Y.A.; Huang, C.J.; Yen, M.H.; Tseng, C.T.; Chien, S., and Lee, O.K. Mechanosensitive TRPM7 mediates shear stress and modulates osteogenic differentiation of mesenchymal stromal cells through Osterix pathway. Scientific Reports | 5:16522 | 2015

152. Gregersen, H.; Kassab, G.; Pallencaoe, E.; Lee, C.; Chien, S.; Skalak, R., and Fung, Y.C.: Morphometry and strain distribution in guinea pig duodenum with reference to the zero-stress state. Am. J. Physiol. 273 (Gastrointest. Liver Physiol. 36): G865-G874, 1997.

153. Sun, D.; Wang, J.; Yao, W.; Gu, L.; Wen, Z., and Chien, S.: Tumorigenesis of murine erythroleukemia cell line transfected with exogenous p53 gene. Clin. Hemorheology and Microcirculation 30:117-126, 2004.

154. Zeng, Z.; Xu, X.; Zhang, Y.; Xing, J., Long, J.; Gu, L.; Wang, X.; Sun, D.; Ka, W.; Yao, W.; Wen, Z., and Chien, S.: Tumor-derived factors impaired motility and immune functions of dendritic cells through derangement of biophysical characteristics and reorganization of cytoskeleton. Cell Motil. Cytoskeleton 64:186-198, 2007.

155. Chang, S.F.; Chang, C.A.; Lee, D.Y.; Lee, P.L.; Yeh, Y.M.; Yeh, C.R.; Cheng, C.K.; Chien, S, and Chiu, J.J.: Tumor cell cycle arrest induced by shear stress: Roles of integrins and Smad. Proc. Natl. Acad. Sci. USA, 105:3927-3933, 2008.

156. Li, S., Lindahl, A., Nannmark, U., and Chien, S.: Interactions between bone marrow stem cells and extracellular matrix in bone and cartilage. In: "Osseointegration: From Calvarium to Calcaneus", ed. P.I. Brånemark, Quintessence Publ. Co., 2006.

157. D'Lima, D.D.; Patil, S.; Steklov, N.; Chien, S., and Colwell, C.W. Jr.: In vivo knee moments and shear after total knee arthroplasty. J. Biomech. 40:S11-S17, 2007.

158. Mitchell, B.; Jacobs, R.; Li, J.; Chien, S., and Kintner, C.: A positive feedback mechanism governs the polarity and motion of motile cilia. Nature 447:97-101, 2007.

159. Chien, S.: A brief history of the Bioengineering Institute of California and the UC System-wide Symposia. Ann. Rev. Biomed. Engineering 39:1156-1162, 2011.

160. 汪南平編：錢氏學人，煦暖華夏——美籍華裔科學錢煦及夫人八十華誕誌賀文集。世界圖書出版公司，西安，2011。

161. Shyy, J.Y-J., and Wang, Y.X (Guest Editors): Special Issue in Honor of Professor Shu Chien's 80th Birthday. Cell. Molec. Bioengineering 4:505-723, 2011.

162. Chien, S.: Blood cell deformability and interactions: From molecules to micromechanics and microcirculation. Microvasc. Res. 44:243--254, 1992.

163. Chien, S.: Landis Award Lecture: Role of blood cells in microcirculatory regulation. Microvasc. Res. 29:129-151, 1985.

164. Chien, S.: Blood cell deformability and interactions: From molecules to micromechanics and microcirculation. Microvasc. Res. 44:243-254, 1992.

165. Long Range Planning Committee: What's past is prologue. A "White Paper" on the future of physiology and the role of the American Physiological Society in it. Physiologist 33:161-180, 1990.

166. Chien, S. (ed.): Molecular Biology in Physiology. Raven Press, N.Y., 1989, 167 pp.

167. Chien, S. (ed.).: Molecular Biology of Cardiovascular System. Lea and Febiger, Philadelphia, 1990, 241 pp.

168. Chien, S.; Cherrington, A.; Cook, J.S.; Metting, P.; Raff, H.; Valtin, H.; Young, D.B., and Yool, A.: The sun breaks through the clouds: A bright future for physiology. The Physiologist 39:375-388, 1996.

169. Chien, S.: Let our voices be heard and amplified. The time is now![editorial]. FASEB J. 7:615-616, 1993.

170. Chien, S., and Silverstein, S.C.: Economic impact of application of monoclonal antibodies to medicine and biology. FASEB J. 7:1426-1431, 1993.

171. Chien, S.: XXXV International Congress of Physiological Sciences (IUPS Congress 2005). News Physiol. Sci. 18:179-180, 2003.

172. Chien, S.: The XXXVth IUPS Congress in 2005: A Winding Road to a Wonderful Meeting in San Diego. The Physiologist 49:60-65, 2006.

173. Noble, D.: Origins of the San Diego IUPS Congress. The Physiologist 49:50-51, 2006.

174. Chien, S.; Yoganathan, A., and Mow, V.: Cellular and Molecular Bioengineering: A new international Journal of the Biomedical Engineering Society, Cell. Molec. Bioengineering 1:1-4, 2008.

175. Barabino, G.; Chien, S., and Yin, F.: Editorial: Cellular and Molecular Engineering in Transition. Cell. Molec. Bioengineering Vol. 6, 2013.

176. Chien S.: UCSD's Institute of Engineering in Medicine: fostering collaboration through research and education. IEEE Pulse 3:35-41, 2012.

177. Chien, S.: International Society for Biorheology-Past, Present, and Future: Celebration of the 30th anniversary of the Japanese Society of Biorheology. J. Jap. Soc. Biorheol. 21:88-95, 2007.

178. Chien, S.: The Fahraeus Lecture: Hemorheology in disease, pathophysiological significance and therapeutic implications. Clin. Hemorheology 1:419-442, 1981.

179. Chien, S.: Molecular basis of rheological modulation of endothelial functions: Importance of stress direction. Poiseuille Award Lecture. Biorheology 43:95-116, 2006.

180. Chien, S., and Maynard, C.D.: Newest member of the NIH family. Science 291:1701-1702, 2001.

181. Chien, S.: The National Institute of Biomedical Imaging and Bioengineering. Ann. Rev. Biomed. Engineering 6:1-26, 2004.

182. Chien, S.; Peng, M.T.; Chen, K.P.; Huang, T.F.; Chang, C., and Fang, H.S.: Longitudinal measurements of blood volume and essential body mass in human subjects. J. Appl. Physiol. 39:818-824, 1975.

183. Chien, S.; Peng, M.T.; Chen, K.P.; Huang, T.F.; Chang, C., and Fang, H.S.: Longitudinal studies on adipose tissue and its distribution in human subjects. J. Appl. Physiol. 39:825-830, 1975.

184. Chien, S.: Role of the sympathetic nervous system in hemorrhage. Physiol. Rev. 47:214-288, 1967.

185. 錢煦：生物醫學、數理工程與人文社會的互動。“知識饗宴”系列 <5>， 9-30頁。總策劃：翁啟惠，中央研究院，台北南港，2009。

社會人文 BGB427A

錢煦回憶錄

學習、奉獻、創造（全新增訂版）

國家圖書館出版品預行編目(CIP)資料

錢煦回憶錄：學習、奉獻、創造 / 錢煦著. -- 第二版. -- 臺北市：遠見天下文化, 2019.09
面； 公分. -- (社會人文 ; BGB427A)
ISBN 978-986-479-810-0 (精裝)

1.錢煦 2.回憶錄

783.3886 108014330

作者 — 錢煦
出版策劃 — 李小媛

事業群發行人／CEO／總編輯 — 王力行
資深行政副總編輯 — 吳佩穎
責任編輯 — 賴仕豪（特約）
封面設計 — 江儀玲（特約）
封面攝影 — 張智傑
全書圖片提供 — 錢煦

出版者 — 遠見天下文化出版股份有限公司
創辦人 — 高希均、王力行
遠見・天下文化・事業群　董事長 — 高希均
事業群發行人／CEO — 王力行
出版事業部社長／總經理 — 林天來
國際事務開發部兼版權中心總監 — 潘欣
法律顧問 — 理律法律事務所陳長文律師
著作權顧問 — 魏啟翔律師
地址 — 臺北市 104 松江路 93 巷 1 號 2 樓
讀者服務專線 — 02-2662-0012 ｜ 傳真 — 02-2662-0007, 02-2662-0009
電子信箱 — cwpc@cwgv.com.tw
直接郵撥帳號 — 1326703-6 號　遠見天下文化出版股份有限公司

電腦排版 — 極翔企業有限公司
製版廠 — 東豪印刷事業有限公司
印刷廠 — 祥峰印刷事業有限公司
裝訂廠 — 精益裝訂股份有限公司
登記證 — 局版臺業字第 2517 號
總經銷 — 大和書報圖書股份有限公司　電話／(02)8990-2588
出版日期 — 2019/9/27 第二版第 1 次印行

定價 — NT500 元
ISBN — 978-986-479-810-0
書號 — BGB427A
天下文化官網 — bookzone.cwgv.com.tw